东方讲坛·社会科学普及读物系列

能不忆江南

——江南文化十讲

上海市社会科学界联合会 编

上海人民出版社

序

　　一个讲坛，创办 11 年，举办 24000 多场，直接听众约达 580 万人次，实属不易。这就是由上海市社联主办，全市各区县、各单位支持、协办的东方讲坛。东方讲坛以"普及社科知识，服务大众"为宗旨，坚持邀请名家，面向基层宣讲普及人文社科知识，如种子、像清泉，撒向我们这个城市的四面八方。东方讲坛已经成为具有上海特色的社会公益性文化品牌。

　　讲坛总有休止的时候，可是那些精彩的演讲、闪光的思想、宏大的智慧、厚积薄发的创作，随话音的落下而消逝，岂非可惜。除了音频保存而外，我们还想到了文字。这不是简单的录制或删减，而是一种再创作，是知识的沉淀、思想的延续。这对未曾有缘听讲的读者，也是一种补偿。

用心做好社会科学普及工作，是一件功德无量的事情。它不仅可以普及社会科学、人文科学常识，消除发展中国家人们的浮躁不安与歧见，还可以普遍提高公民素养，给全面小康社会增加道德文化含量。完全可以说，这是我们这个城市走向现代化不可或缺的一项建设。

集腋成裘，聚沙成塔，本丛书一定会洋洋大观，成为社科界乃至全社会一笔可观的财富。

秦绍德

2015 年　上海

目　录

：上海市社会　　　联合会　承办：中共青浦区委

刘士林

上海交通大学城市科学研究院院长、首席专家、媒体与传播学院教授、博导，任国家"十三五"发展规划专家委员会委员、文化和旅游部文化产业专家委员会委员、教育部《中国都市化进程年度报告》负责人，国家文化软实力研究协同创新中心城市文化中心主任，《光明日报》城乡调查研究中心副主任等职务，主要从事城市科学、文化战略、智慧城市、城市文化研究。

江南城市群的前世今生

　　刘勰《文心雕龙》有一句名言，叫"文变染乎世情，兴废系乎时序"。白居易在《与元九书》中也有一句名言，叫"文章合为时而著，歌诗合为事而作"。这两句话，完全适合"江南城市群"，只不过是古人讲的秦汉文、唐宋文，在这里摇身一变成了历史上的江南城市，但我们思考、写文章和研究历史，都是为解决今天的问题和未来的发展，这是恒久不变的。进一步说，今天举世瞩目的长三角城市群，和明清时代的江南城市群在空间范围、主体形态上基本是相吻合的。我们今天追溯和还原江南城市群，绝不是要发思古之幽情，而是要为今天的长三角高质量发展寻找思路、启示和在其他地方找不到的江南文化智慧。

一、地理学家戈特曼与城市群的概念

　　目前，国内外使用较为普遍的"城市群"一词，来自被称为

"城市群之父"的法国地理学家戈特曼。1941年，二战开始以后，犹太人戈特曼从欧洲辗转来到美国，在对北起波士顿、南到华盛顿的美国东北海岸研究了长达20年之后，他在1961年发表了著名的《城市群：美国城市化的东北部海岸》，第一次使用了"Megalopolis"这个新的城市科学概念。

"Megalopolis"在字源上源于古希腊，本义是指"巨大城市"（megalopolis）。戈特曼在研究中发现，美国东北部海岸的城市化呈现出一些不同以往的新特点和新功能：一是人口的高度集中。这一地区仅占美国国土面积的1.5%，但集聚起来的人口却占到美国总人口的16%。二是功能的高度集中，美国的政治中心、金融中心、媒体中心、学术中心和移民中心等全都集结在这一地区，为美国国民和来自世界各地的人们提供了众多的基本服务。三是内部联系十分紧密，这个后来被称为波士沃施（BosWash）的城市群，以长约500英里的美国高速公路U.S.I轴（axis）为交通主干形成了一个巨大的城市化区域，通过密集的经济、交通和通信联系，不仅实现了经济的快速增长，也使区域内的城市发展成为一个有机的整体。面对这些不同于过去的新特征，戈特曼认为不能再用传统的"城市"来界定，他先后使用过"连绵的大城市链条"（continuous chain of impressive cities）、"城市链"（the urban chain）等概念，但最终选择了源自希腊的"巨大城市"（megalopolis），而为了把希腊的"巨大城市"和他研究的波士沃施（BosWash）区别开，他特地将megalopolis的第一个字母改为大写。"城市群"这个新概念由此诞生。

1976年，距离最初提出城市群概念差不多20年以后，戈特曼在《城市和区域规划学》杂志又发表另一篇重要文章，题目为《全球城市群体系》，他明确提出了后来广为流传的世界六大城市群理论，主要包括：（1）从波士顿经纽约、费城、巴尔的摩到华盛顿的美国东北部城市群；（2）从芝加哥向东，经底特律、克利夫兰到匹兹堡的大湖城市群；（3）从东京、横滨经名古屋、大阪到神户的日本太平洋沿岸城市群；（4）从伦敦经伯明翰到曼彻斯特、利物浦的英格兰城市群；（5）从阿姆斯特丹到鲁尔和法国西北部工业聚集体的西北欧城市群；（6）以上海为中心的城市密集区（城市群）。

在大约经历了半个世纪的培育和发展之后，城市群在 21 世纪已成为全球区域和城市发展的主流和主要模式。

二、城市群在中国的理论与实践

改革开放以来，随着我国城市建设的拨乱反正和快速走上正轨，与西方城市交流交往的大门逐渐打开。城市群这个新概念，很快吸引了国内学者的眼光，并以意想不到的速度进入到中国的现代化实践中。

1983 年，华东师范大学宁越敏首次将 "Megalopolis" 一词引入到国内，译作 "巨大城市带"。此后，这个概念在国内城市地理学、城市规划学、区域经济等领域得到广泛应用，先后出现了 "大都市带"（周一星）、"都市圈"（史育龙）、"大都市圈"（张颢瀚、张超）、"大都市连绵区"（王旭）等多种翻译名称。这也带来不少的麻烦，如广西、河南在编制经济区规划时，使用了北部湾城市群、中原城市群，而浙江、江苏则使用的是杭州都市圈、南京都市圈。如国家

发展改革委用的是"城市群",但住房城乡建设部的《全国城镇体系规划纲要（2005—2020 年）》使用的却是"大都市连绵区"和"城镇群"。这就使很多人搞不清楚，一会儿是城市群，一会儿又是都市圈或都市群，你们说的到底是不是一个对象？

直到 2005 年 12 月，《中共中央关于制定十一五规划的建议》发布，首次提出并使用了"城市群"，从国家战略上为 Megalopolis 确立了汉语标准用法，特别是 2016 年《国家"十一五"规划纲要》首次提出"把城市群作为推进城镇化的主体形态"，才把一个时期以来混用、通用的"都市群""都市圈""大都市圈""大都市带""大都市连绵区"，还包括国内学者自己创造的"城市群"（urban agglomerations）等统一了起来。

此外，在我国还出现了一个可以称为"准城市群"的中国特色概念，这就是大家也比较熟悉的"经济区"。这主要有两个原因：一是大家过去都把发展经济作为城市和区域发展的第一要务，"经济区"这个概念鲜明地体现了发展经济的主旨，同时城市和地区的功能也是按照经济功能来定位和规划的；二是受 1982 年国家提出的"长三角经济圈"（这个概念在 1983 年正式文件中易名为"长江三角洲经济区"）的影响，其他地区也"照着葫芦画瓢"。但从"经济区"的内容看，它和"城市群"在强调交通、经济、基础设施建设等一体化和联动发展上高度一致，同时也提出了内部职能分工等问题和需求，因此在实际上和"城市群"没有太大差别，因此可以把"经济区"看作是一个具有中国特色的"城市群"概念。当然，"经济区"也可以叫作"经济型城市群"，因为它最看重的是城市的经济功能。事实也是如此，在我国有很多一开始被命名为"经济区"的，后来都不约而同地改称为"城市群"。这是我们研究中国城市群发展时需要了解的一种独特经验。

城市群战略布局在中国的完成，一般是以 2016 年政府工作报告提出的"19+2"为标志。在这份政府工作报告中，李克强总理提出："加快城市群建设发展，优化提升东部地区城市群，建设京津冀、长三角、珠三角世界级城市群，提升山东半岛、海峡西岸城市群开放竞争水平。培育中西部地区城市群，发展壮大东北地区（包括哈长和辽中南两个）、中原地区、长江中游、成渝地区、关中平原城市群，规划引导北部湾、晋中、呼包鄂榆、黔中、滇中、兰州—西宁、宁夏沿黄、天山北坡城市群发展，形成更多支撑区域发展的增长极。促进以拉萨为中心、以喀什为中心的城市圈发展。"

从 2006 年《国家"十一五"规划纲要》首次提出"把城市群作为推进城镇化的主体形态"，到 2014 年《国家新型城镇化规划》明确提出"把城市群作为主体形态"，再到"十三五"时期"19+2"的城市群总体框架，关于我国新型城镇化要走什么样的道路、采取什么样的模式，以及我国城市群要不要建、建多少、如何建、先建谁后建谁、什么时间建到什么程度等长期争论不休的问题终于尘埃落定。把城市群作为主体形态，以"19+2"为总体框架，不仅明确了我国新型城镇化建设的总体战略框架，也大体勾勒出第一个百年目标期内我国城市建设的基本风貌。

三、明清江南地区已有高度发达的城市群

城市群只是 20 世纪以来的产物吗？除了西方的城市群，是不是

还有其他的类型？本着这样的考虑，我们在学术界首次提出江南城市群，这首先是基于对戈特曼城市群理论的反思，同时结合了中国城市的历史经验。

戈特曼的城市群概念与理论，已过去了半个多世纪，早已超越了地理学研究的范围，同时也开始面临补充或创新等问题和挑战。在经济全球化和世界城市化的背景下，有两个方面值得深入分析探讨：一是以"大都市"和"城市群"为中心的都市化进程，已经扩散到城市化水平原本较低的不发达国家和地区，因而，在世界各地都出现了一些不同于西方城市群的"地方经验"。二是戈特曼的城市群概念与理论具有明显的"欧美中心论"的色彩，是对 20 世纪美国、欧洲、日本等城市群经验的总结和提炼，忽略了历史上那些高度发达的城市化地区及城市组团发展的经验事实。由此我们认为有必要对戈特曼的城市群理论加以扩展和补充，以便更好地解释全球的城市经验。

由此出发，不难发现，被国内外区域经济史、区域社会学和区域文化史等专家经常提到、高度重视的明清时代以苏州、杭州、南京等为代表的江南地区，如果按照戈特曼确立的城市群标准，可以说早就是一个人口众多、经济发达、交通联系密切的城市群了。

关于城市群的评价标准，国内外目前已有了不少。综合大家比较公认和普遍使用的，评价一个城市群的主要标准有五项：一是区域内有比较密集的城市；二是有相当多的大城市各自形成都市区，核心城市与都市区外围社会经济联系密切；三是有联系方便的交通走廊把核心城市联系起来，都市区之间有密切的社会经济联系；四是人口须达到 2500 万左右；五是国家核心区域，同时也是国际交通枢纽。其中除了人口这个指标差距较大，其他都比较容易认同。比如中国的长三角城市群，以20世纪末21世纪初的江浙沪16城市框架而言，它的人口就达到7000多万。而今天包括江浙沪皖26个城市的长三角，人口在2014年就高达1.5亿，因此，这个条件有些机械，只要我们把握住需要规模较大的城市人口就行，没有必要完全按照这个标准来裁定。

按照这五项基本原则，明清时代的江南地区，毫无疑问就是一个已相当成熟的中国古代城市群。具体如下：

一是区域内有比较密集的城市。傅崇兰曾指出，在明代全国50个重要的工商城市中，位于长江三角洲的有应天（南京）、镇江、苏州、松江（上海）、常州、扬州、仪征、杭州、嘉兴、湖州、宁波等①，占到全国的五分之一还要多。同时，18世纪的江南城市在全球也有举足轻重的影响。据戴逸先生的研究，"18世纪全世界超过50万人口的大城市一共有10个，中国占了6个，……是北京、南京、苏州、扬州、杭州、广州。而世界上超过50万人口的城市还有4个：伦敦、巴黎、日本的江户（就是现在的东京）以及伊斯坦布尔。"② 由此可知，江南不仅城市数量多，规模也很大。

二是江南地区的大城市众多，与周边地区联系互动紧密。如作为东晋和南朝政治中心的建康，在当时就发展成一座巨大的消费性城市。隋唐时期的扬州，不仅是江南地区重要的核心城市，也是当时全国最大的工商业城市，所以当时有"扬一益二"之称，即扬州

---

① 傅崇兰等：《中国城市发展史》，社会科学文献出版社2009年版，第151页。
② 戴逸：《论康雍乾盛世》，《中南海历史文化讲座四十讲——著名学者与中央高层讨论的问题》上册，内部资料，2007年，第96页。

是第一大城市，成都是第二大城市。有意思的是，甚至绍兴在唐代也有"会稽天下本无俦"之称①。除了大城市多、影响大，江南城乡之间经济社会联系也十分密切，如明清时代的苏州，就已经形成了十分成熟、多层级、辐射全国的古代市场经济体系。"苏州不仅是江南区域市场，而且已具有全国市场的规模，它的经济辐射力已遍及全国各地，而全国各地的商品和商人都汇集到苏州来。"②这与今天城市科学讲的中心城市、都市区在形态和功能上也高度一致。

三是有通畅便捷的交通走廊。江南城市群在空间上与经济史学家讲的明清太湖经济区基本一致，在地理上"同属一个水系——太湖水系，因而在自然与经济方面，内部联系极为紧密。"③这种便利的水运条件，至今仍是长三角地区的显著特征，"长三角天然和人工河道总长达 37 万公里，水域面积几乎占总面积的十分之一，其中太湖平原上更是水网密集，以'碟形洼地'太湖为中心，平均每隔 120 米，就有一条河道。"④以镇江为例，在大运河全线贯通的隋唐时期，长江和运河在镇江构成了国内最大的黄金十字水道。太湖和钱塘江地区的漕粮、贡赋，一般都是先由江南运河运至镇江再转运北方；甚至两广的许多物资也由此中转，镇江因而被称为漕运咽喉。北宋在镇江设立转船舱，南宋则设立大军仓，使镇江成为全国的粮食仓

① 陈桥驿：《会稽天下本无俦》，《中华读书报》，2008 年 3 月 8 日。
② 陈学文：《明清时期太湖流域的商品经济与市场网络》，浙江人民出版社 2000 年版，第 256 页。
③ 李伯重：《多视角看江南经济史》，生活·读书·新知三联书店 2003 年版，第 448—449 页。
④ 长江三角洲城市经济协调会办公室编：《走过十年——长江三角洲城市经济协调会十周年纪事》，文汇出版社 2007 年版，序言第 4 页。

储中心，直到康熙《江南通志》，仍有"京口为舟车络绎之冲，四方商贾群萃而错处，转移百物，以通有无"的记载。

图1 扬州两淮盐运司

以太湖水系为核心，古代江南城市拥有便利的"高速公路"，主要城市之间的交通往来十分便捷。同时，借助太湖、长江与大运河的互联互通，江南城市也可以是古代中国的"主干大街"，为国家承担了众多的服务。

四是人口规模大和增长迅速。这以隋唐时代的杭州人口增长为最快，"杭州户口的增长最快，隋时一万五千户，唐贞观中三万五千户，宋元丰间增至十六万户，南宋初为二十六万户，至咸淳年间高达三十八万户、一百二十多万户口，成为全国最大的城市。"①城市密度也很大，清朝末年，"城镇密度仍以长江下游地区为最大，1893年为每一万平方公里有城镇14个；东南地区和华北地区次之，分

---

① 何荣昌：《唐宋运河与江南社会经济的发展》，载于唐宋运河考察队编：《运河访古》，上海人民出版社1986年版，第320—322页。

别为每一万平方公里有城镇 7.2 个和 6.5 个，岭南及长江中、上游地区又次之，为每一万平方公里有城镇 4.2 个到 4.8 个；西北地区和云贵地区的城镇密度最小，仅为每一万平方公里有城镇 1.5 个到 1.7 个，仅相当于长江下游地区的九分之一。"① 还有研究者指出："明后期江南城市人口比例约为 15%，1620 年城市人口约 300 万，1850 年则增至约 720 万人。清中叶的江南府州城市人口比例达 19.2%，江南全境水平大致相当。这一水平远高于江苏省的 13.6%，浙江的 10%，相当于全国平均 7.4% 的 2.6 倍。"② 其中讲到清中叶江南府州城市人口比例达 19.2%，这个数值比改革开放初期的中国城市化率还要高一个多百分点，可以看出当时城市的人丁兴旺和高度繁华。

五是江南在中古以后就成为国家核心区。从唐宋时代开始，随着经济中心从中原转移到江南地区，北方与中原不仅越来越仰仗于江南的漕运，整个中国古代的国家经济也是如此。南宋人章如愚曾说："夫东南财赋之渊薮，惟吴越最为殷富。……唐财赋皆仰给于东南，其他诸郡无有。"③ 在两宋以后，江南作为全国经济中心的地位很少再受到撼动，"北宋时南方经济的发展不仅持续到南宋，而且这种发展在南宋时又一步深化了。元、明、清三代南方经济的发展仍然有增无减，相形之下北方的发展是缓慢的。近代以前，中国经济发展南高北低的格局再也没有逆转过。"④ 随着经济中心的转移，文化中

---

① 靳润成主编：《中国城市化之路》，学林出版社 1999 年版，第 78 页。
② 龙登高：《江南市场史——十一至十九世纪的变迁》，清华大学出版社 2003 年版，第 56 页。
③ 章如愚：《群书考索》卷之四十六"财用门·东南财赋"，广陵书社 2008 年版，第 1139 页。
④ 郑学檬：《中国古代经济中心南移和唐宋江南经济研究》，岳麓书社 2003 年版，第 19 页。

心等也移至江南。在整个中国古代社会的中后期，江南城市已成为中华帝国最重要的支撑体系。

为什么我们今天要特地把江南城市群提出来，主要是因为，明清时期江南地区的"八府一州"，和我们今天讲的长三角城市群的"核心区"基本上就是同一个地区，它们也一直是中国历史上经济最发达、商业最繁荣、人口最稠密、文教最兴盛的"风水宝地"。

关于江南地区的界定，目前大家比较公认的是李伯重教授提出的"八府一州"说。"八府一州"是指明清时期的苏州、松江、常州、镇江、应天（江宁）、杭州、嘉兴、湖州八府及从苏州府辖区划出的太仓州①。

其中，应天（江宁）就是今天的南京，而松江则是上海在江南地区最早的身影。也有专家对此有所扩展，如把"江南十府"作为江南地区，主要是补入了宁波和绍兴。②"八府一州"也好，"江南十府"也罢，借助环太湖独特的自然环境与生产生活方式，还有在这个基础上形成的区域经济社会与文化模式，它们与当今世界所说的城市群具有高度一致的家族类似性，也可以把它们称为江南城市群。关于江南城市群的具体范围，我们的理解和界定还要更宽泛一些，把尽管不直接属于古代的太湖经济区，但在自然环境、生产方式、生活方式与文化上联系十分密切的扬州、徽州、南通等也纳入。也正是通过这个扩展，我们才可以说古代江南城市群与今天长三角城市群的主体形态基本吻合。

而我们重提江南城市群的一个考虑，就是要"古为今用"。长三

① 李伯重：《多视角看江南经济史》，三联书店 2003 年版，第 448—449 页。
② 马学强：《近代上海成长中的"江南因素"》，《史林》2003 年第 3 期。

角城市群发展到今天，成绩有目共睹，但也出现了不少的问题，比如人们常说的"城市病"，由于城市过度繁华和人口高度密集，导致了交通拥堵、房价飙升、上学难、看病难等，这些"病"该怎样治理，特别是根源何在？目前大家主要是参照西方城市群的做法，但学习、借鉴了 20 多年，实践证明那些西方经验都是不适合长三角的。这就提示我们，也许应该回到古代，特别是回到明清时代的江南城市群去看看，是不是能找到一些解决现实问题的方法和策略。

江南城市群不仅是今天长三角城市群的"前世"，也是一个不同于西方城市研究和治理的参照系。现在很多人研究城市、做规划和做战略，一上来不是对标纽约、伦敦，就是对标东京、新加坡，但实际上，由于中外历史、社会、文化等方面存在的巨大差异，这些对标研究多半属于隔靴搔痒，在实际上于事无补。除了西方，由于中国城市在世界上起源最早，特别是古代城市曾高度发达繁荣，因此当今中国城市还应该有更重要的本土参照系。明清时代的江南城市，就是其中最杰出的代表之一。

四、长三角一体化的回顾与问题

长三角的一体化始于 1982 年，至今已走过了 37 年的历程。这不算短暂的 37 年中，长三角的概念和空间范围一直处在持续变化和调整中，自改革开放以来，主要出现了 5 个不同的版本。这是我们今天了解长三角、思考和关注长三角，首先要有的一些基本常识。

一是 1982—1984 年的"上海经济区"。1982 年，时任国家领导人提出"以上海为中心建立长三角经济圈"，最初设想的范围主要包括上海、南京、宁波、苏州与杭州六个城市。但在当年的 12 月 22 日，国务院在发出《关于成立上海经济区和山西能源基地规划办公室的通知》时，上海经济区的范围就成了 10 个城市：以上海为中心，其他 9 个城市是苏州、无锡、常州、南通、杭州、嘉兴、湖州、宁波、绍兴。1983 年 1 月，时任国务院副总理姚依林在《关于建立长江三角洲经济区的初步设想》中提出：长江三角洲经济区规划范围先以上海为中心，主要包括长江三角洲的苏州、无锡、常州、南通和杭州、嘉兴、湖州、宁波等，以后再根据需要逐步扩大。2 个月后，直属国务院、由国家计划委员会代管的上海经济区规划办公室成立，区域范围为上海市和 10 个郊县，江苏省 4 个市（常州、无锡、苏州和南通）和 18 个县，浙江省 5 个市（杭州、嘉兴、湖州、宁波和绍兴）和 27 个县。这是长三角经济区（城市群）我们可以追溯到的最初的雏形。

二是 1984—1988 年的上海经济区扩大版。1984 年 12 月，不到两年的时间，国务院决定将上海经济区的范围扩大为上海、江苏、浙江、安徽、江西一市四省，当时就拥有近 2 亿人口，面积也达到 52 万平方公里，当时的工农业总产值和国民收入都占到了全国的 1/4 以上。但事情并没有就此终止，1985 年 2 月，中共中央、国务院批转《长江、珠江三角洲和闽南厦漳泉三角地区座谈会纪要》，提出"应该开放珠江三角洲和长江三角洲，进而陆续开放辽东半岛、胶东半岛，北起大连港，南至北海市，构成一个对外开放的经济地带。"在此背景下，1987 年福建纳入长三角经济区，这是长三角区域范围最大的一次，包括了除山东以外的整个华东地区。在此期间，相关各省轮流召开过一次高层会议，并先后制定出《上海经济区发

展战略纲要》和《上海经济区章程》。前者提出："建立上海经济区，是我国经济体制改革的一项重要探索。旨在充分发挥中心城市的中心作用，打破经济体制的僵化模式，逐步建立起具有中国特色的社会主义区域经济新体制。"同时还确立了"丁"字形发展战略框架，"把经济区沿江沿海的'丁'字形黄金地段，逐步发展为我国经济最发达的经济带和港口城市群。"但就在 1988 年 6 月 1 日，国家计委撤销了上海经济区规划办公室，使这次大规模的区域战略探索最终以"流产"而告终。对此一般解释是国务院机构改革要裁减一批机构。但五省一市间巨大的经济社会发展差距和利益冲突，也是其难以维系的重要原因。这同时也说明了长三角城市群的探索在早期一直处在巨大的变动过程中。

三是 1992—2008 年以江浙沪 16 城市为主体形态的长三角城市群。1990 年 4 月 18 日，中共中央、国务院作出开发开放上海浦东的重大决策，长三角区域一体化发展重新提上了议事日程。长三角以城市群名义的破冰之旅，始于 1992 年 6 月在京召开的"长江三角洲及长江沿江地区经济规划座谈会"。这次会议上建立的长江三角洲协作办（委）主任联席会议，成为此后推进长三角区域经济一体化发展的重要平台。1996 年，这个联席会议由长江三角洲城市经济协调会取代。长江三角洲城市经济协调会最初包括上海、杭州、宁波、湖州、嘉兴、绍兴、舟山、南京、镇江、扬州、泰州、常州、无锡、苏州、南通 14 个地级市。1996 年，江苏省的地级市泰州设置，长三角城市群的城市数量自动扩展到 15 个。再到 2003 年 8 月，浙江省的台州市正式进入，以江浙沪 16 城市为主体形态的长三角城市群最终得以形成。此后这个主体框架一直保持稳定并受到普遍认可。从城市群规划的角度看，我们一直认为这个范围不大不小，是最适合的一个空间尺度。

需要提及的是，习近平同志当年曾力推长三角一体化。2003年"两会"结束，时任浙江省委书记的习近平马上率浙江省党政代表团60余人赴上海、南京，与上海签署了《关于进一步推进沪浙经济合作与发展的协议书》，与江苏签署了《进一步加强经济技术交流与合作协议》。此外，2010年上海世博会对促进长三角一体化也发挥了重要作用，特别是2003年8月15日至16日在南京举办的长江三角洲城市市长峰会，当时的16个市长联合签署《以承办"世博会"为契机，加快长江三角洲城市联动发展的意见》，在这份又称"南京宣言"的文件中，有一份《全面提升长江三角洲城市形象和市民素质活动方案》，首次提出了一个叫"长三角人"的新概念。经过这些

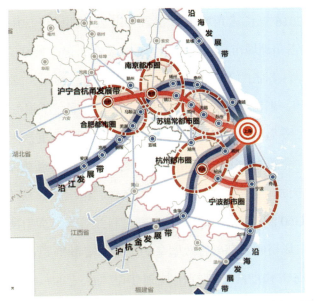

图2　长三角城市群空间格局（转自《长江三角洲城市群发展规划》）

探索，长三角城市群的建设逐渐从经济、交通领域逐渐拓展到旅游、文化领域，一体化的内容不断丰富，层次逐渐深入，为长三角一直雄踞我国城市群综合排名之首奠定了坚实基础。

四是 2008 年长三角地区两省一市 25 城市版。2008 年 9 月 16 日，国务院颁布了《关于进一步推进长江三角洲地区改革开放与经济社会发展的指导意见》，提出把长三角地区建设成为亚太地区重要的国际门户和全球重要的先进制造业基地及具有较强国际竞争力的世界级城市群。2010 年 6 月 7 日，国家发展改革委发布了《长江三角洲地区区域规划》，首次在国家战略层面上将长三角区域范围界定为苏浙沪全境内的 25 个地级市，主要是在原有的 16 个城市的基础上，加进了苏北的徐州、淮阴、连云港、宿迁、盐城和浙西南的金华、温州、丽水、衢州。尽管范围一下子扩展了不小，但这个规划仍把 16 城市列为长三角区域发展规划的"核心区"。

五是 2016 年长三角城市群三省一市 26 城市版。2016 年 6 月 3 日，《长江三角洲城市群发展规划》正式发布，这个规划的范围包括了上海市，江苏省的南京、苏州、无锡、南通、泰州、扬州、盐城、镇江、常州，浙江省的杭州、湖州、嘉兴、宁波、舟山、绍兴、金华、台州，安徽省的合肥、芜湖、马鞍山、铜陵、安庆、池州、滁州、宣城，总数为 26 个地级市。这是目前已知的最新版本。但在一体化建设方面，主要问题还是磋商、文件、论坛多，只在一些局部地区如沿 G60 国道的沪浙地区在交通、科技等等方面有所对接，而真正按照市场机制、突破行政壁垒的实招、实事和实绩还不是很多。目前，上海市和浙江省都提出规划建设"长三角一体化发展示范区"，它们的一个使命就是要解决长期影响长三角一体化的体制机制问题，可以拭目以待。

回顾长三角这 37 年走过的历程，一个最大的问题就是所谓的"长三角的圈始终画不圆"。众所周知，今天长三角城市群的建设并非一帆风顺，经历了多次的反复与波折，至今在资源、产业、投资等方面的冲突与无序竞争仍然比较严重。在芒福德看来，城市中至关重要的是共生关系与合作关系，"只有在这些关系保持内在平衡并在更大环境中保持稳定时，城市才能繁荣"。城市群是城市的高级发展形态，因此这个论述也完全适用于城市群。

如果我们按照这个理论去看江南城市群，就会发现其中最奇异的地方是，以江南文化为母体，这些环太湖城市已经自发地建立并长期保持着优雅的共生与合作关系。如陈国灿先生曾将南宋时期的江南城市分作四个等级：一是小城镇，主要是由县级城市和更小规模的市镇构成，它们处于整个体系的最底端，起着联系城乡的纽带作用；二是规模城市，主要为府州治所在地城市，在这一级向下与县级城市和市镇构成一个结构相对简单的城市网络，向上则参与构成更复杂更大的区域城市网络体系；三是区域大城市，一般为有跨区域性影响力的城市，这一层级的城市体系比较复杂，其影响范围往往超出本区域而进入其他邻近地区，如平江、绍兴、宁波、建康等；四是周围区域核心大城市的首都临安，其影响力可以直接影响到区域内每一层级和全国其他区域城市。[1]这四个层级彼此之间形成了良好城市层级体系和经济市场分工，因此是相互补充、相辅相成而不是相互倾轧、相互排斥的。如美国学者林达·约翰逊

江南城市群的前世今生

---

[1]　陈国灿：《宋代江南城市研究》，中华书局 2002 年版，第 557 页。

所说："江南地区最大的城市是苏州、杭州和南京。……在长江下游地区繁荣的背景下，没有哪一个城市能长时期处于支配地位，而且没有一座城市能压倒其他城市，即使在它鼎盛时期也做不到这一点。"①

图 3　吴冠中《江南水乡》

　　需要说明的是，江南城市群自然形成的共生与合作关系，与城市群的基本原理高度一致。城市科学告诉我们，一般的首位城市的职能主要有二：一是支配，二是服务。如果只有支配而没有服务，就会导致城市群内部的冲突与无序竞争。在古代江南城市群中，天然地实现了中心城市"支配"功能与"服务"职责的和谐，形成了分工合理、功能互补的城市层级关系，因而有利于城市群本身的功能互补和共存共荣。与之相比，当代长三角城市之间不时出现的"恶性竞争"，主要是因为中心城市或大城市只想"支配"而拒绝"服务"。由此可知，对古代江南城市群进行深入的研究与阐释，无

① ［美］林达·约翰逊主编，成一农译：《帝国晚期的江南城市》，上海人民出版社 2005 年版，第 193 页。

疑可为长三角"建设世界级城市群"提供一种最直接和十分重要的历史镜鉴。

五、江南城市群对长三角城市群的启示

长三角为什么会这样？为什么不能保持自己本来很好的传统？这是我们研究江南城市群最关心的问题。从城市科学的角度看，这主要是因为长三角在城市群发展模式选择上出了问题。

在当今世界，城市群主要有两种发展模式，一是以经济、交通和人口为要素的"经济型城市群"，它肇始于20世纪60年代人类历史上第一个城市群波士沃施（BosWash），同时也是今天我国众多城市群最直接和最重要的模仿对象。二是以文化、生态和生活质量为目标的"文化型城市群"。如21世纪西方出现的以金融、设计和高科技为竞争优势的大东京城市群（Greater Tokyo）、以技术产业和风险投资取胜的北加州城市群（Nor-Cal）、以潮流和产业设计中心为目标的意大利城市群（Rome-Milan-Turin）等。2014年《国家新型城镇化规划》提出的"注重人文城市建设"，还有我们在这个基础上提出的"文化型城市群"，都是在有意无意地呼应了世界城市群的这个文化转向和发展潮流。

改革开放以来，特别是浦东开发以来，长三角城市群在中国率先崛起，综合实力排名始终位居我国城市群的首位。但由于走的是一条"经济型城市群"道路，尽管在短期内经济总量、交通基建和人口规模增长很快，但这必然导致了"物质文化"与"人文精神"、"硬实力"和"软实力"的严重失衡和不协调，城市群建设质量不

高，不可持续问题日益严重。这主要表现在两个方面：

一是"工业化"恶性损耗和污染自然资源和环境，城乡的空气、土壤、河流湖泊、生物生态等"物质条件"日趋恶化。以2007至2010年的工业废水排放量为例，长三角的排放量分别为438489万吨、416680万吨、418957万吨和418404万吨，而京津冀和珠三角平均分别在120000万吨和130000万吨左右。在2007和2010年间，长三角的工业二氧化硫排放量每年都超过了1600000吨，而珠三角年均为500000吨左右，为长三角的三分之一。由此可知，长三角经济排在三大城市群之首，也是以巨大的生态环境代价为前提的。

二是"西方化"的城市生活方式解构了传统社会和文化价值，导致各种社会危机、道德危机、信仰危机和心理危机事件频发。长三角的首位城市上海一直被看作是中国"最西方化的城市"。上海曾是中国现代文化中心，拥有丰富的西方礼仪文化、餐饮文化、节日文化等生活方式资产，但也形成了海派文化根深蒂固的喜欢追新求异、凡事浅尝辄止等积习，成为当下上海文化建设徘徊不前、文化影响力逐渐减弱、原创和创新乏力的根源。与传统的江南城市那种特有的诗意生活相比，这在某种意义上也是得不偿失的。

该怎么评价今天的长三角城市群，当然也是一个仁者见仁、智者见智的话题。为了能够得出比较一致的判断，需要先确立"什么是理想的城市"？在2010年世博会开过以后，关于这个问题基本上本质取得了一致，即城市的本质在于要提供一种"有价值、有意义、更美好的生活"。

从城市科学的角度看，在西方历史上最理想的城市是古希腊的雅典，而最坏的典型是古罗马的罗马城。关于雅典，芒福德说："它挣脱了文明的许多其他标准的约束，挣脱了赚钱花钱的忙忙碌碌的俗套：既不放浪形骸狂饮取乐，也不着意追求舒适与奢华，装饰与摆设；过着一种运动员式的、确实是很节制的生活，在苍天之下进行着他们的每一种活动。"①关于罗马，芒福德说："为寻求感情刺激以暂时掩盖其寄生生活的无聊和空虚，罗马人沉湎于举行战车比赛，在人工湖中举行蔚为壮观的海战表演，以及各种夸张的哑剧，其中公开表演脱衣舞和猥亵的性行为。……从此罗马变成了一个反面生活的容器：在荒淫无度的破坏性活动中，生活走向了自己的反面。"②

如果回到历史上的中国，最理想的城市就是江南城市。

黑格尔曾把希腊称为"欧洲人的精神家园"，因为欧洲文明中最好的东西，古希腊哲学、自然科学、荷马史诗、古希腊戏剧、雕塑、奥林匹克运动会等，都来自古希腊的雅典。与之相对，中华民族最美好的生活方式和文化记忆都来自江南地区，所以古代诗人才说"人生只合扬州老"、"三生花草梦苏州"和"未老莫还乡，还乡须断肠"等。我们也把江南称作"中华民族灵魂的乡关"。

为什么古代江南城市能做到这一点，这与中国诗性文化特别是江南诗性文化相关。这可以从两个方面来了解。从中西比较的角度看，西方民族给人类最大的贡献是科学和理性文化，中华民族最独特的创造是诗学和诗性文化。"诗性文化"与"理性文化"的对立，揭示了中西民族的根本性差异。理性文化的主要问题是导致了感性

① ［美］刘易斯·芒福德著，宋俊岭、倪文彦译：《城市发展史——起源、演变和前景》，中国建筑工业出版社2005年版，第176页。
② ［美］刘易斯·芒福德著，宋俊岭、倪文彦译：《城市发展史——起源、演变和前景》，中国建筑工业出版社2005年版，第245—246页。

与理性、主体与自然的二元对立，形成了机械地对待生命和残酷地征服自然的西方生产生活方式。诗性文化的精髓在于：在启蒙个体欲望的同时，能较好控制个体与群体的冲突程度；在征服改造自然的同时，能避免使天人关系走向彻底的分裂与对立。源自西方文化中"感性与理性、主体与自然的对立"，转移到城市领域，必是引起不同城市的同质发展和恶性竞争。而能够"较好控制个体与群体的冲突程度"的中国文化，转移到城市领域，会引导有矛盾的城市采取更为温和的竞争合作方式。过去长三角城市群之所以内耗和内讧的比较厉害，说实在的，与这些城市所接受的西方城市理论、发展模式、价值观念密切相关。

在中国内部看，中国文化向来有南北之分，中国诗性文化也有"中原"和"江南"之别。受南北不同的地理条件、生产生活方式、社会生态、文化价值的影响，中国诗性文化在历史进程中又进一步生成了两种主要形态：一是以政治—伦理为深层结构、以中原文化圈为核心空间的"中原诗性文化"，二是以经济—审美为基本理念、以古代太湖经济区为主要范围的"江南诗性文化"。前者存在的突出问题是"政治压迫经济""群体淹没个体"，在很大程度上直接影响到生产力发展和社会的活力。后者善于处理和协调"生产关系和生产力""社会和个人"的矛盾关系，可以最大限度地实现物质与精神、功利主义与审美主义的融合发展。

傅衣凌先生曾将古代中国城市经济分为"开封型"与"苏杭型"，认为前者"工商业是贵族地主的附庸，没有成为独立的力量，封建性超过了商品性"，"充满了腐朽、没落、荒淫、腐败的一面"，后者的"工商业是面向全国的"，流露着"清新、活泼、开朗的气息"。① 引申言之，中原诗性文化主要是北方社会土壤的产物，在历史上也很好地支持了北方居多的政治、军事型城市。江南诗性文化是江南地区的主流文化，与江南比较普遍的经济、工商型城市也形成了良好的适应关系。与西方理性文化、中原诗性文化相比，江南诗性文化可以更好地处理人和人之间的关系。城市是人的城市，这种文化和价值渗透进由人集聚而成的城市，同样能够很好地处理城市和城市之间的关系。这是明清时代环太湖城市都非常发达和繁荣的文化基因，也是以江南文化为根基的古代江南城市群——如一个江南世家，可以做到几百年长盛不衰、持续发展——的文化密码。

图 4　文徵明《横塘图》

在快速的城市化进程中，一个有目共睹的事实是，中国城市不同程度地实现了"物质建设上的最高成就"，但在"社会人文"等方

① 　傅衣凌著：《明清时代经济变迁论》，人民出版社 1989 年版，第 158 页。

面却陷入越来越严重的滑坡和危机中。而这个深层次的矛盾和问题，在"经济高地"的长三角城市群的表现尤其严重。

　　钱穆先生曾说："一切问题由文化问题产生，一切问题由文化问题解决。"①造成长三角这种状况的深层次原因，也可以说是因为文化选择的问题。由于经济开放尺度较大、与世界发达城市联系比较密切，长三角一直把学习、对标，甚至攀附西方城市和文化作为主要目标。但问题在于，以"二元对立"的理性文化为基础，如同以"他人就是地狱"为生存哲学的现代人一样，很难处理好城市和城市之间的关系，也必然要引起不同城市的同质发展和恶性竞争。这时的城市群就不再是一个有机联系、友好协作的"城市共同体"，而只是一大堆相互矛盾、彼此冲突的"单子城市"，每个城市都只想"支配"其他城市而不愿提供"服务"，这必然会加剧城市之间同质竞争，导致城市内部的与恶性博弈，不仅会损害城市群的"共同利益"，也会导致城市内部严重的两极分化，最后使城市群扭曲为一个"一城独大"的"寡头城市"，走向城市群的反面。

　　在这种背景下，我们特别有必要认识反思长三角城市群走过的道路，同时认真研究古代江南城市群是如何依托江南诗性文化，有效地解决了江南地区城市的层级体系和市场分工，最终实现了文化引领经济快速发展、人口有序集聚和城市共同繁荣的。总之，在新时代推进长三角一体化发展，我们需要研究和建构两个参照系：一个是已经学习得太多、需要加以规范和治理的西方理论和模式，另一个则是长期以来一直被冷落和被忽视的江南文化理论和江南城市

----

① 钱穆：《文化学大义》，台湾中正书局1981年第7版，第3页。

发展模式。而像过去只有一个西方文化参照系是远远不够的。

六、江南文化与新时代的上海文化自觉

羊群走路看头羊。上海是长三角城市群的首位城市，是长三角地区唯一的国家中心城市。在相当长的一个时期内，上海既不敢谈海派文化，也没有想到去谈江南文化。前者是因为海派文化有比较浓郁的殖民文化色彩，不好谈；后者是因为在明清时代江南城市星光灿烂的时候，和苏州、杭州、南京等相比，上海也没有资格谈江南文化。

上海与江南文化的亲密接触，是新时代上海文化的重大事件。2017 年 12 月，中共中央政治局委员、上海市委书记李强提出"丰富的红色文化、海派文化、江南文化是上海的宝贵资源，要用好用足"。2018 年 4 月 29 日，中共上海市委、市政府印发《关于全力打响"上海文化"品牌　加快建成国际文化大都市三年行动计划》，确立了建设红色文化品牌、海派文化品牌、江南文化品牌三大重点任务。2018 年 11 月 5 日，习近平主席在首届中国国际进口博览会开幕式上表示支持长江三角洲区域一体化上升为国家战略，不仅为长三角城市群在新时代的规划建设确立了新的发展目标，同时也为主要由吴文化、越文化、徽州文化和海派文化构成的江南文化纳入长三角一体化国家战略创造了战略机遇。

由此可知，上海与江南、海派文化与江南文化的关系，主要是借助了新型城镇化和国家现代化的大势。在当今世界，城市群不仅是世界城市发展的主流，也是我国新型城镇化的主体形态。改革开

放以来，江南这个美丽的名称逐渐被长三角城市群所取代，正是在这个当代形态中，上海成为江南的中心。

关于上海在江南的地位，是一个不断变化和兴替的过程。大体说来，直到10世纪前叶，半个身子还泡在海水里的上海，主要是一个"小跟班"的角色。在此期间附属于华亭县的青龙镇，尽管已有"小杭州"的美誉，但与唐宋的扬州、苏州和杭州等相比，明显只是江南地区的一个商贸节点。而它的繁华和发展，也主要是借了作为当时国家经济和文化中心的江南地区的"光"。此外，这时主要以"松江"为名的上海在江南文化版图上也是如此，比如"沪城八景"——海天旭日、黄浦秋涛、吴淞烟雨、野渡兼葭、江皋霁雪、龙华晚钟、石梁夜月、凤楼远眺，一看就知道是在学习和模仿苏杭等城市的文化品牌建设。

上海在江南地区首次找到感觉，是在1843年正式开埠以后。具有划时代意义的变化发生在1930年代，此时的上海不仅成为中国最大的工业城市，也是名副其实的"中国现代文化中心"。后来中国的电影、音乐、舞蹈、戏剧、文学及西方礼仪、餐饮、节日文化等，都是经上海传播和普及的。在这个时期，上海创造出属于自身的海派文化。以家喻户晓的"月份牌"为例，以公司广告和赠阅形式为中心，再现了西方现代文明的商业实用主义；以内容方面的"二十四孝"为中心，延续着中原文化圈的伦理实践理性；以形式方面的时髦美女为中心，又与江南诗性文化精神十分贴合。正是因为融合了西方实用主义、北方实践理性与江南诗性文化，上海不仅是当时世界的"远东第一大都市"，也成为中国现代都市文化的杰出代表，引领了传统中国的开放发展和中华民族的现代化进程。由此可知，不仅江南文化始终是上海文化的核心资源，后者也因前者的滋润而呈现出迷人的大都市魅力和气质。

图5 上海夜景：迷人的大都市魅力和气质

　　朱熹有一句诗，叫"旧学商量加邃密，新知培养转深沉"。这句话也可以特别形容今天上海的江南文化研究和发展。江南文化不仅是海派文化的历史摇篮之一，对于过于西方化、时尚化、浅表化的海派文化，还有着重要的矫正、协调和治理的作用。开埠以来，上海作为一个大都市迅速崛起，尽管这在客观上无可厚非，但却打破了传统城市的等级和平衡，再加上海派文化自身比较西化，一些上海人身上的过于精明、工于算计、有些尖酸刻薄的小市民习气，因此长期以来被等同于"暴发户""新贵"甚至是"小人得志"，在中国社会的评价普遍不高，在心理和价值上仍容易受到不同程度的抵制和排斥，不受欢迎、不被待见，容易受排挤和被孤立。

引入江南文化，可以极大地弥补海派文化固有的缺陷。比如用江南文化的"美"，改造海派文化的"欲"；用江南文化的"静"，去除海派文化的"闹"；用江南文化的"平和"，代替海派文化的"尖刻"；用江南文化的"雅致"，破海派文化的"庸俗"等。一句话，江南文化有助于纠正海派文化的"过度的西化"，实现上海现代都市文化的革故鼎新，为上海这座国际化大都市注入中国本土文化的内涵，也有助于培养海纳百川、谦和大气的上海城市精神。

当然，海派文化也可以促进江南文化发展，特别是可以给江南文化灌注现代化、全球化的异质精神基因和文化气质，实现这个小传统的现代转型，使江南文化为国家的现代化和实现中华民族伟大复兴作出新的更大的贡献。

七、江南文化与长三角一体化

当下江南文化的"热"并非偶然，应该说是持续多年的长三角"热"的另一种表现形式，也是长三角一体化上升为国家战略、上海重新打响文化品牌的一道亮丽的人文风景。

改革开放以来，由于资源与环境的相似与发展规划的趋同，"产业同构"与"同质竞争"一直是影响长三角一体化的两个挥之不去的"幽灵"，各城市之间的重复投资、重复建设比较严重。表面上看，直接的经济利益是主要原因，但实际上，一切经济矛盾在最深层都必然涉及文化。对于长三角而言，每个成员不是不明白只有组团作战才能实现共赢，但一种结构优化、层级清晰、功能互补的长三角城市群之所以在现实中步履维艰，深层原因就在于缺乏能有效

供条件。"① 长三角共建江南文化的有利条件同样非常多。首先，与经济欠发达地区相比，长三角雄厚的经济实力为区域文化建设提供了坚实的物质基础，持续支持区域文化实现更高水平的重建和复兴。其次，与其他经济和文化协调发展水平较低的区域相比，集聚着世界一流文化人才和团队的长三角，在文化发展理念特别是在开放发展和国际化上，同样拥有其他区域不具备的视野和优势。再次，江南文化是长三角共同的传统文化资源，也是一个在中国乃至世界文化体系中均拥有良好口碑和无穷魅力的小传统，重建江南文化不仅符合长三角三省一市共同的利益和内在要求，同时也会受到中国和世界各地各民族共同的支持和帮助。

总之，江南文化在本质上是一种诗性文化，代表了我国区域文化在审美和艺术上的最高水准，是中国本土最符合马克思"人的全面发展"和"按照美的规律来建造"的思想文化谱系，对应对现代人普遍的精神和心理危机，促进长三角社会、文化和精神生态的保护建设具有重大战略资源价值。同时，传承发展优秀江南文化，契合党的十九大报告提出"满足人民过上美好生活的新期待，必须提供丰富的精神食粮"，以品质优雅的江南文化为文化资源，建立高品质的长三角城市文化，不仅可以为人民群众提供高质量的文化消费产品和服务，也有助于切实促进和引导长三角真正发展成为一个"命运共同体"，因而是新时代推进长三角高质量发展的必由之路。

---

① ［美］刘易斯·芒福德著，宋俊岭、倪文彦译：《城市发展史——起源、演变和前景》，中国建筑工业出版社 2005 年版，第 568 页。

冯贤亮

复旦大学历史系教授、博士生导师，曾获教育部"新世纪优秀人才"、第二届中国出版政府奖、上海市第十二届哲学社会科学优秀成果奖论文二等奖、第十一届"上海图书奖"一等奖等，主要从事明清史、江南地区史、中国社会经济史等方面的教学和研究，著有《明清江南的州县行政与地方社会研究》《太湖平原的环境刻画与城乡变迁（1368—1912）》《明清江南地区的环境变动与社会控制》《清史》等，在海内外学术刊物上发表学术论文百余篇。

明代江南官绅家庭的生活与社会

　　江南，在学术界有不同的定义。江南的范围，根据不同学者的研究，也是不一样的。一般讲的文化江南，主要着眼于长江下游三角洲，以太湖平原为核心。太湖流域平原这一地域，涉及明代的行政区划，主要是 5 个府，即常州、苏州、松江、嘉兴与湖州。再往外扩，就是镇江、杭州、应天等府。作为核心的太湖平原，在唐宋以来经过长期的开发，已成为整个中国的一个基本经济区，是国家的财赋重地。

　　在这样一个很小的地域内，曾经孕育了大量杰出的人物，在整个官绅生活世界中，有着广泛而重要的影响。这一阶层的重要性，在传统时代已广受注意。费孝通在他的《中国绅士》中，指出通过科举考试进入仕途的，既是学者，也是官员，在传统时代叫文人，

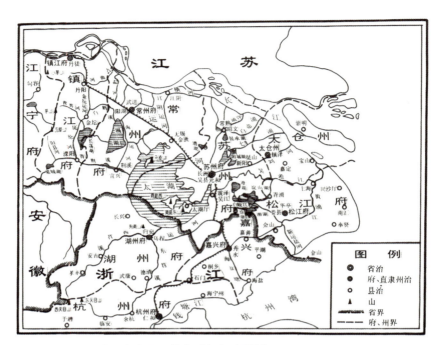

图1　江南核心地区太湖平原的水系与行政区划

也叫士大夫，可以统称文人士大夫。在地方社会，这个阶层的作用显得尤其重要，不仅代表国家管理地方社会，还可以代表地方跟国家对话。费孝通强调说，"绅士"可以从一切的关系，社会关系、亲戚、同乡、同年（同一年考进科举的朋友），把压力透到上层，一直到皇帝那里。

　　但这个官绅阶层的成员较为庞大，内部是可以作些区分的，一般分成上层和下层。当中的很多人，因为功名不高，只能徘徊在下层，像数量最多的生员（秀才）就属这个下层绅士。往上就是举人，再往上是经全国统考后成功的进士，名额很少，三年考一次，能够考中的话，当然非常荣耀。

二

　　科举在传统时代是当时人向往成为社会卓越分子或进入成功领域的一个途径。通过科举，可以达到世俗社会认可的两个目标，一是"富"，一是"贵"。富就是有钱，贵就是有政治地位，合起来也可称"权贵"。

　　所以倘在科举上有所成功，人生就有极大的改变，就像唐代人孟郊讲的那样，"昔日龌龊不足夸，今朝放荡思无涯。春风得意马蹄疾，一日看尽长安花"。一旦考中以后，进入到精英生活圈，大概就比较潇洒了，人生的命运因此彻底改变，堪称转折性的变化。生活追求，因而也会有很多的不同。这样的变化，自然会跟整个社会的变迁紧密相联。

　　对当时的社会来说，家庭教育里的一个核心环节，就是强调读书，基本目的，仍在科举的成功。官绅家庭生活中，十分重视读书进学，构成培养家族子弟最重要的方面。

　　出身于今天上海陆家嘴的陆深（1477—1544），是弘治十八年的进士（与严嵩、顾鼎臣等同科），任职翰林院编修等官，很不幸他遇到大太监刘瑾，政途上遭受了一些挫折。刘瑾后来被凌迟处死，他又官复原职。陆深在很多地方做过官，他开启了陆家鼎盛的时代。

　　陆深非常重视家庭教育，以其给儿子的两封信为例。一封信是他到江西做官，告诫儿子在上海家中要好好读书，重视科考，不要在社会上多管闲事：

我离家已两月余，汝用功何如？古人言宽着限期、紧着课程，缘汝气体弱，又有旧病，须要节量读书。学问大事，在养心。养心先须养气，元气充足，百事可办。汝性静定，有可进之资，不可虚负了。家中闲杂，不必管，接见人，务要拣择。无益之事，足以费日力、害身心，当畏之如蛇蝎，可也。抄回文字一册，是察院试卷，熊鼎臣、李六峰极称之，方恩是一都司，乃肯向学如此。

另外一封信是陆深在九江写信告诫儿子，如何从上海到南京赶考，并注意陆家的体面以及如何待人接物等：

我出巡在九江，六月五日得家书，始知汝考试的信。但列名在四等，得与观场，亦是当道奖进之意。汝宜自立，以无负知己也。若往南京，只与姚子明同船甚好。馆谷薪水费，当一力助之，其余量力，各为帮助，亦是汝报其师之意也。须往丹阳上陆路雇一女轿，多备一二夫力抬之，行李盘用，江行载入城，雇一阔头船，甚为方便，不可于此等处惜费。入城须借一僻静下处，可请问顾五叔，必得佳所。至嘱，至嘱！

在陆深看来，陆家毕竟是有身份的家庭，各个方面都要顾惜体面。

弘治十八年状元、昆山人顾鼎臣的父亲生平经历一般，不过是投身至户部吴主事家的女婿，平时只在城里开店卖线为生。因为一次偶然的机会与丫鬟私通，生下了顾鼎臣，没想到鼎臣后来中了状元，彻底改变了顾家生活发展的轨道，并由此崛起。有人统计过，从 1400 年至 1750 年，顾家一共产生了 9 个进士、6 个举人、6 个贡生。维持这个家族长期攀升、兴盛的一个重要基础，当然仍在读书进学。

顾鼎臣的长子履方、女婿归本（归有光的从祖父），在当时的举业学习中，都较有希望。同时，顾鼎臣非常重视约束家族成员与

图 2 《明状元图考》中的顾鼎臣像

奴仆在地方上的活动，采取的基本是一种收敛的态度。顾鼎臣的教育思想、教育理念，对整个顾氏家族肯定是有很大影响的。顾鼎臣给长子履方的信中，十分强调家族生活的控制问题："我赖天地鬼神庇祐，今岁九月蒙朝廷厚恩，官升一品，至十一月又荷诏恩，得关领一品诰命，得赠封四代。此皆祖宗余庆，非偶然也。"他将其仕途的成功，归于祖宗的荫庇。嗣于闰月望日，举行了祭告改题神主的礼仪。他一直觉得，家乡族亲的生活，需要更多的照顾：

　　□念族子孙贫难者多，理宜周给。此帖□□□修贤侄、有原贤婿，可令人到乡间报。各人来，照后开数关与，仍将关过数造花名细数回报，勿误，勿误！次要要考长幼名口的确，勿容人通同我家狗奴虚捏冒领，至嘱，至嘱！（先期密使的当人，查各家男妇口数）

明代江南官绅家庭的生活与社会

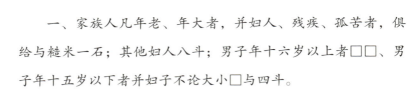

一、家族人凡年老、年大者，并妇人、残疾、孤苦者，俱给与糙米一石；其他妇人八斗；男子年十六岁以上者□□、男子年十五岁以下者并妇子不论大小□与四斗。

二、顾锦弟兄三分，虽曰得过，也要与他。镛、鑑二分，各与糙米石，承禄与白米二石（助其进学）。以上须孔修、有原查访的确，眼同给散，不可容家人辈作弊，将低米混与，亦不可升合亏折，有名无实，至嘱，至嘱！

三、要置赡族义田，待我回来时，斟酌处置。

对于家人被纵容不法，鼎臣一直是不予容忍的。像顾家这样，在昆山已属巨族，家人的骄纵、违法或侵害小民等行径，也绝难杜绝，似属正常。当鼎臣知晓家人的恶行后，其愤怒与失望是可知的。有一通给履方的信，全部内容都是讲鼎臣对不法家人的态度及处理意见：

顾升狗奴，如此害人，如何纵容他，也不写来我知！毛升狗奴，恶已贯盈。李槐虽出，亦是旧奴，彼如何只管拿他锁禁、踢伤致死？杀人者死，法不宜贷。三兄亦不宜庇护它。死者之冤，结而不散，必有受其殃者矣。任李槐之子自为之，汝断不可主张分付一言也。顾升之事，其理亦如此矣。省之，省之！

同时，鼎臣更是反复告诫履方要安分守法，尤其不能干预地方有司：

汝于府县事不许分毫干预。尚质、奎并汝三人，尤宜在家守分，不可放肆。《大明律》上不许为者，切不可为，犯了法度，便难解手。近日许伯基、王惠叔子并四举人，可为鉴矣。

另一通信则说：

薄粥、读书谨行以图出身，此为上策。一应闲事，不须多管，亏人利己之事，切不可为。日夕分付家人，不要生事虐害小民，至嘱，至嘱！"宰相不过千人口"，言犯众怒者，必有祸也，已有明验矣。宰相尚然，况常人乎？

这种强调读书、休养的基本思想，与万历四十四年进士、嘉善人魏大中教育其幼子魏学洢所论一般："只是读书，并无别事"。年轻人最重要的事，就是读书："读书才明义理。义理明，然后可以处患难。义理明，然后可以处饥冻。义理明，然后可以事父兄师友。义明理，才文理通。文理通，然后可以训书糊口。"地方绅士势族之家对于子孙的教育，多在"谨身积学，俭德持家"，"平居在家，以读书为务"。顾鼎臣认为，即使像他这样的宰相之家，家人当中更不可以出现生事害民的行为，所谓"言犯众怒者"必然招祸。

根据后来地方士人的记忆，鼎臣对履方的教育，应该是有效果的，有下面这样一则故事，大概可以为证：

顾文康长子履方，尝盛服拜客。有乡民担粪断绠，污其衣，家人怒詈之。履方曰："彼无心耳，然已惊矣，可更惊乎？"因

婉言慰谕之而去。

看来，履方处事的态度又远较家奴为好。同时，他像鼎臣一样，能够尽力赒亲族、赡孤寡，也不愿自名其德，说都是出自父亲鼎臣之意，昆山县人都交口称赞他"贤"。昆山人张大复（约1554—1630）称其"有长者之风"，是"静慎持重"的人，十分低调。嘉靖七年以太学生的身份在顺天府被举为乡荐后，履方在公开场合就不大有昆山当地"孝廉"风行的用华盖招摇过市的行为，而是"俛首趋过里，诚家人藏勿御"。在处理顾家与地方官府的关系上，应该做到了鼎臣的要求，注意"简饬童仆"，在亲族兄弟外"未尝轻交一人"，所以会有"官其乡者仅一交刺，亦多不交刺未识面者"的评说。

至于寄给侄儿孔安的，是鼎臣家书中所见唯一的一通。在信中，鼎臣强调了家族血脉的延续问题，又十分关心所谓"山精"损害山中甚至家族"灵气"的大问题：

> 自孔昭、孔仁没后，神志荒落，衰病日甚，虽勉强支持应酬，然公私职业俱□□□，以积劳后感寒，一病二月余，几至狼□□所从来，盖以骨肉凋谢，中情受伤，非一朝一夕之故也。乡人来，辄闻贤侄身子渐强，手足亦渐复旧，昨得家信，见是手笔，尤不胜欣慰。……新春正月、二月连得两曾孙，此祖宗余庆，非我薄德所能致也！知之、文征兄弟，诸孙皆知之。吾昆进士未曾如此少，一者学中风水为杨华所坏，二者山上近为山精侵损之故。昨杨中堂乃云：山精往往假托盛族名目，故难

禁耳。果然，可查出处治，或送县中治之。大抵此山虽小，为一邑之镇，关系非轻，而为士夫者，禀受灵气，尤所当□□，岂可容小人射利，以损害大计乎？贞□祖宗坟墓在上，尤当用心管理，相见一道之。

从上述家书反映的各种内容而言，已属仕宦阶层上流的鼎臣，对家庭生活的安排与秩序规范问题一直十分重视，注意约束家人与官府关系。对子孙的培育，则重在修养的要求与读书的进取方面。

三

可以说，在鼎臣的思想意识中，读书进学乃是人生的头等大事。鼎臣早期在北京官场奋斗的过程中，颇以家族事务与生计为虑，十分注意尊崇儒家宣扬的那套道德秩序。在所谓"北虏"对北方中国造成的严重危机的情势下，让鼎臣曾有死生许国之愿，当属儒生报国之意，能够折射出鼎臣长期在儒学熏陶下的内在本质。在给履方等人的信中，他说：

北虏初甚猖獗，幸赖庙社威灵，稍稍遁去。……我心只望汝读书修行，成身成名，光显祖宗，撑立门户，垂裕子孙。我虽以死殉国，亦无遗憾。勉之，勉之！

后来鼎臣决定将妻子朱氏从昆山接往北京，但昆山顾家离开了这位颇有"贤行"的夫人，鼎臣是有顾虑的。他担心履方等人在家

明代江南官绅家庭的生活与社会

更无人管束，需要作必要的告诫，要求万事小心谨慎，务以"修身进学"为重：

> 汝母不知几时起身？家中凡百事如何？有便勤勤写书来我知。此后又不比你母亲在家，万万小心谨慎，修身进学，做好人，求进步，惟日不足。不可仍前懈惰，以取羞辱。

这样的告诫甚至带有警告性的语句，在鼎臣给履方等人的家书中，时或可见。在嘉靖五年冬天鼎臣离开昆山后，"家中凡百草草，十分放心不下"，他写信给履方：

> 汝可奋然励志，以读书修行为首务，以治家防患为要机。我虽曾谆谆戒谕，恐汝志气懒散，未知缓急利害，视我言为迂远，日常只悠悠过去。故又琐琐作书，汝可藏诸箧中，或揭诸坐隅，朝夕省览。读书以体认道理、变化气质为本，日用间遂能随事用得。……若只以此为谋利、窃名誉之资，便非好人。

鼎臣的那句以读书为谋利、窃名誉之资的"便非好人"的教诲，很能体现其追崇"体认道理、变化气质"的读书宗旨，对名利之追逐须有必要的排斥态度。鼎臣关心履方等人的举业，要求在科考攀升的努力过程中，特别注意顾家的声誉，以免引起新任巡按御史的不满：

> 闻提学往徽、池矣，昆山不知何时考过？汝与归本皆可愁，

一考过，便寻便寄书来，至嘱！新巡按甚厉害，平生不通丝毫人情，比之提学尤甚，可重言分付大小并各庄家人，小心，小心！不要惹事，不要惹事！至嘱！二伯父并诸兄、梁、归、朱、滑各至亲家，也要与说知。

在现存所见鼎臣单独给女婿归本的四通信件中，有一半内容都涉及科考举业的问题。据书信可知，归本这位大女婿，也是鼎臣看重的在举业上颇有希望的人：

平安书与本斋贤婿收看：

新年又增一岁，知青春亦不为小矣。嘉靖元年应天乡试闱，所谓龙飞第一科，得厕名乡书，尤为荣幸，贤婿亦有意乎？如果无此意，则任自求□□，□□管闲事，万一有意于科目之事，望拨□作文，读书作论表，与履方立定书程，日夕发愤用工，以图必中。愚老夫妇不胜幸甚！闻提学颇严切，风闻行事，汝与履方不独要百倍用工，以伺其考较，背书，看课，又须简身修行，守其教条，上策，上策！不然，升沉荣辱所系，不可不谨也。兹以进福回，灯下草草新书寄回，不得多想，收矣。

非常值得一提的是，归有光的从祖母就是顾鼎臣的女儿，曾经随母亲居于北京，"亲见夫人朝两宫，佐皇后亲蚕，宴锡繁缛，备极荣宠"，其夫归本就是有光的从祖父了。在归有光看来，归家与顾家是"世通姻好"；顾鼎臣在短暂的家居昆山期间，曾经"率乡人子弟释菜于学宫"，而有光亦与其间。嘉靖十五年顾鼎臣以大宗伯领太

明代江南官绅家庭的生活与社会

子詹事时，有光"拜公于第"，一起饮宴，问乡里故旧，言谈甚欢。归有光在举业上是不够成功的，会试八次皆落第，最高的功名只是举人。晚至嘉靖四十四年，年已六十的他才考中进士，被授职长兴知县。在隆庆四年，大学士高拱、赵贞吉推荐他到南京任太仆寺丞（正六品），并且参与编撰前朝的《世宗实录》。

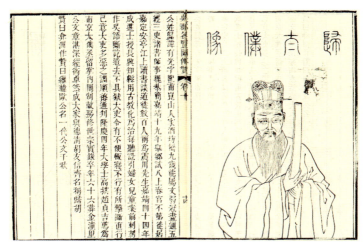

图3 《吴郡名贤图传赞》中的归有光像

至于归本，顾鼎臣希望他与履方百倍用功，在科考上"以图必中"，是关系顾家升沉荣辱的头等大事。而据另一通信所述，可以知晓这位女婿是善于营生的，可能比较多地参与昆山顾家生计，并可能经常要与地方官府、市民百姓打交道，当然也难免会涉及许多争名夺利的事情。鼎臣一方面要求他不得"干预官府钱粮"，"以苟得分毫之利，不顾滔天之害，则亡身丧家之事，非士君子所为"，另一方面，仍然是在关心他与履方的科考前程：

　　知贤婿善于生计，不肯□□，此□家之善道，非保家之远谋也。若欲保家，须是读书，以图科第行义，以永福泽。外此，非所知也。至若干预官府钱粮，与市井小民交关。区区宦情素薄，今又为言路浮议不情，进取之心益消沮无几矣，所望子婿联翩而起，以继书香，吾即当奉身而退，以乐余年耳。科场之事，近在数月，贤婿与履方近来作么功课？见同侪如王同祖辈高飞远去，亦□□□而愿学之乎？此真吾所深愿，而未敢□者。惟俟天命之何如耳！

　　鼎臣指出，"清心寡欲、读书修行"是立身益寿之本，要履方与长婿归本、次婿朱端禧二人，各抄写一份，贴在住房内，"朝夕省察，殊为有益"。鼎臣提醒履方特别注意科考方面的应对："提学若二、三月间出巡岁考，汝考过方告随任读书。若打听不来，使人到南京。告了朝觐后，提学必升矣。毋误，毋误！"还指出要对指导履方读书的梁叔公，多尽礼仪。鼎臣专门问道："曾备何酒礼送过去？如何书不及？"

　　值得庆幸的是，被后来地方官褒扬为"德性谦厚，度量汪洋"而使人"不知有相府"的履方，在嘉靖七年参加顺天府乡试，获得了举人的功名。而在此前，据地方志编撰者的说法，因为鼎臣位高权重，履方的行为表现更显低调，是所谓"谦抑如寒士"，死后获赠尚宝司丞。履方之子谦亨，以恩荫获官尚宝卿，也是"简约有守，无忝清门世德"。归本后来曾任绍兴府经历。另外，鼎臣的玄孙震宇为万历乙酉举人、天宠为丙午举人；侄儿顾潜是弘治丙辰进士，其子梦圭是嘉靖癸未进士，曾孙锡畴是万历己未进士，等等，都可表明顾氏家族的科举之盛。

明代江南官绅家庭的生活与社会

鼎臣认为，除了读书修行，清心寡欲实在很重要。为了宣讲"康济之方、宣节之要"，自撰了《多少箴》，既作为个人"上承宗祧，下启胤祚"的有益借鉴，更要求子孙辈写贴于坐隅，朝夕省览，人生日用"永为守训"：

少饮酒	伤生乱性	多食粥	养胃滋阴
多茹菜	蔬善疏导	少食肉	厚味生毒
少开口	驷不及舌	多闭目	谷以养神
多梳头	栉发去发	少洗浴	频浴伤气
少群居	招蚨致尤	多独宿	节色遣疾
多收书	明理致用	少积谷	阙乏备荒
少取名	好名损名	多忍辱	忍辱不辱
多行善	积有余庆	少干禄	留遗后人

在鼎臣看来，"寡欲节饮食"是"保性命、绵宗祀之基本"。大概履方在这方面可能有失体统，所以鼎臣在信中劝道："纵于色欲，荒于酒食，往往夭折，汝其猛省，猛省！"又强调道：

> 读书自今日始，务须勇猛精进，思惟此身已入学矣，便有荣辱二途，甚可畏也。来春岁考，便有赏罚。若他人受赏，我独受罚，有何面目见奴仆、妻子哉？猛省，猛省！

根据其他家书中前后内容的陈述，可以获知履方夫妇一开始并无子嗣之喜，而且鼎臣一家为此可能都颇费思量，甚至请医调治。

能不忆江南——江南文化十讲

在鼎臣留下的一首诗中，能反映这些内容：

> 嗣续须教天主张，数经调药总荒唐。若能节欲行阴德，便是千金种子方。

后来果真产育一孙，且聪慧可爱。到北京后，鼎臣多次收到其兄弟（履方的"二伯父""滑七伯"）的书信，了解到孙儿岐嶷胜常儿，"且好养"，十分欣喜，认为这也是"天地祖宗荫庇所致"，因此更要求履方夫妇"朝夕立心，积善以迓福庆"。

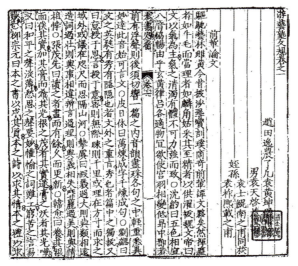

图 4　万历三十年刻袁黄所撰科考用书《游艺塾文规》之书影

四

在明清时期，科举不仅仅是培养官僚队伍的一个阶梯，也是培养所谓知识精英的土壤。很多老秀才，考了一辈子，学问很大，但

是没有办法晋升到上层的绅士队伍中。但因为他们的知识丰富，在底层社会也可以培育下一代精英分子。

宋代以来，有这样一句话很流行，"万般皆下品，唯有读书高"，而且也流行"榜下招婿"。古人所谓的书中自有黄金屋、书中自有颜如玉、书中自有千钟粟，似乎都能在金榜题名时实现。这对贫寒士人来说，常常是真实可期的。

每一个家庭培育子弟读书，当然从最低一级开始，首先是能进入县学，最好能成为廪生，有稳定的生活保障，以减轻家庭教育的负担。这一时期获得的低级功名，就是生员（秀才）。在地方社会中，很多人到了生员这个级别，已不想再努力了。依赖生员这个功名，在基层社会也能"混"得很好。明末清初著名文人李渔，就揭示过秀才们"混"的现象，有诗道"学生本是秀才名，十个经书九年生。一纸考文传到县，满城尽是子曰声。"想要进阶到更高一级功名，则需要通过省一级考试，即乡试。考中的话，就是举人。举人在鲁迅的小说《离婚》中，已经被描画得很威风了。但获得举人功名的，需要符合的一定比例要求，才有资格参加第二年春天在京城举行的全国会试。乡试的第一名是解元，会试的第一名称会元，如果殿试能取得第一名，即状元，这样能连中三元的，是非常罕见的。据何炳棣的研究，清代二百多年中，考取进士人数最多的是杭州府，其次是苏州府、福州府、常州府、绍兴府、嘉兴府、湖州府等，大多是在江南的太湖周边。科考兴盛，也意味着文化的昌盛。明末出生的蒲松龄，到康熙晚期过世。他就是考到 62 岁仍没有成功的机会，且家境贫寒，对整个家庭经济来说也是巨大的压力。作为科考上的失败者，蒲松龄坦承其科考生涯，是所谓"暑往寒来春复秋，悠悠白了少年头"。毕竟在科考这条道路上，成功者属于是少数。但科考成功后，就能光宗耀祖，父辈、祖辈即使没有功名，也会因此得到朝廷的恩荣。比如在嘉善县，万历十四年进士袁黄，世称了凡先生。其父袁仁只是一名布衣，因为袁黄的成功，而被朝廷恩赠"知县"这样的荣誉头衔。隆庆五年进士丁宾，科考成功后，其父丁衮也被追封"知县"的荣衔。

明末清初苏州人顾公燮，只有生员的功名，在他的笔记《消夏闲记摘抄》中指出，明朝末年的绅士，非常之威风。凡是中了举人，报信的人都拿着短棍，从大门打起，把厅堂窗户都打烂了，叫作"改换门庭"。工匠就跟在后面，立时修整一番，从此永为主顾。接着，同姓的地主来和他通谱，算作一家；招女婿的也来了；有人来拜他作老师，自认门生。只要一张嘴，银子上千两的送，以后有事，这些人便有依靠了。出门呢，坐着大轿，前面有人拿着扇，掌着盖，诸如此类。这样具体生动的故事，在清代吴敬梓《儒林外史》中所讲的范进中举，也能感受到。地方上也因为他考中科举，有可能进入比较好的仕途，会送田产、商铺，还有投身为仆的。所以可以想象，贫寒家庭的子弟，希望有朝一日成就这样的生活。在他们的生活世界中，这样的生活，是真切可期的。

明代江南官绅家庭的生活与社会

五

到明代中后期，整个社会情势有了很大变化，也很复杂，跟明朝初年大不一样。至晚在 16 世纪，整个的社会、文化、经济显得比较繁荣，士人生活风气已形异样。陈邦彦的《陈岩野先生集》中有

这样的论述："嘉靖以前，士大夫敦尚名节。游宦来归，客或询其囊橐，必唾斥之。"又说："今天下自大夫至于百僚，商较有无，公然形之齿颊。受铨天曹，得膏地则更相庆，得瘠地则更相吊。官成之日，或垂囊而返，则群相姗笑，以为无能。士当齿学之初，问以读书何为，皆以为博科第、肥妻子而已。……一行作吏，所以受知于上者非贿赂不为功，而相与文之以美名曰礼。""博科第、肥妻子"是当时很多士人家庭努力科举的基本目标。这种状态，当然是跟整个社会大环境的变化相关的。

陶奭龄还将官绅阶层的发展和变化，归纳为"五计"，即五个以人生发展为比拟的主要阶段。第一，是所谓"十岁为儿童，依依父母，嬉嬉饱暖，无虑无营，忘得忘失"，是"仙计"。第二，"二十以还，坚强自用，舞蹈欲前，视青紫如拾芥，鹜名若逐膻"，是"贾计"。第三，"三十至四十，利欲熏心，趋避著念，官欲高，门欲大，子孙欲多，奴婢欲众"，堪称"丐计"。第四，"五十之年，嗜好渐减，经变已多，仆起于斗争之场，享寒于险巇之境，得意尚有强阳，失意遂成枯木"，是"囚计"。第五，"过此以往，聪明既衰，齿发非故，子弟为卿，方有后子，期颐未艾，愿为婴儿"，已如行尸走肉一般，可谓"尸计"。进入官绅阶层的生活后，并不意味着成就了家庭或个人生活的卓越，且这样的状态能不能维持三代甚至五代，仍是存在困难的。很多家庭往往不能超过三代，就出现了衰落之态。

何炳棣在其名著《明清社会史论》中分析指出，高地位家庭均可能因下列任一因素，导致长程的向下流动：一是没给子女予适当教育；二是主要基于个人能力而不是家庭地位的竞争性考试制度；

三是高级官员有限的荫子制度；四是有闲阶级的生活方式与文化表现；五是缺乏长子继承制致使家产持续稀释。何炳棣认为，前四项为变数，第五项则为常数，且特别要注意的是，在几代之内，通常是两三代，这些因素会同时发生作用，如果没有新的科举成功，向下流动的进程会进一步加速。

在明末清初，很多官绅家庭还面临着王朝鼎革带来的威胁和挑战。倘要保持住家族长盛不衰，确实比较困难。在浙江嘉善的王埭镇，曾出过一个很有名的万历二年进士支大纶。他喜欢住在乡下，这跟明朝后期很多精英家庭成功以后从乡下移往城市的常态略有不同（像松江董其昌家族成功后，从乡下的三冈移到松江城中；这种情形在江南有普遍之态）。支大纶描画过他的乡居旨趣，是所谓"体也癯然，色也苍然，额也耸然，目也炯然，髯也戟然，准也隆然。而志则矻然，心则凝然，气则充然，学亦粹然，而遇乃绌然。虽则云然，且尽吾所当然，而听乎命之适然！"像他这样的官绅家庭的乡居，其实对于乡村社会能产生较好的庇护作用。面临灾荒危机，能承担起相应的救护责任。李维桢在《明进士文林郎华平支公墓志铭》中，就有这样的赞誉："四境之人念之。孰有如支公不侵细民，不溷有司，能以身为一方捍灾患者？"因为是乡居，能够比较切近地照顾乡村百姓。

另外的例子，是居于城内的世家大族，是祖源唐末五代的杭州钱镠王的钱氏家族，有一支从杭州迁到浙江嘉善，其中以万历四十四年考中状元的钱士升最为出名，崇祯朝钱士升进入了内阁这个核心的政治机构。在给长子钱栻（格）的信中说："汝在家，只宜杜门读书，静以修身，俭以养德，人之立品，须自小做起，比之匪

明代江南官绅家庭的生活与社会

人圣贤，垂戒慎之勉之。"另一封信中又强调道："儿辈在家，只管闭户读书，勿见要人，勿谈朝事，勿落近日名士气习，严以律己，谦以下人。至于奴仆，务须约束，毋得放恣，庶几弗玷高、曾清白家风，切嘱切嘱。"钱士升还赞扬钱栻能追随师友同学辈讨论学术，"不独造就德业，兼可收摄精神，较之家中独坐矻矻，所见所闻，不出帷墙几案之间，如蝇触窗，如蚋鼓瓮，真不啻天渊之辽绝矣"，要多跟他们交流，多吸收他们的思想，"家中最易埋没人，学问识趣，不觉日就卑近"。

这些信中，明显地体现出高地位家庭中对于家族子弟的规范和约束。

六

但是，整个社会的追求充斥着物质与精神的各种欲求，也让时人很难真正摒绝。杭州人、嘉靖十四年进士张瀚，在其《松窗梦语》中，写了这样一段话："至于民间风俗，大都江南侈于江北，而江南之侈尤莫过于三吴……浙之俗，灯市绮靡，甲于天下，人情习为固然。当官者不闻禁止，且有悦其侈丽，以炫耳目之观，纵宴游之乐者。"大意则在强调礼制与规范，也就是什么样的家庭可以享受什么样的待遇，其实是有规范的。但在江南，整个社会情势趋于奢化，令人无法改变。

当然，物质和感官上的享受，无论官绅家庭还是庶民社会都有极力追求的态势，福建人、万历二十年的进士谢肇淛，就指出当时的士人生活追求主要体现在"宫室之美，妻妾之奉，口厌粱肉，身薄纨绮，通宵歌舞之场，半昼床笫之上"等这样一些层面，奢化程度令人惊叹："今之富家巨室，穷山之珍，竭水之错，南方之蛎房，北方之熊掌，东海之鳆炙，西域之马奶，真昔人所谓富有小四海者，一筵之费，竭中家之产不能办也。"但他又说："惟是田园精足，丘壑可怡；水侣鱼虾，山友麋鹿；畊云钓雪，诵月吟花；同调之友，两两相命；食牛之儿，戏着膝间；或兀坐一室，习静无营；或命驾扶藜，流连忘返。此之为乐不减真仙，何寻常富贵足道乎！"精英家庭的生活追求其实还有一种"闲"的境界，当中的真趣味，不是普通的富贵人物可以感受得到的。

　　万历二十年的另外一位进士袁宏道，是湖北公安人，在文学上非常有名。他考中进士后被派到苏州的首县吴县任知县。苏州是当时中国人向往的一个生活空间，生活样式给他的感觉大概比较震撼。袁宏道写了一封信给他的好朋友，认为人生要达到五大快活那才可以。第一种快活，目极世间之色，耳极世间之声，身极世间之新，口极世间之谈；第二种快活，堂前列鼎，堂后度曲，宾客满席，男女交舄，烛气熏天，珠翠委地，金钱不足，继以土田；第三种快活，箧中藏书万卷，书皆珍异版本；宅畔别置一馆，馆中再约真正同心朋友十余人，人中立一识见极高，如司马迁、罗贯中、关汉卿者一人，作为主人，分曹别署，各成一书，远文唐宋酸儒之陋，近完一代未竟之篇；第四种快活，千金买一舟，舟中置鼓吹一部，妓妾数人，游闲数人，泛家浮宅，不知老之将至；第五种快活，人生受用至此，不及十年，家资田地荡尽，然后一生狼狈，朝不谋夕，托钵歌楼妓院，分餐孤老之盘，往来乡亲，恬不知耻。可以想象，袁宏道这样的官绅家庭，上述人生的快活应是一辈子都做不到的，只不

图 5　明代刊杂剧《花舫缘》中所绘士人逸乐生活中常见的画舫

056

过是他的人生理想和生活追求的一种表达。

明末著名的纨绔子弟张岱，因为家境优裕，生活放荡不羁，但很有才华。可惜时运不济，很快面临王朝更替，随着清兵南下，浮浪侈靡的人生随之终结。在国破家亡后，他痛定思痛，反思其人生，在《自为墓志铭》中，坦承其"少为纨绔子弟，极好繁华，好精舍，好养婢，好娈童，好鲜衣，好美食，好骏马，好华灯，好烟火，好梨园，好鼓吹，好古董，好花鸟，兼以茶淫橘虐，书蠹诗魔。"在他看来，他的人生恍如一梦。张岱的经历，也能反映了明朝后期那些官宦家庭子弟曾经有过的生活样态。

通俗小说《金瓶梅》，有很高的史料价值。吴晗认为，其写作年代主要在隆庆、万历时期，他说只能在那样的时代，才能产生出这样的小说，生动反映出那个时代社会生活的很多面貌。更真实的事例，可以参考"嘉定三屠"中幸存的侯岐曾，他是著名官绅侯峒曾的胞弟，从事着与地下抗清有关的活动，到 1647 年 5 月，因被叛徒出卖而被捕杀。他遗留的仅记载了一年半的日记，真切地反映出，像他们这样的抗清家庭，面临籍没的危险，还能提供大量银两与官府疏通，可以概见侯家在明末地方社会曾经拥有的实力与地位。

侯岐曾想尽一切办法，通过各种关系，设法延缓甚至脱免清政府对侯家的打击，以下择取 1646 年记录的一些片断，可以说明侯家在"嘉定三屠"后，仍然能维持的经济实力：

图6　侯岐曾像（据［清］孔继尧绘：《沧浪亭五百名贤像》，道光七年苏州石刻）

　　再检斥产银半佰，授科去。

　　王庵适有梅竹一区，可以潜隐。其直止六十金，然亦非吾力所及……

　　"道昨所囊金，大不满乞儿之意。对胥役云：'这送你们也不够。'又亲对管科云：'你家事大，若付掌印手，最少千金。'"

　　给朱茂昭写信："两次金钱，这番才见得力，万无又起峰峦之理。至祝！至祝！外寄五金为仁兄取酒，勿哂！勿哂！"

　　飞票责取全租。经承书吏缚索以去，及面以实对云："元牌征七免三。"督亦无以应也。幸而得免，然已立费三十金。

　　六月初一，遣俊者，邀朱茂昭入郡，完抚院一局。检行缠五金，又致二十金，以防意表之费。

　　早发管科入城，又付十金。昨已付十金与俊转授，而尚不足偿近费也。

　　又悉索三十金，属俞荣携去。……嫂付五十金来，为城信已发，亟返去。

八月初六，早，入槎晤平南、存古，商所以浼李舒章者，词旨不能殚悉。平南缴冯处还六数，即返之，充此后杂费。午后，发侯驯入城，作科、俊各一字，及粮银贰拾。又付数十金驯手，专营附郭一节。

因此也可以想象，这样的官绅家庭，在没有遭遇王朝鼎革前，在乡间拥有的强大的实力。

明代后期以降，整个社会确实有很大的变化，日常生活中礼制受到了挑战，"奢"虽然经常被一些文人士大夫所批评，但已成为那个时候被普遍接受的一个思想或实践。例如唐锦（1474—1555），原籍晋阳灵石（今山西灵石县），洪武间迁于松江之上海（今上海市）。他生于成化十一年（1474 年）十二月，卒于嘉靖三十七年（1555年）四月十二日，年八十一岁。弘治八年（1495 年）唐锦以经学魁南畿，明年为进士，以时名推修《大明会典》；弘治十七年（1504年）修弘治《上海志》八卷。在他的《龙江梦余录》中，有这样一段话：

我朝，庶人亦许三间五架，已当唐之六品官矣。江南富翁，辄大为营建，五间七间，九架十架，犹为常耳，曾不以越分为愧。浇风日滋，良可慨也！

在家庭住宅方面，"奢"的表现堪称已然十分突出，特别是在江南。常熟人、万历三十八年探花，曾官至礼部侍郎等职的钱谦益（1582—1664），被当时目为东南文坛宗师。崇祯十四年冬天，青楼名妓柳如是扁舟拜访钱谦益，"幅巾弓鞋，着男子服，口便给，神情潇洒，有林下风"，使钱颇为倾倒，盛称"天下风流佳丽，独王修微、杨宛叔与君鼎足而三"。次年六月初七定情，柳时年 24 岁。钱为她专门在半野堂之西造了绛云楼居住。为营建此楼，钱氏忍痛将一套宋版《两汉书》削价 200 两卖给宁波谢氏，得银 1000 两，作为造楼之资。该楼雕梁画栋自不必说，光在楼内藏的宋版书就有几万卷，还有许多珍贵的书画古玩。钱谦益晚年的大部分时间，都陪伴着柳如是，似乎有着钱谦益弟子王士祯所称为"神韵"的那种时代精神。上海城内最著名的私家园宅，是一直保留至今的豫园。豫园的主人潘家，是当时的著姓望族，为了造豫园，断断续续 20 年将所有的收入投至家居生活空间的营建当中。具体花费多少银两，实在很难估量。

在生活的其他方面，文人雅士们的生活追求与消费同样惊人，当中可能表达出了他们的人生理想和乐趣。

万历二十年进士、曾任南京礼部主事等职的嘉兴人李日华（1565—1635），辞官归家后奉养父母，乡居 20 余年。他对理想人生的看法，可以其给门人石梦飞的信为代表。信中提及他在江南地方与好友们于书画、古董、文学、艺术等方面的交游表现，以及人生理想的看法：

> 吴中留连执别。眷爱殷殷。怀之而北。至今不能忘也。不佞此出。如散牧之马。一旦羁络。与銮蹄之队后先驰骤。不惟筋力不堪。而拘迫之苦。趣味亦乏也。日思讨差或改南。以便还里。得与古人相知笑乐也。小儿处知必过从。幸时时以本业

相砾。勿恣情翰墨间。纵然作得文文水、陈白阳。终不如董玄宰为两收耳。侍爱。特此相托。所委双松图今附上。幸入之。

信中所指的文文水，是文嘉，文彭之弟；陈白阳就是陈道复。与当时精英分子的互动，沉浸于文化休闲或消费的场景中，可以达到李日华所谓的"与古人相笑乐"的意境，确也是很多普通人难以企及的。史景迁在《追寻现代中国：1600—1912年的中国历史》中指出，即使晚至明代的万历二十八年（1600年），中国仍是世界上所有统一国家中疆域最为广袤，统治经验最为丰富的国家，一亿二千万的人口远远超过所有欧洲国家人口的总和。当时世界上最好的大城市，如京都、布拉格、巴黎等，都无法与北京媲美。而且，中国庞大的官僚系统已臻于成熟，千年的传统使其能协调运行，丰富而稳定的律令体系将官僚系统紧密地结合在一起，也足以解决民众日常生活中可能出现的任何问题。像《西游记》《金瓶梅》等小说与各种绘画、戏剧，以及宫廷生活的概貌与官僚机构的运作，无不显示出晚明帝国的辉煌和富庶。至于那些豪族大户，拥有大量的土地，兴办义学，赈济同宗，它们经营的巨大而精巧的花园，不仅使人享受装

图7 《新镌海内奇观》中描画的明代杭州北关繁华的夜生活

饰的美感，供人休闲娱乐，而且为花园的主人及其家人出产水果、食物和鲜花。中国人生活中肃穆而美好的氛围，都尽现于文人们的笔下。

七

当然，要很好地维持家庭或家族的攀升之势，保持已有的甚至更好的社会、文化地位，营建良好的姻亲网络，也是至关重要的。事实上，古人常说的"门当户对"的要求与生活状态，确实是很受重视的。

下面所展示的，正是号称中国第一大族的钱氏，在浙江嘉善县的一支，在明清之际呈现的姻亲关系，他们所选择、联结的姻亲，

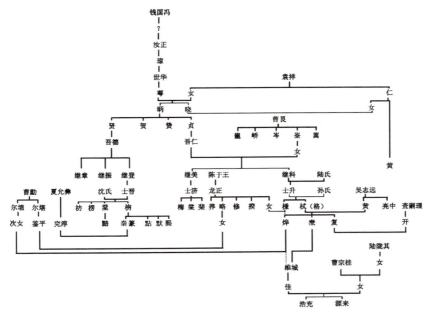

图 8　明清时期嘉善钱氏家族姻亲关系简明示意图

都是地方上的社会卓越之家，门当户对在其间得到了充分体现。从早期的袁家、曹家、陈家、吴家到后来的夏家、陆家等，都是当时地方上最耀眼的家族。

其中的夏家，明末时最著名的就是松江大乡绅夏允彝，在清兵入侵松江城前就自杀殉国了。两年后其子夏完淳抗清而死，不过17岁。完淳是钱栴的女婿，完淳的姐姐嫁至嘉定侯岐曾家为媳，岐曾的哥哥是嘉定三屠中抗清殉难的侯峒曾。

精英家庭之间的联姻，自然有利于抬升各自的社会地位，维持整个家庭发展的良好状态。而侯岐曾的女婿，则是来自昆山望族顾家的顾天逑。天逑是弘治十八年状元、嘉靖初期嘉靖帝最亲幸的大臣顾鼎臣的后代。

像顾鼎臣、钱士升、陆深等这样的人物，可能是个别，也可能代表一个群体。或者像顾鼎臣的子孙们评价的那样，他们这位祖上，本乎忠孝，泽乎仁义。进入这个官绅阶层后，很多人的生活，在财富、权利、地位等方面与科考成功后在仕途上获得政治地位的关系，其实并不是正相关的。那些家族庞大而支系丰富的家庭，像钱家，虽然所有子孙在明清之际的状况仍然只能得到些轮廓性的认识，但在明清王朝更替之际，家族子孙确实多有闻人，甚至十分耀眼。其原因，当如松江华亭人何良俊（1506—1573）强调的那样，不是让子弟依赖家世与财富地位而随俗放荡，而是比较重视子孙的培育与教诲，不仅要求"知孝悌忠信"，而且强化"读书"观念，"不可令读书种子断绝"这样的"知教"且"知学"的家族文化要求相关。

同时，也可以注意到，很多人在科考成功后，攀升到精英生活圈，甚至官绅阶层的顶级位置，对家族子弟教育仍重在读书，读书进学是最重要的。这对整个家族的规范、子女的教育、日常生活的安排，都会产生一种必要的收敛之态。当然，整本上生活的趋向，会与社会的变化，国家政治的变动，息息相关。

陈江 华东师范大学历史学系教授、博士生导师、古钱币博物馆馆长，上海民俗文化学会副会长兼秘书长。主要从事中国文化史、中国社会史、江南区域史等方面的教学与研究，著有《明代中后期的江南社会与社会生活》《晚明江南人士的地方意识与分权思想》《明代中晚期的礼仪之变及其社会内涵——以江南地区为考察中心》《明代江南文人的文物鉴藏及其审美趣味》等。

明代江南文人画家笔下的日常生活与精神世界

一、精书善画的传统与空前复杂的心态

江南文化的前身是所谓的"吴越文化"。尽管在史前阶段，江南有过非常灿烂的新石器时代文化，但在商周时期，这一区域却被视为断发文身、重鬼信巫的"蛮夷之地"。秦汉以后，历史上经历了多次文化重心的南移，其中，最关键的是两晋南北朝与宋辽金两个时段。永嘉之乱，中原战火频仍，生灵涂炭，晋室被迫渡江南下。东晋南朝，随着人口的大量南迁，中华文化的中心也转移并存续于江南（当时习称"江左""江东"）一带。在此期间，作为中华文化主干的中原文化与当地的吴越文化通过相互间的吸纳、交融，都得以变革更新，丰富升华。原本比较朴拙的"吴越之风"汲取了源于中原的礼乐文明，在保留地方文化特色的同时，凸显出文质彬彬、精致典雅的趋向。中原文化则为杏花春雨、烟水冥迷的江南意境所浸

染和滋养，遂于北地的阳刚之气中平添了几分温润蕴藉的阴柔之美。文化的更新和升华在南渡的东晋名士身上体现得尤为明显，王、谢子弟可谓其中的代表。他们虽深受传统礼教的熏陶，但山清水秀的江南又引发其无限的才思，所以多才多艺，精书善画，潇洒不羁，风流倜傥，表现出一种特殊的文化气质和群体风范，唐宋时代的文人学士称之为"江左风流"。苏轼诗句"江左风流王谢家，尽携书画到天涯"，说的就是这种盛行于江南的文化现象。由此可见，后世习称的"江南文化"，其实是在吴越文化与中原文化互相融合的基础上兴起的，温润柔美，精致高雅，注重艺术美的体现，可谓江南文化的一大特色。

北宋末年遭遇靖康之难后，历史又重演了中原王朝退守江南的一幕，而此时的江南已今非昔比。自南朝以来，南方经济、社会、文化皆有长足发展。唐代后期，"天下大计，仰于东南"，至北宋晚期，我国经济重心的南移已基本完成。文化事业的发展，江南也不亚于中原。中华文化的中心再次转移至江南后，江南更是全面腾飞，迅速臻于繁荣，因此，南宋时民间盛传"天上天堂，地下苏杭"的谚语。从文人群体看，注重才艺，擅长书画的传统绵延不断。明代吴县人黄省曾在《吴风录》一书中讲述了江南文人擅长书画的风气和传统，他说："自吴曹弗兴画《赤龙兵符图》，置龙水傍，应时雨足；张僧繇丹青绝代，而于金陵安乐寺画四龙，点睛者飞去；张躁双管为生枝枯蘖入神品；滕昌祐花鸟，何充写貌，至今吴人善画者多。自张弘善篆，张彭祖善隶，右军每见其缣素尺牍则藏之，张旭草书入神品，至今吴人善书。"显然，从魏晋南北朝直至明代，精书善画作为一种文化传统，在江南文人群体中是一脉相承的。

特别值得一提的是，从中国绘画的发展史看，宋元以前，画坛上占主导地位的是画风写实、景物逼真的工匠画和院体画。北宋中期，苏轼、文同等人提出文人画的艺术主张，并予以亲身示范，此后，文人画的影响逐渐扩大。及至元代，文人画尤其在江南一带的文人群体中得以传承提升，发扬光大，被誉为"元四家"的黄公望、吴镇、倪瓒、王蒙即为其中的典范代表。明代中期，以沈周、文徵明为代表的吴门画派异军突起，自此，文人画不仅在江南，而且在全国，逐渐占有压倒性的优势，至明末，更可谓文人画的一统天下。文人画家创作的多为写意画，所以脱略形似，强调神韵，追求个人主观意趣和内心情感的表现。与客观描摹真实物像的写实画作品相较，文人画不同程度地融入了作者内心的所思所想，其物像和意境的索解确实多了几分曲折，但也大大开拓了可资利用的图像资料，更重要的是，借此"有我之境"还可窥探画家的精神世界，了解这一文人群体的心路历程。

南宋以来，江南不仅成为全国最富庶的地区，而且也是人文荟萃之地。据现存资料统计，明代著名的儒学家、书画家，约三分之二以上居住或主要活动在江南地区。江南妇女、儿童受教育的平均水平，包括闺阁诗人的人数与知名度，皆为全国之冠。所以说，南宋以来，尤其是明清时期，江南已成为全国的文化高地，确实是一个不争的事实。但是，江南文人的处境并不好，可以说，是处在一种特殊的"生存困境"之中，遭受着深重的心理压力。

明代江南文人生存困境和心理压力的一个方面来自明朝皇帝的刻意打压。朱元璋对江南文人的猜忌和贬抑是诸多史料明确记载的。他下令苏、松、浙江人士不准到户部当官，科举考试也对江南学子

作了不公正的限制。他与儿子朱棣曾多次将江南的富户，其中包括许多文化世家，大量迁往北方，家产全部充公。朱棣通过"靖难之役"当上皇帝后，更是对江南的文人士大夫肆意杀戮。朱元璋、朱棣以后的明朝皇帝，往往对江南的文人士大夫也有很深的偏见。

明代江南文人生存困境和心理压力的另一个方面来自富商巨贾的挑战。明代尤其是明代中后期，江南已成为全国工商业最发达的地区，工商阶层迅速崛起，由此引发了社会的巨大变动。传统"士、农、工、商"的社会等级重新编排了次序，商贾的地位有所上升，而士的地位却不断下降。翻检明代的逸闻、小说，穷秀才在商贾面前低声下气的描写，可谓比比皆是。因此，不说平民百姓的慕商、崇商，即便是著名文人，也不时发出"士不如商"的感叹。如明末清初的归庄曾经为亦儒亦商的严舜工作了一篇《传砚斋记》，文中说道："士之子恒为士，商之子恒为商。严氏之先，则士商相杂，舜工又一人而兼之者也。然吾为舜工计，宜专力于商，而戒子孙勿为士。盖今之世，士之贱也，甚矣。"归庄的话自然有其特定的政治背景，但士人地位的下降确为事实，如果仔细品味这段文字，更可读出字里行间的深深失落和满腹牢骚。

原本自视甚高的江南文人，此时的心理落差之大，可想而知。政治生态的恶化和社会地位的滑落，使他们的心态陷于空前的复杂和窘困，并因此而产生深重的压抑感和危机感。仕途坎坷、官场险恶、屡遭贬抑、动辄获罪的政治环境，致使众多江南文人生出了退隐闲居的向往。吴江名士徐师曾，在吏科给事中任上辞官还乡，"辟书舍于南湖之上"，著述自娱终其身，可谓江南文人急流勇退的代表。他的好友太仓人王世懋为其撰写的墓表，更从深层次上揭示了江南士人的心态："国家以科甲罗士，士由此进者，争愿出所长自快。然中原之人或不知止，大江以南官多六百石自免者。谈者谓江南人多田园子女之奉，以故轻去其官云。若先生当盛年美宦，一旦弃去，编摩穷年，此亦讵有所染好耶？当其请告时，天下未能尽窥其指见，以为明哲保身而已。载更两朝，途险者已就夷，居静者且思动，而先生卒坚卧不起，然后有以见隐君子之真也。"可见，不少壮年时期的江南文人，处在前景看好的官位上，却毅然辞官退隐，并不是留恋老家的富足生活，也不是简单的明哲保身，而是真正从心底生出了对官场的厌倦。

　　不过，大多数的江南文人并不认为"思隐"就必须山居野处，灭迹城市。他们认为，最高妙的退隐，是隐于朝市和留司的"大隐""中隐"。只要志在于隐，无须异于常人，匿迹深山，若能自持其"心"，可不拘其"迹"，故可亦仕亦隐、心隐身不隐，山水林泉、鸟语花香之类的隐居乐趣，完全可以在治园修亭中求得，书斋园林、诗书茶酒，无不可隐。由此可见，江南文人自有其独特的隐逸观念和隐逸方式。大致而言，江南文人实现其隐逸之志的主要途径有园林、书斋、茶寮等。他们寄情于精神上的"世外桃源"，游园观景、鉴书赏画、焚香品茗，追求一种悠闲适意、清幽高雅、艺术化的生活情趣，并藉此平衡满心的失落，消磨胸中的块垒。

　　特别需要指出的是，江南文人刻意追求这种清幽高雅的生活情调和品味，还有另外一层深刻的含意，即以文士特有的"清雅"来排拒商贾的"粗俗"。面对穷奢极侈、挥金如土的富商巨贾，江南文人的内心是痛苦而复杂的，在社会已发生巨大变动的情况下，无论经济实力、物质生活，还是拜金主义盛行之下的世俗评价，文人皆

明代江南文人画家笔下的日常生活与精神世界

难与富商比肩，那么，能让士人孤芳自赏，维持其内心的自尊、自信、自傲，并在一定程度上仍能获得社会认同的，唯有其独具的文化素养。正是在这样的状况下，江南文人刻意提升了日常生活中的文化含量，期盼以一种品味清幽高雅、充满文化意趣、高度艺术化的生活方式与商贾的"粗鄙低俗"相抗衡，从而满足其内心的优越感，厘清日益混淆的"士""庶"之别。

由此可见，明代尤其是明代中后期的江南文人，将他们的日常生活，包括他们的生活追求，趋向于艺术化、精致化、高雅化，实际上是江南文人在特定的生存环境下，在痛苦失落、犹疑彷徨的心态中，所创造的一种新的、特殊的生活样式。

对这种富于文化品位和审美情趣的生活样式，或者说生活文化的再创造，江南文人不仅予以亲身实践，也诉诸文字进行详细的表述。此外，基于精书善画的传统，尤其是文人画作品诗、书、画、印相结合的艺术形式特别适合表现内心的情感，江南文人还利用绘画作品来描绘自己的日常生活和人生理想。就此而言，后人所了解的明代江南文人的生活状况，从某种意义上说，其实是由江南文人的生活实践、文字表述和图像描绘共同"建构"的。绘画作品与文字表述相较，具有不少长处，其形象性、直观性，以及情景描绘中的细节表现，都是文字无法比拟的。不过，我们也应该指出，所谓的"建构"，无论文字还是图像，其中既有日常的、真实的内容，也有理想的、虚构的成分。鉴于上述状况，我们对相关的江南文人画作品作了梳理，大致分成三类，第一类是实景为主的生活描绘，第二类是虚实相间的情趣表现，第三类是借景抒情的内心世界。下面分别做些介绍。

二、居所、雅集、清赏——实景为主的生活描绘

　　中国古代绘画创作的核心理论之一是"外师造化，中得心源"，即画家作画始终处在自然物像与内在情感不断交融的过程中，所以，作品中的物像既非纯客观的自然存在，亦非纯主观的内心表现，而是主、客体融合后的产物。其最高妙之处即所谓的"似与不似之间"。不过，主、客体融合后形成的"虚实相间"的景物，其虚、实的比例并不相同。一部分表现日常生活的作品，虽包含对理想生活的憧憬而不乏虚构的成分，但大多对真实存在的客观物像和生活场景有所依托，其中更有不少是以实景为主的。明代江南文人画家这一类作品，涉及现实生活的许多方面，最常见的主题有居所、雅集、宴饮、清赏等。

　　讲到日常生活，最基本的就是衣、食、住、行，可见居所是现实生活中一个非常重要的方面。谈到居所，就涉及明代中后期江南地区非常流行的"城居"现象。中国是个传统的农业国家，绝大多数的人口都居住在农村地区。不过，约自宋代开始，中国也开始了"城市化"的进程，城镇的数量迅速增加，城镇居民人数不断扩大。据比较保守而稳妥的估计，宋代的城镇人口占全国总人口的比例约为12%至16%。元代以及明代前期，城市化进程受阻，至明代中后期城镇重新崛起，城市化也得以加速推进。当时，城市化水平最高的地区是江南，城镇人口所占比例约为15%。据估算，明朝末年，江南八府（苏州、松江、常州、嘉兴、湖州、杭州、镇江、应天）的总人口约为2000万，因此，八府的城镇人口约为300万。江南城

镇的居民除大大小小的工商业者、城镇服务业者、游民等（南京及府城、县城则有各级官员及其家属），还有许多在乡间拥有一定田产的人家，其中就有不少文人士大夫家庭。这些人家的祖屋建在乡村，原先也长期生活在乡村。随着城市化的发展，这些人家将田产委托给亲属或管家之类的仆佣管理，自己携家带口迁往城镇居住，即所谓的"城居"。城镇生活喧嚣热闹，丰富多彩，而且为人们的日常起居提供了许多快捷便利之处，比如衣食住行、娱乐购物等等，包括朋友间的拜访、聚会，都十分方便。但是，城镇生活，尤其是在较大的城市中，还有嘈杂纷扰的另一面，而且城镇人口密集，住宅鳞次栉比，邻里之间免不了家长里短的流言蜚语，平添许多烦恼。显然，这种居处状况与当时的江南文人为追求内心的平静而向往清幽隐逸的居所氛围是不相吻合的。为此，不少文人为了躲避人世间的喧嚣、纷扰，回到原生态的状况中去，纷纷在郊外依山傍水的风景名胜之处购置别墅、山庄，或修建草堂、小筑之类，用以弥补城居生活的缺憾。于是，他们就有了城居和乡居的多处居所。平时为获得日常生活的便利，可居住在城市中，城市中住得厌倦了，又可住到乡间的别墅中，享受一阵宁静悠闲、没有尘世纷扰、自由自在的日子。文徵明的《浒溪草堂图》就是反映上述现象的代表之作。

图 1　文徵明《浒溪草堂图》轴

文徵明（1470—1559），长洲（今江苏苏州）人。在中国绘画史上，他是"明四家"之一，"吴门画派"的领袖型人物。这幅画是文徵明为他的好友沈天民创作的，图为纸本设色长卷，纵 26.7 厘米，横 142.5 厘米，现收藏于辽宁省博物馆。沈天民的祖上世代居住在苏州城西北十多公里，名为浒墅的这个地方。沈天民携家城居后，怀念以往的乡居生活，于是就在原先祖屋所在之处修筑了草堂数间，名为"浒溪草堂"，并请当时的名流为之赋诗记事。文徵明不仅赋诗一首，还特地为沈天民所筑草堂作画题跋。题跋写道："沈君天民，世家浒墅。今虽城居，而不忘桑梓之旧，因自号浒溪，将求一时名贤咏歌其事。余既为作图，复赋此诗，以为诸君倡。"他在诗中称："何处闲云筑草堂，虎瞏溪上旧吾乡。百年鱼鸟常关念，一曲风烟拟自藏。南望帆樯依树转，西来墟落带山长。最怜出郭红尘远，春水还堪著野航。"《浒溪草堂图》的画面绘出了层峦叠翠，小桥流水，右方为高树浓荫，其间掩映着草堂数间，草堂中有主宾二人在案前对坐，似乎正在高谈阔论，一旁的小屋中，有书童二人，烹茶侍候；近中间的溪岸边上，另作高士二人，似乎主人正在迎接来客，引导来客缓缓走向草堂。细观此画，不难发现，画家不仅刻意描绘了山清水秀，静谧安宁的乡居氛围，也凸现了草堂主人潇洒闲适，悠然自得的神态。可见，文徵明此画虽因友人之请而作，其实也倾注了自己的意趣和向往。

与《浒溪草堂图》意境相仿，且有异曲同工之妙的名作，还有居节的《万松小筑图》。这幅画为纸本设色轴，纵 61.5 厘米，横 29.5 厘米，现收藏于上海博物馆。居节（约 1524—约 1585），吴县（今江苏苏州）人，年少时即拜文徵明为师，学习书法和绘画，由此

明代江南文人画家笔下的日常生活与精神世界

成为文徵明的高足弟子。他为人崇尚气节，以诗书、丹青自娱，不屑仰事权贵，所以，最后是因穷困而死的。居节所作的《万松小筑图》也真切地反映了画家的人生志趣。画面作高山飞瀑，流水淙淙，近处苍松环抱，浓荫繁密，其间露出数间小屋；屋前的小桥上有访客缓步走来，楼下的书童拱手而立，正在迎候，楼上的主人倚窗眺望，似乎正在静静地等待友人。画作着墨不多，但满满透出江南文人特有的生活情趣。

江南文人平日里除独自的读书写作，以及与家人在一起的饮食起居，也不乏探亲访友之类的社交活动。当然，文人最看重的是与自己志趣相同，意气相投的文人朋友，因此，诗友、文友、书友、画友、琴友、棋友之间的交往是最密切的。文人交往的形式，或在家接待，或出门探访，或相约集会，其中，以赋诗作文、琴棋书画等文化创作、文化娱乐为主要活动内容的集会，即所谓的"雅集"，尤为盛行。从历史上看，汉魏时期已有此类文人雅集，其后绵绵不绝，西晋石崇召集的"金谷园雅集"，东晋王羲之参与的"兰亭雅集"，唐代王勃一举成名的"滕王阁雅集"等，都在历史上传为美谈。宋代，文人雅集已较多见，北宋李公麟的名作《西园雅集图》即反映了苏轼、黄庭坚等名士的集会活动。明代尤其是明代中后期，江南地区文人结会结社的风气极为兴盛，各种形式的雅集也更加频繁。或在串门中，三五好友即兴聚会，或预定时间，传帖通知，届时举行较大规模的集会。可以说，雅集已成为明代江南文人群体活动的一种主要形式。江南文人画家表现雅集的画作颇多，沈周的名作《魏园雅集图》即为其中之一。这幅画为纸本设色轴，纵145.5厘米，横47.5厘米，现收藏于辽宁省博物馆。

沈周（1427—1509），长洲（今江苏苏州）人，"明四家"之一，"吴门画派"的开创者和典范画家。他一生不应科举，专心从事诗文、书画创作，但名声闻于遐迩，深受吴中文人士大夫的尊敬。有一段逸闻很能说明沈周的影响。何良俊《四友斋丛说》记载："吴匏庵（吴宽）为吏部侍郎时，苏州有一太守到京朝觐，往见匏庵。匏庵首问太守曰：'沈石田（沈周号石田）先生近来何如？'此太守元不知苏州有个沈石田，茫无所对。匏庵大不悦曰：'太守一郡之主，郡中有贤者尚不能知，余何足问。'"这段逸闻流传很广，《明史》中也有类似的记载。

沈周的《魏园雅集图》描绘了他与朋友的即兴雅集。成化五年（1469年）十二月十日，沈周与刘珏一同拜访苏州友人魏昌，随即，祝颢、陈述、周鼎三人也来魏家访友。于是，主人魏昌在魏家园墅聚会雅集，设酒招待五位名士。诸人赋诗作文，抚琴高歌，欢声笑语，一醉方休。沈周为之作画，将当时的情景真切地描写下来。画面中央作峰峦高耸，山壑间有涌泉清溪；溪旁茅亭中，四位文士席地而坐，吟诗论文，神态各异，一名书童在旁携琴伺候；山径丛林下，另有一位文士拽杖而行，走向茅亭。画家以浑厚苍润的笔墨刻意营造出一种山峦林泉之间特有的"野趣"，藉以表现江南文人钟情于结庐尘世的情怀。沈周与刘珏、祝颢、陈述、周鼎以及主人魏昌都在画上题写了所赋之诗，魏昌还有题跋记述了雅集的经过。沈周题诗称："扰扰城中地，何妨自结庐。安居三世远，开圃百弓余。僧授煎茶法，儿钞种树书。寻幽知小出，过市即巾车。"由此，这幅画成为诗、书、画俱佳的杰作。

在表现文人雅集的绘画中，文徵明的《东园图》也是一件名作。

这幅画为绢本设色卷，纵 30.2 厘米，横 126.4 厘米，现收藏于故宫博物院。东园原名太府园，位于南京钟山东凤凰台下，为明朝开国元勋中山王徐达的赐园。徐达的五世孙予以修葺扩建，辟作别墅，更名"东园"。园内叠有峰嶂，川泽相通，灵岩怪石环列前后，奇花异草郁郁葱葱，亭台楼阁错落有致。徐氏后人经常与时贤名士聚会于该园之中。文徵明此图描绘了文人在东园雅集的情景，引首有明代徐霖所题篆书"东园雅集"四字。

明代江南文人聚会活动的另一种重要形式是宴饮，对此，文人画家的作品也时常予以表现。例如，陆治的名作《元夜燕集图》就颇具代表性。该图为纸本设色卷，纵 28 厘米，横 118.4 厘米，现收藏于上海博物馆。陆治（1496—1576），吴县（今江苏苏州）人，曾师从祝允明、文徵明学习诗文、书画，为吴门画派中很有个性和新意的画家。嘉靖二十六年（1547 年）元宵节夜晚，陆治应文徵明之邀至文家宴饮，参与者还有与陆治为师友的王守、彭年、王穀祥、文彭等人。当晚，众人饮酒赋诗，欢度佳节，尽兴而散。事后，陆治应陆师道的请求，绘就此图。画中所绘为文徵明家的宅园，院墙内有堂室走廊，园中假山别致，树木扶疏，构建得十分精巧。一众文士或在堂中欢饮畅谈，或在园中散步观赏，生活气息浓郁，元夜宴饮的情景跃然纸上，真切地反映了江南文士日常生活的一个侧面。通过这幅画，我们还可以看出，江南文人即便在宴饮中，也非一味吃喝，他们更注重的仍是文化上、精神上的享受。

一般来说，典型的文人画家大多不擅长人物画，表现人物活动时，主要是烘托气氛，凸显意境，人物的细节往往有所欠缺。对此，传为仇英所画的《春夜宴桃李园图》可作为很好的补充。仇英

（？—1552），原籍江苏太仓，后移居苏州，也是"明四家"之一。他擅长多种画科和画法，尤精于人物画。仇英虽出身画工，但与文人士大夫的交往非常密切，思想感情也趋于一致，因此，他的作品对江南文人的生活状况作了十分真切的描绘。这幅画为绢本设色轴，纵 224 厘米，横 130 厘米，现收藏于日本京都知恩院。虽然画题出于唐代诗人李白春夜设宴于桃李园的典故，其实是以所见所闻为样本，表现的是现实生活中江南文人的宴饮活动。画中四位文士神态各异，坐于桌右者正举杯欲饮，前端背对者微微低头显出几分陶醉于美景美酒的神态，坐于左方者举首仰望，好像正在观赏明月，末端持笔者似在构思诗文。餐桌周围，众侍从正忙于上菜、斟酒。画中人物形象的刻画惟妙惟肖，从而将文士宴饮的情景表现得极为生动、逼真。

　　近年来的研究揭示，明代中后期江南文人鉴藏字画、碑帖、铜器、玉器、瓷器、古版图书等各类文物的风气极为兴盛。文物鉴赏集学术研究与文化消遣于一身，各类文物高度的艺术价值、学术价值，对具有精深文化素养的文人而言，确实具有巨大的吸引力，而那些"俗吏""俗贾"，自然无法窥知其中的奥妙。因此，江南文人多以鉴赏文物作为标榜高雅的"清赏"之举，个人或与同道好友一同品鉴古董遂成为江南文人精神生活的重要组成部分。晚明的松江名士陈继儒曾在《岩栖幽事》一书中说道："胜客晴窗，出古人法书名画，焚香评赏，无过此时。"显然，在江南文人心目中，天朗气清，有志同道合的朋友来访，步入书斋，取出珍藏的文物字画一同欣赏，实为人生最大的快事。上述现象不仅见之于文献记载，绘画作品也多有表现，尤求的《品古图》即为著名的一幅，该图为纸本

墨笔轴，纵93.1厘米，横36.1厘米，现收藏于故宫博物院。尤求，长洲（今江苏苏州）人，移居太仓，活动于隆庆、万历年间。他与吴中一带的文士多有交往，与太仓名士王世贞关系颇为密切。《品古图》以白描画法描绘了文士鉴赏文物的情景，画面以庭院为背景，一位高士凭案而坐，正在展玩一卷字画，案上还置放着另两卷字画，案旁有三位文士，或坐或站，与其一同观赏品鉴。分侍左右的数名书童、家仆，手捧字画、铜器、瓷器等古玩，等待众文士次第鉴赏。画中人物逼真传神，气氛静谧幽雅，将文士鉴赏古玩的情景表现得非常真切。图上的落款为"壬申仲秋长洲尤求制"，据此，当作于隆庆六年（1572年）。

实际上，江南文人"清赏"的内容不限于古玩，还涉及赏花、赏竹之类。高濂《遵生八笺》中的《燕闲清赏笺》即有专文谈论花木的鉴赏。各类观赏性植物中，梅、竹、兰、菊不仅是文人"四君子画"的题材，也是日常清赏的重要对象。沈周的《盆菊幽赏图》即描绘了江南文人此类清赏的情景。该图为纸本设色卷，纵23.4厘米，横86厘米，现收藏于辽宁省博物馆。画中作一草亭构建于岩崖之上，下临江渚沙洲，周围树木繁盛，亭边排列众多盆菊。亭中有三位文士，正在饮酒赏菊，一名童仆在旁持壶侍候。画面情景十

图2　沈周《盆菊幽赏图卷》

分传神，沈周还有题诗称："盆菊几时开，须凭造化催。调元人在座，对景酒盈杯。渗水劳僮灌，含英遣客猜。西风肃霜信，先觉有香来。"

三、渔隐、幽居、品茗——虚实相间的情趣表现

明代江南文人画家除依托实景表现其日常生活，还以虚实相间的手法抒写其对理想生活的憧憬。此类画作往往虚构的、主观想象的成分居多，画中的物像和情景比较多的并不是真实的存在，画家只是凭借这些景物来寄托自己的人生志向与生活情趣。因此，在解读此类绘画作品时，必须更多地考虑画家本人的精神世界和内心表现。以表现个人主观的人生追求和生活情趣为主的作品，最多见的主题有渔隐、幽居、品茗等。

中国早在先秦时期即有隐居山林湖泊，躲避人世纷扰，以求内心安宁，个性舒张的观念，由此形成绵延数千年的"隐逸文化"。在古人心目中，渔夫、樵夫不耕种国家土地，不缴纳官府地租，因此不受束缚，自由自在，最适合理想中的隐居生活。渔隐、樵隐的文字传述起源甚早，但见之于绘画则自宋元以来逐渐多见，元四家中的吴镇即以善画渔夫图闻名。明代中后期的江南文人盛行"市隐"之思，虽入城居住，内心却充满对隐逸生活的向往，于是，渔隐之类的绘画作品更趋流行。沈周的《江村渔乐图》可谓其中的名作。该图为纸本设色卷，纵24.8厘米，横169厘米，现收藏于美国弗利尔美术馆。

沈周的这幅画描绘了江河湖泊之间的一处小渔村，只见山坡起

伏，树木摇曳，房舍若隐若现。水面上有渔夫多人，或驾船垂钓，或张网捕捞。江岸边已有渔夫捕获而归，屋前场院中还有数人饮酒进餐，自在快活。画家刻意凸显了一种静谧闲适的氛围和无拘无束、悠然自得的渔家之乐，藉以寄托自己的隐逸之趣。画上的题诗称："沙水萦萦浪拍堤，芦花枫叶路都迷。卖鱼打鼓晚风急，晒网系船西日低。蓑草雨衣眠醉叟，竹枝江调和炊妻。人间此乐渔家得，我困租佣悔把犁。"细细品味该图的诗情画意，画家将自己的志趣和理想表现得十分明白。

如果我们将另一幅戴进所画的《渔乐图》与沈周这幅画相比较，就可看出两者之间的明显差别。戴进（1388—1462），钱塘（今浙江杭州）人，画工出身，浙派绘画的创始者，曾被征入宫中充任宫廷画师。他的《渔乐图》重在表现渔民的现实生活，因此渔民之家渔业劳作的具体细节都被描绘得生动逼真、栩栩如生，完全符合捕鱼时的实际状况。沈周的本意并不在此，而且很可能他对渔民的具体劳作和真实生活知之甚少，所以他在画中强调的只是文人想象中的虚拟的"渔隐之乐"，抒发的仅仅是文人特有的"思隐"之情，所以渔民劳作和生活的真实细节是可以被忽略的，实际上也是不必要的。

与渔隐相似的是所谓的"幽居"，即避开喧嚣的尘世，不受俗事的羁绊，独自一人享受其清幽高雅的生活情趣，悠然闲适，自由自在。显然，这种生活理想在现实世界中是难以实现的。实际上，江南文人多有自己的家庭生活，家里有一家老小，但他又希望摆脱社会，甚至摆脱家庭，就独自一人，有一间山林中的小屋，就生活在这个地方，完全享受自己内心的宁静，这就是幽居的乐趣。现实生活中做不到怎么办？于是，许多江南文人就通过绘画，虚拟出一个理想的生活环境，将自己的思想情感寄寓于所追求的幻境之中。幽居的首选自然是深山老林，但仿照自然景观构筑的园林也不失为一个既现实又理想的好去处，文徵明的《高人名园图》表现的就是在"城市山林"中幽居的情景。该图为绢本设色轴，纵69.7厘米，横48.1厘米，现收藏于四川省博物馆。画家在图中绘出苍松环绕，浓荫掩映，秋水澄澈，远山缥缈的景致。园内草房中一位高士神态悠然，凭案独坐，一名书童在旁侍候。文徵明自题诗称："高人绿水有名园，旋著林堂映荜门。兴寄五湖鱼鸟近，秋荒三径菊松存。委心久已忘行迹，取抱何妨且悟言，尘土不惊幽境寂，十分清思属琴尊。"诗与画的意境、情趣配合得极为贴切。

在表现"幽居"的绘画中，陆治的《幽居乐事图册》也是一件名作。整套册页共有10开，绢本设色，每页纵29.2厘米，横51.7厘米，现收藏于故宫博物院。画家选取乡村幽居生活中赏心怡神的十件乐事图绘成册，每页都有小篆书写的图名，分别为《梦蝶》《笼鹤》《观梅》《采药》《晚雅》《停琴》《渔夫》《放鸭》《听雨》《踏雪》。陆

明代江南文人画家笔下的日常生活与精神世界

图3　陆治《幽居乐事图册·观梅》

图 4　陆治《幽居乐事图册·停琴》

治并没有真正过过幽居的生活，所绘的十件乐事未必是陆治本人亲身经历过的真情实景，很可能只是其心目中的理想生活，但画家确实倾注了自己的情感，画出了隐居之士的野逸之趣。

　　我国饮茶的历史十分悠久，根据文献中比较可靠的记载，巴蜀一带早在西汉时期已有饮用茶叶的现象。汉地文人雅士饮茶约始于魏晋南北朝。隋唐以来，饮茶逐渐成为一种风俗，流行于朝野。宋代，饮茶更为普及，茶叶已成为"开门七件事"之一。至明代，饮茶风尚发生了具有划时代意义的重大变化。宋代盛行的斗茶之风已经消失，制作穷极精巧的饼（团）茶为更接近自然的条形散茶所取代，先前的研末、调膏、煎煮而饮，此时变成直接以沸水冲泡的瀹饮。尤其值得关注的是，明代中后期的江南文人，在讲究茶叶、茶具、水质等物质条件的同时，更注重品茗的环境与气氛，追求一种极具美学意趣的艺术化的饮茶方式，从而将传统的茶文化推进到一个新的发展阶段，并对后世产生了深远的影响。

明代有关饮茶的论述使人明显感觉到，在江南文人看来，饮茶不仅是一种物质享受，更是其独具特色的精神生活的组成部分，是其悠然闲适的生活情趣的典型体现。为了寻觅一种清幽高雅的品茗意境，文人士大夫对饮茶的场所极为讲究，往往辟有专门的茶房、茶寮。在他们心目中，惟有"凉台静室，明窗净几，僧寮道院，竹月松风，晏坐行吟，清淡把卷"（陈继儒：《陈眉公秘笈·茶候》）的环境，才能达到品赏香茗的最佳境界。由于饮茶是清事、雅事，江南文人对同饮之人也有所要求与选择，并非任何人皆可聚饮共赏，陈继儒明确提出，只有"翰卿墨客，缁流羽士，逸老散人，或轩冕而超轶世味者"（陈继儒：《陈眉公秘笈·茶侣》）才能成为真正的"茶侣"。为保持品茗时的清幽静谧，江南文人对同饮的人数也予以限制，陈继儒即称："品茶，一人得神，二人得趣，三人得味，七八人是名施茶。"（陈继儒：《岩栖幽事》）在饮茶的过程中，江南士人还刻意营造清雅闲适，超然物外的气氛，注入文人特有的精神追求和审美意趣，实际上已将品尝香茗提升为一种生活艺术美的创造与鉴赏活动。

江南文人以品茗为主题的画作现存颇多，如唐寅《事茗图》、文徵明《惠山茶会图》《品茶图》、陆治《竹泉试茗图》等都是其中的名作。文徵明的《惠山茶会图》以实景为主，而《品茶图》则属虚实相间的作品。《品茶图》为纸本设色轴，纵142.3厘米，横40.9厘米，现收藏于台北故宫博物院。该图创作于嘉靖十年（1531），画面上绘出山林深处的一座草堂，苍松高耸，小桥流水，环境清静幽雅，堂舍轩敞，几榻明净；堂内两位文士据案对坐，品茗清谈，堂外另有一人正过桥向草堂走来；侧室中一名僮仆正在煽火煮茶，侍候主

客。画家自题诗称："碧山深处绝纤埃，面面轩窗对水开。谷雨乍过茶事好，鼎汤初沸有朋来。"其题跋称："嘉靖辛卯，山中茶事方盛，陆子传过访，遂汲泉煮而品之，真一段佳话也。"陆子传即陆师道，文徵明的门生，但文对陆是极为器重的。从题跋看，陆师道拜访文徵明，文在茶寮中招待他这是实事，而画家在绘画中着意表现的品茗的最佳意境，显然是依据心目中的理想状况而虚拟的。

如果我们再观赏一下仇英的《松溪论画图》，那就更有意思了。这幅画也涉及品茗的情境，所以又称《煮茶图》。该图为绢本设色轴，纵 60 厘米，横 105 厘米，现收藏于吉林省博物馆。画家在画面上绘出苍松巨岩，远山缥缈的景致，临水的平坡上有两位文士席地而坐，一边鉴赏古画，一边品尝香茶，旁边的童仆正煮茶侍候。在现实生活中，自然不可能将珍藏的古画携至山林泉水之间，在寂无人烟的野地里打开鉴赏。可见，这一品茗的情景，画家也是依据心中的向往而虚拟的。

四、梅、竹、兰、菊——借景抒情的内心世界

明代江南文人画家还有一类作品，其物像、景观仅仅是一种道具或象征物，画家或托物言志，或寄情于景，或借景抒情，通过对外在的客观物像的描绘，以表现其内在的主观情感与志趣。此类作品的表现方式往往比较隐晦和曲折，所以大多通过诗文、书法、印章等予以提示，使观赏者尤其是同道之人得以窥见作者的心迹。

梅、竹、兰、菊，即所谓的"四君子"，以及水仙、荷花等，自宋元以来往往被文人拟人化，附会以文人的理想人格，用作文人

"墨戏"的主题，以表现坚贞、高洁的节操和志趣。此类题材的作品在明代江南文人中更有长足发展，极为流行。许多擅长水墨写意画的文人画家常常藉此抒发自己的内心情感，陈淳的《梅花水仙图》即为一件颇具代表性的名作。陈淳（1483—1544），长洲（今江苏苏州）人，明代写意花卉画的代表性画家。此图为纸本水墨轴，纵72.5厘米，横34.5厘米，现收藏于故宫博物院。画家以水墨写意画法作老梅一枝，干虬枝疏，沿细枝圈出白梅数朵，老梅根旁一丛水仙正绽蕾吐芳。画面上方有自题诗句："谁知冰雪里，却有麝兰香。"各位可以想象这样一个意境：在一片白茫茫的冰天雪地之中，百花

图 5　陈淳《梅花水仙图》轴　　　图 6　徐渭《墨葡萄图》轴

明代江南文人画家笔下的日常生活与精神世界

都不见踪影了，唯有一枝老梅和一丛水仙正凌寒绽放，这并不起眼的数朵梅花和水仙花，却散发出沁人心脾的浓郁香味。绘画、诗句、书法，三位一体，将作者标榜清高的内心情怀表现得非常明白。

除了标榜清高，还有许多文人画家通过一些具有象征性和隐喻性的景物来抒发内心的郁闷和愤懑。此类作品中最典范最具代表性的是徐渭的《墨葡萄图》。徐渭（1521—1593），绍兴山阴（今浙江绍兴）人，才华横溢，精于诗文、词曲、书法、绘画，但是生平坎坷，曾一度发狂，又下狱多年，晚年居住在绍兴的青藤书屋。因此，他的绘画作品多借景抒情，以各类隐喻性的花卉、蔬果，宣泄心中的愤愤不平。《墨葡萄图》为纸本水墨轴，纵 165.7 厘米，横 64.5 厘米，现收藏于故宫博物院。画家以水墨大写意的画法画出葡萄的枝叶和果实，笔墨淋漓疏放，形象生动传神，不求形似而意态自足。画上的自题诗以纵横奇崛的笔势写道："半生落魄已成翁，独立书斋啸晚风。笔底明珠无处卖，闲抛闲掷野藤中。"整个画面，配以诗文、书法，其怀才不遇的悲愤，晚景孤寂的凄凉，皆跃然纸上，对于这种人生境况的呐喊，任何文字的描写反而显得苍白无力。

借景抒情，寄寓个人的情怀，这是一个方面，但明代的江南文人中也有不少人心系国计民生，对社会公众事务颇为关心。他们常借用绘画中的景观、物像，托物言志，抒发自己经国济民的理想与抱负。孙艾所作的《蚕桑图》和《木棉图》即属此类作品的代表。孙艾（1452—?），常熟（今属江苏）人，沈周的弟子，擅长诗文绘画。《蚕桑图》为纸本设色轴，纵 64.7 厘米，横 29.4 厘米，《木棉图》，纸本淡设色轴，纵 75.4 厘米，横 31.5 厘米，两图现今都收藏于故宫博物院。《蚕桑图》画桑树枝干和桑叶，桑叶上有数条蚕正在啃食桑叶，画风清疏淡雅。画上有沈周题诗称："啃蚕惊雨过，残叶怪云空。足食方足用，当知饲养功。"《木棉图》画木棉一丛，枝叶繁盛，花苞开放，画风清新秀逸。画上也有沈周题诗，称："当含黄蕊嫩，棉韫碧铃深。小草存衣被，长民谁此心。"诗后还有题跋："世节（孙艾字世节）生纸写生，前人亦少为之。甚得舜举（钱选）天机流动之妙。观其蚕桑、木棉二纸，尤可骇瞩，且非泛泛草木所比，盖寓意用世。世节读书负用，于是乎亦可见矣。弘治新元中秋日，沈周志。"根据沈周的叙述，我们知道，孙艾平生做学问，始终秉持经世致用的精神，对江南一带关乎民生的蚕桑、植棉、丝织、

图7　孙艾《蚕桑图》轴

图8　孙艾《木棉图》轴

棉纺之类极为关心，但现实并无机会让他伸展自己的抱负，无奈中只能以绘画抒发内心情怀。沈周的题跋，不仅从绘画艺术的角度称赞孙艾的画作颇得元代著名画家钱选的精妙之处，更对孙艾的"寓意用世""读书负用"大加赞赏。显然，沈周虽绝意科举，一心专研诗文书画，但同样心系民生，所以观赏两图后，深有感触，击节赞扬。明代中后期，江南地区已突破传统农业的模式，手工业的发展已达到"早期工业化"的水平，商品经济，包括海外贸易都臻于空前繁荣。以丝、棉纺织业为例，有学者作了估计，明代后期，江南年产棉布约为 5000 万匹；明清之际，全世界白银产量的四分之一至三分之一流入中国，购买生丝和丝绸产品，而这些生丝和丝绸产品绝大多数产自江南。孙艾包括沈周，对丝、棉产业的关心，说明不少江南文人已跳出传统的"重农轻商"的窠臼，注意到中国社会经济发展的一些新的动向，眼光颇具前瞻性。其实，明代中后期，江南文人对社会公众事务的关心，已成为一股值得重视的风气，例如，许多文人士大夫倡导建立善会、善堂，呼吁对社会公众实行慈善救助，即在历史上产生了深远的影响。

从上述文人画作品所反映的，明代江南文人创建的那种新的生活样式，包括那些特殊的生活向往和精神追求，究竟有没有历史意义？有没有文化价值？答案应该是，有意义，有价值的。从生活文化本身的发展看，明代江南文人的生活样式为人们物质生活和精神生活的许多方面，如衣食住行、社会交往、文艺创作、休闲娱乐等等，提供了不少新内容、新品味，对后人影响深远，这一点是毫无疑义的。不过，更有意义的似乎是另一方面。从文化史和社会史的视角看，江南文人以知识阶层特有的情怀志趣，与污浊的官场保持一定的距离，以其独具的文化素养，反复厘清"清雅"与"低俗"的差别，与此同时，知识阶层的自觉意识实际上也因此不断被触动和唤起，这中间就包含着中国古代士阶层的群体品格，即以天下为己任，具有高度的历史使命感、社会责任感和文化担当精神。在专制皇权趋于极端、拜金主义日益盛行的状况下，不少文人学士正是凭借标榜清高和孤芳自赏，保留了几分自尊、自信、自傲，持守了知识阶层的道德节操，没有完全屈从于权力和金钱的淫威。

明末清初思想家顾炎武在《日知录·世风》中说过一段非常著名的话："有亡国，有亡天下，亡国与亡天下奚辨？曰：易姓改号，谓之亡国；仁义充塞，而至于率兽食人，人将相食，谓之亡天下。……是故知保天下，然后知保其国。保国者，其君其臣，肉食者谋之；保天下者，匹夫之贱与有责焉耳矣。"近代的梁启超将这句话简化为"天下兴亡，匹夫有责"，由此家喻户晓。顾炎武所说的"天下"绝非一朝一代、一家一姓的国家政权，这一点顾本人已经讲得非常清楚了，那么，他所讲的"天下"究竟指什么？我的理解，顾指的应该是我们中华民族这个民族共同体，尤其是这个民族共同体信守的文化上的基本准则。众所周知，无论是历史上还是现实中，团结中华民族共同体的纽带，并非血缘和种族，而是各个成员对中华文化的高度认同。顾炎武作为江南知识阶层的代表，正是以高度的历史使命感、社会责任感和文化担当精神发出了上述的呼吁，保护一家一姓的政权，这是"其君其臣"的责任，但是，当中华民族共同体所遵循、所信守的文化准则遭侵犯、被颠覆时，那么，共同体中的每个人都有责任挺身而出，竭力抗争，拼死捍卫。可以说，顾炎武的这段话其实代表了江南人士比较普遍的认识。这种认识在

明代江南文人画家笔下的日常生活与精神世界

关键时刻就会发挥重要的作用。明清鼎革之际，愤而抗争，以身殉难的，以江南的文人士大夫为最多。南下的清军下达"剃发令"后，江阴、嘉定的士人率领民众浴血奋战，拼死反抗，终遭屠城，境况极其悲壮惨烈。剃发毕竟只是文化上的差异，并非断绝其活路，但是，江阴、嘉定士民却视之为决不能忍受的奇耻大辱，可见，他们的以死相争，实与文化自觉和崇尚气节密切相关。我认为，这就是中华民族之民族精神、中华文化之文化精髓的一种具体体现。

华东师范大学中文系教授，博士生导师，江南文化与文学研究中心主任。中国美术学院南山讲座教授。著有《江南诗学：中国文化意象之江南篇》《文化江南札记》等，编有《中国文史上的江南》《江南家族文学集刊》以及《江南女性别集丛刊》(一至四册)，曾获国家古籍整理一等奖。曾在新加坡国立大学、台湾大学、成功大学、中央大学、逢甲大学等校演讲江南文化。

胡晓明

重新发现江南——略谈江南文化精神

什么叫"江南"？江南的根就在松江，江南文化之所以不同于其他的文化，如闽越文化、三晋文化、岭南文化、巴蜀文化，正因为它并不是单一的一个地域文化，最重要的是它的特殊地缘。

我们讲江南文化，有一个演变：一开始江南文化是比较靠西边的，然后随着历史的发展慢慢往东边走，最早的江南文化在湖南，慢慢由大变小。《楚辞》里面讲："魂兮归来哀江南"。在屈原的湖南那边歌唱的。这是长沙、南昌那一带，属于秦汉时的江南。唐中期有江南西道、东道，包含着洞庭湖、鄱阳湖、太湖流域。唐初甚至到秦岭，以秦岭为界江南道。到了宋代由于偏安的原因就缩小到了太湖流域，更小了。

然而江南不光是历史地理的概念，也是一个历代文学所造成的一个概念。我们可以发现历代文学当中描写的江南也有一些变化。唐文学当中所描写的江南，是最大一个部分的江南，包括文学、大量的诗歌、乐府。比较小的江南就是我们讲到的现代文学，现代文学家笔下的"江南"略微缩小，是我们今天所说的环太湖流域。基本趋势是由大变小，什么原因呢？主要是这个江南核心区，越来越有自己的独特个性。它的人与故事，它的风景与特产。

　　方言学者眼中的江南也是有很大不一样的，包含着福建、江南，但是方言学者眼中的江南核心区，是浙江一带。总结来讲，历史上的江南是一直在变化中，可以分为大江南、小江南、中江南，这学术界有公认的概念。清代开始渐渐趋向于小江南——环太湖流域。而语言和文学中的典型也渐渐趋向于小江南，就是我们今天所说的长三角，又叫"江南三角洲"。长三角就环太湖流域为范围，江宁、无锡、镇江、松江、苏州、常州、太仓、嘉兴、杭州、湖州等地，这是江南的核心区——中国东边的三角区。

　　从江南的历史文化进程看，最早是六朝古都建业，西晋南渡之后就在这里建立了帝王都。后来比较繁荣的是扬州，古代的地理概念，扬州属于江南。后来比较繁荣的重要时期，是南宋迁都之后的杭州，以及明清时期的苏州，近代就变成了上海，江南的龙头，越来越发展。江南从六朝时代就产生了非常深远的文化影响力，六朝帝王都。而扬州是由于运河的开凿，成为帝国的生命线。当时有"扬一益二"的说法，唐人张祜还有诗句"人生只合扬州死"。杭州在宋元时代，对日本以及对西方的影响，都很了不起。中国江南文化、人才的优势，上有天堂，下有苏杭。南宋那个时代是"维南多士，北客凋零"。政治权力是南人压倒北人，有"公卿将相，大抵多

江浙闽蜀之人"这样的记载。江南城市的生活从那个时候开始繁盛，杭州无疑是世界上最大的都市，马可·波罗曾经到过这个城市，非常感叹。法国汉学家谢和耐曾经写过一本书叫《蒙元入侵前夜的中国日常生活》，他把杭州比喻成一个精美的瓷器，把骑马民族的侵入，说成高高地把瓷器举起来摔碎了。但是比杭州更繁盛的应该是苏州。毫无疑问，苏州在明清时代成为世界上最繁华的大都市，因为工商物质的精致化等等。当时有两句话："苏湖熟，天下足"和"上有天堂，下有苏杭"。江南的赋税和江南的稻米对整个中国有着举足轻重的意义，如果江南丰收了，那全国就可以丰收过半。这是关于江南的氛围和历史进程。

二、对江南的发现与再发现

从各个不同的维度来看，应该有这样几个方面：文学对江南的发现，世界对中国江南的发现，除此之外，还有近代民国时期对江南的发现，以及今天重新发现。历史上对江南是一个不断发现的过程，因为对江南再发现，是让江南更美好、更赋予它魅力的一个持续与反复的进程。

先说中国历史上对江南的发现。至少有三个重要的大变化值得关注，即中国文化中心，从以北方为中心转变到南方为中心。首先是东晋永嘉衣冠南渡，大量的中原读书人带着他们的书，带着他们的经典跑到江南来，到南京定居、吴地定居，慢慢这些来到江南的外来人扎下了根。其次是中唐时期，由于安史之乱，避乱南迁。其实真正对江南文化具有重要贡献的时代，无疑是南宋。靖康年间，金兵把北宋开封占领之后，把北宋的皇帝和皇宫里的贵族、王妃、太后等赶到北方去。虽然是一个失败的朝廷，但是后来南宋居然成就了世界上最繁华的城市——杭州。中国到今天有这样高的艺术和城市的文明，杭州居功厥伟。

我认为中国的艺术史可以用两个大的系统来加以简单的概括。一个系统就是汉唐系统，另外一个系统就是宋元系统。汉唐系统的艺术和宋元系统的艺术，从艺术史上来说截然不同。因为汉唐系统艺术的媒介，就是他们的画，画在高山、大地、洞穴、宫殿、墓地里。看敦煌，看云冈石窟，那些都是汉唐系统的艺术，高山大川，森林大地，还有地下的墓地，洞穴里面也有大量的壁画。而宋元系统艺术的媒介是画在宣纸上，画在手卷上。而宋元系统和汉唐系统一个很大区别还在于作者。汉唐系统的创作者都是职业化的，非常专业。直到今天西方人都非常震惊，敦煌的壁画，用的颜色和谐，色面关系非常专业，这个没有训练是不行的。训练是一代一代的家族式的传承。大量的石窟那是由真正专业的雕塑家创作的。但宋元系统就不一样，着重于文人，像苏东坡、米芾、欧阳修等这样一些诗人、画家、学者、官员，没事就画两笔。不像今天专业画家，把画拿到画廊去卖，然后可以养家糊口，宋元文人没有这个概念，完全是业余的。所以宋元系统的画，是文人的画，不是专业画家，他们是兼任的画家。

提到历史对江南的发现，必须要谈到隋唐大运河。为什么加上"大"，因为运河从先秦时期就已经开凿，每个小的国家都在做自己的运河系统，但只是到隋唐时代才真正成为一个大运河，因为隋唐时代把它打通了，南方的稻米、丝绸源源不断地输送到北方去。因

图1　水乡的宁静

为有水的网络，所以才对江南有更多的发现。

文学对江南的发现很多，从先秦两汉的"魂兮归来兮哀江南""江南可采莲"，到后来的唐诗宋词，大量文学作品、特别是诗歌，当中有风景胜迹、衣冠人物、诗歌、美典，太多了，每一个美典，每一个地名背后都有很多的故事。

苏州美术馆找了上海的十个画家画苏州，题目叫"历代诗词当中的苏州"。挑选了五六百首历代诗人咏苏州的诗词，然后让画家画诗意图，比如说寒山寺。画家其实不愿意被一些很不自由的东西束缚他们的创作。这很难画，因为每一个地名都像一口井，含藏着很多很深很美好的东西。画不如诗，江南的诗歌，非常有灵性，《子夜吴歌》写江南的女子，"朝思出前门，暮思还后渚。语笑向谁道，腹中阴忆汝"。这种诗在北方是找不到的，写江南的女子她思念她心中的人，家中到处徘徊不安。早上的时候想象着她的先生出门的样子。到了晚上的时候就想象她的先生回来匆匆忙忙的样子。"语笑向谁道？"独守空闺的女子，心思细密，其实心中也会有很多欢乐，有很多开心，但跟谁讲呢？没人讲。只是心里面暗暗地回想，无时无刻不在婉转相思，这就是江南的一种语气，江南特有的抒情的一种语气，一种细腻的相思。如果北方的就不是这样了，天苍苍野茫茫，风吹草低见牛羊，一方水土养一方人。江南的诗词，无疑为古典中国，创造了一种细致的抒情方式。

再说世界对中国江南的发现。包括《马可·波罗游记》对杭州有很多的描写，他发现杭州人怎么家家可以洗热水澡，他觉得很开心。西方人很长时间是不洗澡的，因没有这么多水，因而发明了香水，就是为了避免身上的臭味，他在《马可·波罗游记》里面表明了世界是如何发现江南的美好。再比如意大利学者布雷桑编著了《从马可·波罗到卫匡国：西方人眼里的杭州》，我们以这本书中传教士、贵族以及旅行者所实录的游记片断为例。书中写到马可·波罗"第三天晚上，便到达了雄伟壮丽的行在城（杭州）"，此名称是"天城"的意思，这是很高的一个评价。它表明，就其宏伟壮丽以及所提供的快乐而言，这座城是世界上任何其他城市都无法比拟的。还有鄂多立克，是一名方济会修士，他说："我来到了大而令人惊奇的行在城，用我们的语言来说就是'天城'，它是全世界最大的城市。这座城市的伟大和在那里发现的奇迹，整本书也写不完，因为它是世上最好、最富饶的城市。"还有马黎诺里说："这是最好、最大、最富饶、人口最多，总之是最绝妙的城市，世界上最富有的城市。有很多桥，有很多生意。"他说城市里有一万座石桥，上面刻

有全副武装的王子们的雕像。还有利玛窦也写过，他没有来过杭州，但熟知这个城市的存在。他曾描述到自己令人愉悦的想象，称杭州为一大都会，并以中国皇室之所在而闻名。卫匡国说："千真万确，在湖上划船荡漾而行，比世上任何其他事情都要舒适和令人愉快。中国人称这个地方和这个城市为乐园、伊甸园这毫不奇怪的。"还有乌戈·康图，是一位意大利伯爵，他说："行在所有道路、广场和永恒，都是气味芬芳、设计精巧，以至于行走其间欣赏它们，简直就是一种令人难以想象的享受。人们全身的感官都是愉悦的：眼睛看着美丽的事物，耳朵听着鸟儿甜美的歌唱，还有水流轻快的潺潺之声，它们交织出一曲和谐悦耳的新乐章。还有几乎无处不在美妙的芳香令人愉悦不已。再品尝一下各类可口水果、食物、饮料和其他美味的东西，简直令人陶醉，更多的满足那来自优雅美丽的女子。"总结起来说，这本书是世界对江南发现的其中一个小小的例子。可以看出来他们几乎都用了最极端的描述，不是从整个中国，而是从世界的范围来肯定杭州这座城市的美妙。当然，他们都听说过这个很有名的谚语"上有天堂，下有苏杭"，说明杭州以及江南的美好已经有了巨大的广告效应远播域外。除了利玛窦之外，他们都亲自到过杭州，从叙述的风格来看，可能他们深深地受到前人游记的影响。这表明，一传十，十传百，西方在十六、七世纪对杭州的印象持续加温。正如布雷桑明确说道："在欧洲，人们对先前作者们描述的著名行在城的兴趣在不断提高。"

我们再看日本和韩国对江南的发现，韩国通过《文选》、唐诗、苏东坡发现江南，日本人最喜欢的是《文选》、唐诗（当中最喜欢的是白居易的诗歌），越南最喜欢的诗人是杜甫。韩国还编了一本书叫

图2　杭州断桥之秋

《东文选》，他们特别崇拜文学，一定要学文学才能通过他们的官员考试。当然日本、韩国还通过汉字、典籍、佛经、稻米、书法、绘画、园林等生活和艺术对江南再发现。

　　日本以京都为例，没有一个小酒店没有中国的汉字，到处都是书法，简直就是书法的博览会。到了京都，到处都是穿和服的人，和服就是中国唐代的服装，房子都是中国唐代式样的房子，寺庙也是如此。京都有1000多个寺庙，是全世界最美的一个城市、最独特的一个城市。京都文化的精致从哪里来，即是来源于六朝隋唐江南文化的精致。今天江南文化的精致到哪里看，就美食的精致、服装的精致、音乐的精致、书法艺术的精致，在中国看不到了，杭州、苏州、松江都看不到了。到京都去看，京都的每个寺庙，每一座山、每一块石头、每棵植物都非常的精致，很用心。看看寺庙、看看树、看看石头，令人发呆，时光悠悠，岁月静好。日本的好东西实际上

来源于我们中国文化。譬如日本的阳明学，传统深厚。当然还有佛教，日本的佛教大量从中国而来，比如说浙江的国清寺就是日本禅宗的祖庭。

民国时期有一个大讨论，当时中国最大、最尖锐的问题是南北的问题。稍早的讨袁与护法运动，后来的北伐战争，国共两党之争，都是南北之争。孙中山曾说："君主专制之气在北，共和立宪之风在南，欲图巩固共和，而为扫污荡垢，拔本塞源之事，则不能不倚重于南方。"可见民国南北问题之一斑。近现代对江南的重新发现需要关注海外的学派，比如加州学派的彭慕兰教授、李伯重教授，他们提出一个非常重要的观点，即清代中叶世界经济的大分流开始出现，之前中国经济相当繁荣。明清时期在制度、技术、教育等方面，中国有大幅度进步，中国的地租和贷款利率大大低于以往所有的水平，明清时代中国人民的社会化程度和生活水平也有相当的提高，明清时代的江南经济已经位居世界的前列。李伯重教授有个新的提法：认为中国有个"江南奇迹"，可跟荷兰相比较。荷兰也并没有经过工业革命，是西方现代化的特例。从 GDP 来看，也达到了一个相当高的高度。他通过大量的统计，认为中国的江南地区 GDP 产量相当高，可以称之为"江南奇迹"。结论就是：1820 年之前，同样没有经过工业革命的江南，它的 GDP 高于西欧英法德等国家，曾创造了至今不被人广泛知道的世界经济奇迹。而江南有当时世界上最好的自由经济的基础，江南有当时最好的教育和社会条件，有最好的人力资源。我们研究文学的人也有一个困惑：江南女性写作的群体数量特别大，至今已有近 3000 名诗人，大量的诗集都留下来了。为什么有这么多的集子保存下来，有的还流传在世间？我们与加拿大麦吉尔大学东亚系合作，做了大规模的数据库，叫明清妇女写作数据库。从世界范围上看，英国女性应该是最有文化的，成就很高。但如果同样在18世纪，英国也找不到这么多女诗人。所以我认为中国江南的女性写作也创造了一个世界性写作的奇迹。而北方很少，北方的女性常常是女子无才便是德。为什么江南女性有这么好的条件来写作，跟江南的社会文明程度、教育程度、社会化的程度以及自由程度都有关联的。我们以前认为中国明清时代很破败了，怎么能跟工业化革命相比呢。但回过头来看，一草一木都有非常深厚的积淀，背后都有很多故事，而且之所以今天有上海的奇迹，这么多现代化的城市，这跟江南文化传统的重教育、重人才是分不开的。

我们今天强调一个大的认同，是我们江南文化的信心。今天讲文化自信，这个文化从哪里来着手？从哪里来落实？首先应该是对本乡本土的认同，对一草一木的亲切的认同，其实这就是文化自信最重要的来源。今天为什么要重新发现"江南"，有更多的含义。不仅仅因为吴梅村讲"世间何物是江南"。江南的背后包含了很多的内涵，像一个金矿，还没有被我们好好地认识。我们也不仅仅讲吴越文化，吴越文化是不能替代江南文化的。举个简单的例子，在1996年的时候，我写了一本《文化江南札记》，有江南城市的一些典故、传说、人物、风景。其中就有杭州、苏州、南京。写完以后，接到一些读者的来信，有各种各样的表扬。其中有封信很有意思，是一个江苏的老干部。他说，胡老师，浙江人不好。我们苏州人对他很好，我们吴王把勾践好好地收留下来了，我们让他有吃有穿的，结果还把我们吴国灭掉了。浙江人处心积虑地要把我们苏州人干掉。……吴和越两个之间，确实有很多争论，相互不买账，但正是

"江南"把它们整合在一起了。不过吴和越真的很不一样。苏州人很会生活，吃得很精致而且玩得优雅从容。绍兴人则是有冲劲有干劲。这两个地方的人真不一样。其实他们的文化基因早早就埋在了越王勾践"卧薪尝胆"这个成语当中。文化传统一千多年没变。艺术上也明显看得出来，浙派山水与吴门画派很不一样。黄宾虹、潘天寿的画，非常黑、刚。再看吴门画派，苏州画派，他们的画很柔，空明、淡雅、细腻，画很高的山，但很细，很弱，而且山和水之间粘在一起。江南文化就是可以把吴越之间的不同综合起来，提升起来，使其得到一个更重要的表述。因为江南的文化不单纯是地域文化，而更多的是中国文化。江南文化有两个源头，一个是来自广富林本土原住民的江南，还有一个源头是来自中原的文化。中国所有地域文化当中，任何一个地域文化都不像江南文化有这样好的机缘，地利人和。也就是说无论是巴蜀、闽赣或者其他的文化，不像江南文化，有大量中原的文化、中原的书、中原的经典在其中。中原文化作为我们中国文化的主流，能够进到江南，在江南这个地方与当地的文化水乳相融，产生新的文化，因此江南文化不是单纯的地域文化，是华夏文明千年智慧的结晶，关系到中国自身社会历史的生命的脉络，关系到一种内发的力量和内化的现代性。这是自身长出来的一种现代性的力量，包括教育、人才、市场、技术、审美、理性、女性的发展等，把一些东西慢慢融化变成生命的一部分，它是一种扎根在本乡本土的文化自觉。

我把江南简单概括为一张牌、一座桥、一条血脉。什么叫一张牌？我们今天重新发现江南，今天把这张牌抓到手上，这张牌里面有大王、小鬼还有炸弹。所有好东西都被你抓到手上了，中国最好的艺术家、思想家、诗人都在这里。什么叫一座桥？一座桥，是我们可以透过江南的文化连通古典的中国和现代的中国，连通大众文化的中国和精英文化的中国；连通城市的文明和乡村的文明，通过江南文化，走过去看古典文化的风景，走过来看现代文明的风景。如果没有江南，或这座桥断掉了，就有个很深的鸿沟不能走到古代，不能理解古人。

江南文化的精神特质是什么？我觉得主要有四点：一是刚健，二是深厚，三是温馨，四是灵秀。

第一是刚健。"风萧萧兮易水寒，壮士一去兮不复还。"这是燕赵悲歌慷慨之诗，是两千年前荆轲要去刺秦王的时候唱的一首歌。这是北方的刚健。北方有很强的刚健生命精神，特别是先秦那个时代的侠士，但是我们注意到，他是一去不复还。而南方的刚健是要把事情做成，他是有很强的生命的韧性，不是说把自己牺牲掉就算了，不是强调牺牲，而是强调完成一件事情。所以我们看"卧薪尝胆"，从这个角度解读。江南很坚韧，他的刚健，体现在坚韧上。大禹也是做成事情的。伍子胥最终也是做成了他的复仇计划。孙武其实是山东人，但是到江南的吴国这个地方练兵，然后写成了他的《孙子兵法》，所以我们要看是在哪里成就他。这都具有江南壮士的特点，要坚韧的去做一件事情，而不是在于把自己牺牲掉就算了。

再举个例子，于谦，明代的大臣，当时皇帝明英宗当了瓦剌人的俘虏，开战之前敌方拿明英宗来威胁，你如果打，就把明英宗杀掉。于谦说：民为贵，社稷次之，君为轻。皇帝是次要的，关键是国家的兴旺。打！后来打赢了，英宗回来后，把于谦杀害了。所以今天到西湖边上看，西湖有三忠烈：岳飞、于谦、张苍水。这些都

是江南义士。张苍水在明朝亡国之后坚持抗清十二年，他病死在郑成功的船上，去世后，因为他坚持抗清到最后，所有的族人全部被斩。吕留良是病死的，但因为他的文字里面有很多反清的东西，所以清政府把他从棺材里面挖出来乱刀戮尸，而且杀了他的家族几十号人口。金圣叹大学士因为苏州当时的税务问题，带领一百多号人去闹，后被抓去斩首。江南的刚烈非常厉害，还有一个例子，太平天国其实在全中国都没有遭到太大的抵抗，但到了浙江的诸暨，遭到前所未有的抵抗，整整一个月，太平天国打不下一个村庄来（叫包村）。后来包村人打到最后弹尽粮绝，全部牺牲。

刚健是中国江南的自由精神的传统所在，江南不仅仅是水暖风情，温柔温厚和风花雪月，也是自由精神传承所在，对暴政压迫最具有反抗精神，是中国最有骨气的地方之一。

当然，刚健的精神在和平年代，就转化为向上的生命力，以及求新的创造性，不断地向前追，向上走，就是中国文化最有创造力的地方，而江南经济奇迹就是这种创造力的表现。

第二是深厚。首先是人才的深厚。江南这个地方因为水陆交通的便利，来的人就非常的多，移民中多是精英，在古代，要经得起奔波之苦，才能迁移、扎根下来。因此移民往往是灾荒与战争等苦难中筛选出的能人。其次是文献与典籍的深厚。江南人文渊薮，历代经史子集、文献不止十倍于北方。充分体现了历代文教与学问的深厚，这也是中国人透过文献，沉淀人文教化，渐成学养精深的地方。中国最深的学问都在这里，清代的吴学、乾嘉学派，就是江南的学派。美国著名学者艾尔曼写了一本书，表彰与发掘中国乾嘉学派中很重要的一种理性精神。乾嘉学派是最具有中国早期现代性的突出文化现象，它的理性分析能力，求真求实的探索精神，学界有很多的研究。最后是思想与观念的深厚。举个例子，松江的船子和尚，他一直在找一个让他觉得住下来，可以修道的好地方。他走遍了湖南、江西、湖北，然后终于来到松江的朱泾，一待就是四十年。船子和尚有一次碰到南京的夹山和尚，他是非常有道的人，饱读经书，是当时和尚中最有学问的。因为船子和尚到处找接班人，所以他就找到了夹山和尚，他问：大德住什么寺？夹山和尚回答：寺即不住，住即不似。这是一个很有禅意的回答，"住"是禅宗和整个佛教所否定的观念，万物皆是不住，迁变流转。船子问："不似，似个甚么？"夹山："不是目前法。"目前法就是我们的世间法。船子："甚么学得来？"夹山："非耳目之所到。"我们耳目所看到的是可以看得到的事物，但是看得到的事物背后有很多东西是非耳目之所到。

船子回答："一句合头语，万劫系驴橛。"这句话很有禅意。一个人如果说一句很正确的话，无疑形成了一个思想的套套，"万劫系驴橛"，等于搭一个石桩或木桩，那个绕来绕去的驴，就把所有的劫都套进去了。你看那个拉磨的家伙，人生还有什么自由？又问："垂丝千尺，意在深潭。离钩三寸，子何不道？""垂丝千尺，意在深潭"，这句话的禅意主要是关于修道的，最深的道在于生命，在于生命那个关头上，你为何不去讲？夹山和尚刚要开口，哗啦！被船子和尚一桨打落到水中！为什么？因为关于生命的问题不能讲的，生命的真谛是不能用语言去论证的。夹山才上船，船子又说："道！道！"夹山准备开口答话的时候，船子和尚又一个桨把他打下去，这个时候他就悟了。这就是船子和尚公案。对我们来说是很有禅机的。最后船子又说："丝悬渌水，浮定有无之意。"关于生命学问这件事情

是在有无之间，道在有无之间。夹山答："语带玄而无路。"也是强调不能讲，不能说。这个时候船子和尚就说："钓尽江波，金鳞始遇。"其实这里有两层意思。一层意思是说他一直在找人，要找人能够理解他，真正悟道的人找了很多地方都找不到，今天终于碰到了。还有更深一层的意思是，真正的修道，真正的船子所讲到的生命的学问要"钓尽江波"。船子就跳到水里去了。最后分别的时候，夹山和尚频频挥手，船子和尚大喊一声"阇黎！"就是高僧的意思。然后便翻船入水而逝。

《船子和尚拨棹歌》是非常有名的唐诗。后来流传下来的《拨棹歌》有很多首，我们以两首为例，第一首："二十余年江上游，水清鱼见不吞钩。钓竿斫尽重栽竹，不计工程得便休。"这是讲修行的功夫和修行的艰难。最后十年悟道了。另一首非常重要的，也是船子和尚诗歌当中最为经典、最为流行的一首："千尺丝纶直下垂，一波才动万波随。夜静水寒鱼不食，满船空载月明归。"这是禅宗关于生命的意义，关于人在世间意义的一首诗，这首诗里面包含了我们江南的文化精神。简单解读一下。"千尺丝纶直下垂"，指的是潜意识。就打个比方来说，人的意识像一千尺的丝纶一样，找不到底，像深渊一样。"一波才动万波随"，就说你在世间的修行，哪怕是讲了一句话，或者做了小小的一件事情，都埋下了一个种子。佛家最基本的思想就是种子。如果你埋下了这个种子，将来一定会有各种各样的因缘。修行其实就是不知不觉在无意识当中就埋下种子的事情。最重要的是后面两句："夜静水寒鱼不食"，不要惊动那条鱼，如果不惊动那条鱼，"满船空载月明归"，我们想象一下，当一个和尚，在一千多年前松江的一个月光如梦之夜，然后唱着棹歌，空明如画，这样的夜晚回来，船里没有一条鱼钓上来，但却是满满的收获——就是月光。这是一个非常美的意境，当中就包含着船子和尚关于生命的体悟，是什么样的满载而归。佛教讲的就是"空"，但在中国的文化当中，这个地方满满归来的东西是很有意思，中国哲学与生命学问，其实讲的根本上是诗意。

还是要强调一下移民。太伯奔吴，不仅是苏州，整个江南的文化中都有吴太伯的个性，我不要跟你争权夺利，我自己另外开一个世界。中国人才分布数据表明，明代江南的内阁大学士远远高于北方。明代的文学家、理学家、文魁主要是江苏和浙江两个省跟北方比较，明代的文学家江南有 96 位，而北方只有 7 位。而理学家江南是 44 个，北方有 5 个。文魁更是悬殊，江南这边人非常能考试，考试都考得很好，114 比 14，悬殊太大了。如果我们把考试的首选，包括状元、榜眼、探花、传胪，根据商衍鎏先生《清代科举考试述录》的统计，200 多年间江苏共出状元等 184 人，浙江共出状元等 137 人，两省相加人数 321 人，是直隶、顺天、河南三省相加的 35 人的近十倍。有一年我在马来西亚讲课，马来西亚的华人，热爱民族文化，他们一直坚持用华文教学。那个校长告诉我说，马来西亚的大学十个人当中只有一个华族的名额，其他九个人，马来人、爪哇人、印尼人。因为华族太能考试了，文化基因没有变，跟清代一样的，只给江南地区十分之一的名额。所以这个东西真的没办法，中国人考试全世界都很厉害的。

第三是温馨。多情多义，社会有序，平和温润。都是我们讲的广义上的温馨概念，江南人吵架都是很温柔的，跟苏州人吵架像看戏听昆曲一样。我们讲社会比较有序，江南文化向来作为文化精

重新发现江南——略谈江南文化精神

能不忆江南——江南文化十讲

图3 宋辩才送苏东坡过虎溪木刻图

神复苏之地，避难所、休憩地、复乐园、温柔富贵之乡。

第四是灵秀。灵秀是中国文化中非常美的概念，包含很多意思，可以从女性、艺术、山水、风物等来讲灵秀。江南的山水灵秀，特别体现在浙江的山水上。水乡是江河湖塘，水乡的明媚是灵秀的来源，因为有水就不一样。江南这个地方非常奇妙，狭义的小江南，环太湖流域，北有运河，南有钱塘，东有东海，西有长江的一部分，中间还有环太湖流域，河汉港湾密布，全中国找不到这样一个水系丰富的地方。我考察过世界上与水关系密切的区域，如莱茵河两岸的葡萄园，最美的是古堡，从法兰克福坐船下去，晚上回来，灯火如魅，两岸古堡美得不得了。美国的五大湖芝加哥也是水非常多，加拿大温哥华也是水城。但是不一样，水乡和水岸的文明不同：水岸文明是一种城市文明，水乡文明以农商渔樵为主。比如说长江大口岸的城市码头、巴黎的塞纳河、意大利的地中海沿岸，那是水岸文明，非常有名气，出了很多艺术家，地中海边上老头老太都在唱歌弹琴，他们是城市的工商文明，跟水乡是不一样的，水乡有一种与人相亲的特别的美。

水乡之人因柔性而仁爱，因清澈而清明，因平淡而内敛，因流动而交流，因流动而自由，因流动而多样而灵敏，因凝聚而廉贞。这个地方特别有灵性，跟水的清明、内敛、交流、多样都是有关系的。沈曾植《续槜李诗系序》称水乡为"士大夫之都"。士大夫之都就是专产名士，读书人之都。中国历史上最灵秀的人物：西施、苏小小、莫愁、董小宛、柳如是、陆机、谢灵运、王羲之、杜牧、王安石、杨万里、郑思肖、沈括、米芾等，都是江南人，或在江南成就的人，可以开出一个很长的名单。

我们讲一个很重要的人物，孙中山，实际上他最好的住处是在上海。他是非常喜欢上海的，宋庆龄的故居也在上海，宋庆龄纪念馆也在上海，这从某种程度上也是我们江南文化经过数千年的演变形成的一个结晶。2018 年是他最重要的著作《建国方略》写成 100 周年。他从大总统位置上退下来之后，在其后的三年时间里，潜心思考中国革命，读书著作，奋笔不休，真的是要为新中国完成最好的一个规划，后来他就在上海待了十年左右，换了四个地方。因为他非常清廉，自己没钱买房子，所有的房子都是华侨捐给他的。他在这个地方写了《建国方略》，恰恰也是江南文化一个深厚的表现，在那个权力纷争的时代，他居于边缘，悄然发力。《建国方略》是一部伟大的思想成果，一方面是江南文化的累积，一方面是中西文明的结晶。这本书有三部分组成：《孙文学说》《实业计划》《民权初步》。直到今天，孙中山这个规划都是很了不起的，比如说《实业计划》当中就有铁路，今天我们修很多高铁，他规划的铁路里程目标，我们至今还没有达到。我们今天上海建立了洋山港也符合他的思想，他要建好几个港口，要引入外资，这我们已经做到了。还有《孙文学说》当中说到了心理建设，尊重理性，这都是非常了不起的中西

文明的基础。社会建设，机会、民权、启蒙，都有中国文化的深厚理性。

刚才谈到江南文化的时候，我们谈了江南文化有五个大的进程，从建业、扬州、杭州、苏州，最后到上海。今天上海是江南文化的龙头，从古代江南走到近代江南，上海是中国最好的文化和来自西方文化的结晶。我们讲江南文化一定要讲孙中山《建国方略》。

上海师范大学中国近代社会研究中心教授，博士生导师，中国史博士后流动站负责人，牛津大学访问学者，浙江师范大学江南文化研究中心兼职研究员，《江南社会历史评论》副主编，《传统文化研究》副主编。主要从事明清到近代江南社会文化史研究，尤其关注近代转型期的社会变迁、文化互动与比较。著有《江南士绅与江南社会（1368—1911 年）》《明清以来苏州文化世族与社会变迁》《互动与转型：江南社会文化史论》等，发表论文 70 余篇。

徐茂明

流动的江南——江南的空间与认知

什么是"江南"？每个人心目中的"江南"都不一样，从 20 世纪 80 年代以来，学术界关于"江南"的概念问题，已经发表了一系列论文。2007 年《中国国家地理》杂志专门出了一期江南专辑，邀请了很多专家来谈江南问题。这些专家有研究气象的，有研究地理的，有研究行政区划的，还有研究经济史的、中文的、方言的，每位专家谈的江南都不一样。为什么会不一样？这实际上涉及认识江南的两个方面，一是江南历史发展的客观内涵，二是人们对江南的主观认知过程。

一、江南空间的历史内涵

江南是一个动态的空间，这个动态的空间发展过程，可以从四个方面来看，包括江南的自然地理、行政地理、经济地理和文化地理。如果综合考量这四个方面的话，我们可以看到，江南在历史上的空间变化，大致趋势是从长江中游逐步转移到长江下游。

（一）江南的自然地理

现在我如果问大家江南在哪里？大都会毫不犹豫地讲，江南就在长三角，在苏南、上海、浙北，再大一点还包括徽州、江西，总而言之，大致说来就在东南这一片。但实际上，2000多年前人们认识的江南并不是这样子。

为什么在2000多年前人们看到的江南，跟我们现在看到的江南不一样的呢？你要知道，江南这个概念实际上是南方人和北方人交往过程中形成的一个指代性的地理概念。比如说中原诸侯在与长江流域的南方诸侯（当时主要是楚国）的交往过程中，用"江南"这个词来指代长江之南的某个地方，随着江南人或者是南方人活动的区域不断变化，北方人所指称的"江南"空间范围也在发生变化。

据目前所见，"江南"这个词最早出现于公元前597年，当时中原郑国的国君郑伯被楚国俘虏了，郑伯就苦苦地哀求楚王说："你把我流放到江南去吧，我唯命是从！"这是2600年前，中原一个诸侯被俘虏之后，他觉得很凄惨，愿意被流放到江南去，应该说总比死要好一点。从这一点可以看到什么问题呢？2000多年来的自然环境发生很大变化，那时的江南还属于蛮夷之地，瘴疠丛生，环境非常恶劣，是非常恐怖的地方，所以郑伯才说，只要饶他不死，把他流放到江南也愿意！

原来的江南，只是楚国都城郢都隔江而望的一小块地方，但到了战国时期，随着楚国的疆域扩张，江南的范围也在扩张。《楚辞》

里面有一句："目极千里兮伤春心，魂兮归来哀江南。"这是屈原讲的一句话。这个时候江南已经不是隔江的一小块地方，而是包括今天整个湖南地区。从《韩非子》里面也可以看到，秦国和楚国交战时也经常提到江南，当时的江南是指三峡的巫郡，以及南边包括现在湘西和贵州等地方。战国时候，江南的空间范围已经包括现在的湖南和贵州一部分。

秦统一全国之后，江南的范围更大了。西汉司马迁的《史记》多次提到江南，但这些江南，在不同的语境里面，所指的对象是不一样的。《五帝本纪》说舜去世后，"葬于江南九嶷，是为零陵"。这个零陵在现在湖南的南部。《史地·越王勾践世家》讲楚王灭了越国之后，越国的宗室后裔都被流放于江南海滨之地。越国的地盘在长江下游，所以这里的"江南"肯定就是指长江下游、浙江这里。还有李斯《谏逐客书》说"江南金锡不为用"，所谓"江南金锡"是指江南的矿产资源铜和锡。当时江南的铜矿和锡矿是比较丰盛的，现在安徽铜陵市，其字面意思就是铜山丘，从地名可以看出来，这里原来是产铜的，考古学家也确实在这里发现了先秦时期的铜矿遗址，所以此处"江南"无疑就是指长江下游。

从整个秦汉时期来看，江南的范围已经由长江中游扩大到长江下游，"江南"的指代，既可以指长江中游，也可以指长江下游。但实际上，如果指代长江下游，也就是我们现在所在的长江三角洲地区，大部分是用另外一个词"江东"或者"江左"。所谓江东，是根据长江从九江以下到南京是西南东北走向，所以长三角地区自然就被称为"江东"或"江左"。这是秦汉时期。

研究江南早期的历史，有两个时间段非常重要，第一个是春秋时期，第二个就是六朝。六朝建都在南京，从孙吴到东晋、到宋齐梁陈，共六个朝代，这一阶段是江南经济开发的重要阶段，也是江南文化的转型阶段。现在讲到江南人，第一印象是有文化，文质彬彬，温文尔雅，但在六朝前江南人并非如此。在六朝以前江南民风崇尚武力，这个转折就是从六朝开始。

为什么会发生这样的转折？《北齐书》中有一句话："中原士大夫望之以为正朔所在"。"正朔"本来是古代历法的概念，就是一年之始的正月初一，在政治生活中，"正朔"的确立代表了一个王朝的权力，一个新王朝建立之后，都要"改正朔，易服色"。因此，所谓"正朔所在"，指代的就是国家文化的正统所在。"中原士大夫望之以为正朔"，就是说中原士大夫以江南为正朔所在，说明国家的文化正统在这个时候已经转移到南方。虽然南方是个小朝廷，军事上力量很弱，但是中原的世家大族、文化传承者已经迁徙到江南。

南朝著名诗人谢朓的《入朝曲》说："江南佳丽地，金陵帝王州"。这句话很有名，但一般人不会追问它，理所当然地默认江南本来就应该如此，但实际上，这句话透露出一个重要现象，即到六朝的时候，"江南"一词跟长江下游的金陵联系起来了，跟"佳丽"之地联系起来了。这与以往人们认识的江南不一样。

六朝之后，隋朝统一全国，然后就是唐代。到了唐代中期，这又是整个中国社会历史的大转折。这个转折主要表现为国家的经济重心逐步向南方转移。我们从唐代众多诗人的诗句里面可以看到，当时国家的财富，主要仰仗于江南地区。

南宋著名田园诗人范成大在《吴郡志》中讲："苏湖熟，天下足""天上天堂，地下苏杭。"大家不要认为这是诗人大发诗兴的夸

大之词，宋史专家的研究成果，已经证明他这句话讲的是事实。这方面有专门的著作考证，说明到南宋的时候，国家的经济重心已经转到江南来了。特别是南宋的都城临安和苏州是当时最繁华的城市。所谓"天上天堂，地下苏杭"，就是现在民间谚语"上有天堂，下有苏杭"的原版。

到了明清的时候，江南的重心指向很显然就是指长三角，甚至于可以说就是指太湖流域。清代大儒顾炎武有一句话："韩愈谓赋出天下而江南居十九。以今观之，浙东西又居江南之十九，而苏松常嘉湖五郡又居两浙之十九也。"什么意思呢？也就是说，韩愈讲国家的财政90%来自江南，但这个江南范围是比较大的，应该是指唐代的江南道；而顾炎武所说的"浙东西"，历史上称为"两浙"，就是指现在的长三角和钱塘江以南；在"浙东西"里面再划一个核心圈，就是太湖流域的苏松常嘉湖五府。明清时候80%的国家财富是来自苏松常嘉湖，也就是现在太湖流域的上海、苏州、无锡、常州、嘉兴、杭州、湖州。所以江南在明清的时候，可以说在全国处于领军的地位。民国时期有人提出要以太湖流域为范围建立"太湖省"的设想，这说明了一个问题，即从自然地理上看，太湖流域是一个完整的自然区域，人为地划分为江浙两个行政区域，是不符合区域自身发展需要的，正如清初顾炎武所说："以为苏松常与杭嘉湖之分，等于人之腰斩。"

（二）江南的行政地理

江南作为一个行政区，最早是在王莽改制时候设立的江南县，但是王莽政权昙花一现，很快被人遗忘了。

江南真正作为一个行政区划是在唐代。唐代初期将全国划分为

图 1　唐代的江南道（本图截取自谭其骧《中国历史地图集》）

"十道"，就是在州县之上搞一个监察区。其中中原、北方八个道，长江以南两个道，一个是江南道，一个是岭南道。从地图上可以看出，江南道的范围是最大的，包括长江以南，南岭以北，西起贵州，东到大海，差不多是中国的半壁江山。这说明什么？我们都知道，行政区划越大，一般意味着经济越落后，人口少，事务少，不需要那么多的行政官员，如果这个地方经济发展了，事务自然繁杂，它的行政区划就一定会越分越小、越来越多。也就是说，唐代初期国家的重心是在北方，南方还是属于蛮荒之地。

　　唐中期随着南方的经济发展，江南道就显得太大了。那个时候没有高铁，没有飞机，交通主要靠舟船、马车之类，朝廷如果派观察使去江南道巡视，估计他还没有来得及走完辖区，就要任期结束打道回府了。

　　唐中期以后，江南道一分为三，即黔中道、江南东道和江南西道。贵州属黔中道，江西和湖南为江南西道，东边的皖南、浙江、

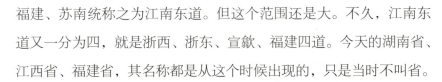

福建、苏南统称之为江南东道。但这个范围还是大。不久，江南东道又一分为四，就是浙西、浙东、宣歙、福建四道。今天的湖南省、江西省、福建省，其名称都是从这个时候出现的，只是当时不叫省。

到了宋代，地方的行政区划改叫路，长江下游叫"两浙路""江南东路"。江南东路是指江西和皖南地区，而现在的江南叫"两浙路"。

元朝的版图是历史上最大的，国家政治中心在大都，就是今天的北京，但是国家的财政又要仰仗于南方，怎么办呢？元朝长江下游地区的最高地方行政机构为江浙行省。此外，元朝在江南地方还设立了很多中央机构的派驻机构，如江南行枢密院、江南诸道行御史台、通政院江南分院等。这些地方派出机构，主要负责对长江以南的"大江南"地区进行协调监督管理。从这些机构可以看到元朝对江南的控制非常重视。

明太祖朱元璋最早在南方起兵，1356年他在应天府（南京）就建立了根据地——江南行中书省。过了几年，江南行中书省改归中书省直辖，称为直隶。明朝建立之后，胡惟庸案爆发，中书省被废掉了，原来直隶中书省的地区改为直隶于中央六部，仍然称为直隶。永乐迁都北京之后，南方的直隶地区就改称南直隶。明代南直隶的范围很大，包括现在的安徽、江苏和上海。

在中国历史上，真正用"江南"来命名一个省的名字，是在清朝。顺治二年（1645年），清军攻占江南的第一年，就设立了江南省。这个江南省很大，大致相当于明代的南直隶。我们知道清代有一个实权派的地方大员叫"两江总督"。所谓两江，就是指江南省和江西省。江南省辖区太大了，管着现在的江苏、上海、安徽。为了加强对地方的管理，从顺治到乾隆这一百多年间，江南省内部逐步增设了一整套的省级班子，包括巡抚、按察使、布政使，专管今天的安徽地区。到乾隆二十五年（1760年）的时候，江苏、安徽这两套省级班子完全分开来，标志着安徽省和江苏省正式"分家"。

苏皖二省分家之后，江苏省发现省内事务仍然繁杂，而且江南江北差异很大，所以又增设了一个江宁布政使，驻扎在南京，专管江宁和江北地区，而江苏布政使则驻扎在苏州，管辖镇江以东的苏南地区，包括今天的上海。清代全国18个行省里面，唯有江苏设两个布政使。清代苏州作为江南的经济文化中心，地位越发凸显，当时不仅江苏布政使驻扎在苏州，同时还有江苏巡抚、江苏按察使也都驻扎在这里。清代的苏州实际上就是江苏省的副政治中心。

（三）江南的经济地理

江南的经济地理范围可以说是学术界争论最多的，经济史专家对江南有各种界定，大的江南可以说囊括了整个苏皖南部、浙江全省乃至江西大部，而最小的江南是指太湖东部平原地区。在众多观点中，影响最大的说法就是李伯重教授提出的"江南八府一州"。哪八府一州呢？就是浙江省的杭州、嘉兴、湖州三府，江苏省的松江、苏州、常州、镇江、江宁五府和太仓州。为什么要这样界定？当时主要是根据西方学者的区域理论而提出的两个标准：第一，该地区在自然地理上是一个完整的区域。也就是说自然生态基本上接近。在划定的这个区域里面，还要有一条大河，或者是水系，把这个区域内部联系起来。第二，该地区的经济水平要基本相当，区域内部的经济联系应该非常紧密。在这个区域研究理论中，还有一个"高层中心地"的概念。简单地说，就是人口和财富相对集中的地

方，就是城市，就是规模不等的大中小城市。这些高层中心地（城市）还要形成一个梯队，即大城市、中等城市、小城市、集镇。城市要有经济腹地，城市之间、城市和腹地之间要互相有经济往来，这样经济才能发展。

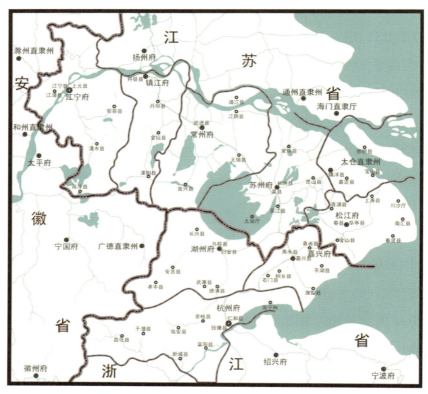

图 2　清代的长江三角洲区域（本图根据谭其骧《中国历史地图集》改绘）

按照这两个标准，江南以太湖为中心，上下游都有密布的水系，东西横向沟通大海，南北纵向则有大运河，把长江、钱塘江贯通起来。至于高层中心地，江南不仅有星罗棋布的大中小城市，形成了一个都市群，它还有广阔的经济腹地，包括原材料的供应，还有商品的销售市场，来支撑这些城市的发展。江南最高等级的高层中心地是苏州，其地位相当于现在的上海。所以他认为，在明清时期苏松常镇宁杭嘉湖太八府一州构成一个独立的经济区。

对于这一观点，我持保留意见。我觉得明清八府一州的江南内部存在着明显的差异，将南京镇江作为一个经济区纳入江南之中其实是很勉强的。首先，从地理环境来讲，南京、镇江是属于低山丘陵地区，跟太湖流域河港密布的水乡是不一样的。此外，东部平原与西部丘陵的风俗习惯也不一样。日本研究江南的著名学者滨岛敦俊教授就主张，明清时期的江南应该是苏松常嘉湖五府，他提出一系列理由，比如说，江南五府的自然地理属于太湖流域冲积低地，全部是圩田地带；这里市镇是最密集发达的；这里的徭役制度是统一的，等等。此外，国内研究江南的著名学者范金民教授也指出，明清时期人们谈论江南的时候，也基本上不把南京放在其中。

到了近代，上海开埠了，特别是太平天国之后，上海的地位取代了苏州，这个时候可以看到，南京的地位更加衰落，江南东西部的差距更大。1984年我国政府划分的"上海经济区"，以上海为中心，加上苏州、无锡、常州、南通、杭州、嘉兴、湖州、宁波、绍兴，在这个以传统江南为主体的经济区中，已经见不到近在咫尺的镇江和南京。这也从一定程度说明，南京、镇江地区与太湖流域地区确实差异很大，不属于一个经济区域。

（四）江南的文化地理

江南内部不仅在经济上存在东西部差异，在文化观念与社会习俗上也存在着显著的差异。从江南的文脉看，太湖流域和南京镇江地区，在新石器时代、青铜时代、周代，它们的文化发展序列完全不同，文化面貌也不一样。太湖流域的马家浜文化、良渚文化，其

文化发展水平远远超过南京地区的北阴阳营文化，良渚文化的玉器制作水平，在当时全国是第一流的。

风俗习惯方面，南京镇江跟太湖流域差异也很大。这个差异，实际上从六朝就开始形成了。六朝的时候，大量北方人口迁移到长江下游，主要聚集在都城南京（当时叫建邺、建康）和附近的镇江，外来人口已经超过了本地人口。人口结构的巨大改变带来的第一反应就是方言的变化，当时都城周围的方言已经被大量的中原人、北方人所同化了。

宋代江南东西部的民风民俗差距很大。在宋代的江南东、西路，也就是现在的江西、皖南地区可以看到，"其俗性悍而急，丧葬或不中礼，尤好争讼，其气尚使然"；而太湖流域的两浙路，"人性柔慧"，换句话说，就是聪明而温柔，当然也有不好的习俗，如"厚于滋味"，"奢靡而无积聚"，就是喜欢吃、喜欢穿、喜欢享受，没有积蓄。但追求享受也不完全是负面的事情，消费也会带来发展的动力，激发人们发明创造的愿望。所以，明清时期江南地区"奇技之巧出焉"，涌现了很多能工巧匠。

据乾隆朝编修的《元和县志》记载，"吴中男子多工艺事"。就是说那个时候的苏州男子，许多人擅长于某种技艺，比如说微雕、仿古、做家具、造园林等，苏州制作的器物都是最精美的。为什么会这样？因为苏州不仅经济发达，而且还是文人聚集的地方，文人雅士也参与到奢靡之风中。苏式家具和苏州园林的风格跟文人分不开，他们的设计，他们的经济实力，推动了江南这一些奢侈性的消费。另外，据明代正德《松江府志》记载，松江人"信鬼好祀，至今为然"。江南人是非常的迷信，这跟经济发展没有正相关的关系，有时经济发达，更提供了迷信的物质条件。

相比之下，江南西部的宁镇地区，我们看到的是另外一番景象。

从南宋以来，随着北方人口的南迁，整个宁镇地区的风气都受到中原影响。据南京的方志记载：宋室南渡之后，"来居者多为汴洛力能远迁钜族仕家"，也就是说，南京人很多都是从京城开封洛阳迁过来的豪门大族。这些中原大族迁到南京，导致本地士风民风也发生变化。对于这种变化，南京人评价为："人物敦重质直，罕翾巧浮伪"。通俗一点讲，就是民风朴实正直，很少有投机取巧浮夸的人。百姓崇尚力气，刻苦耐劳，安心种田，不愿经商；读书人都讲究廉耻，不愿意跟人家去竞争，"气习大率有近中原"。直到明朝中期的正德年间，南京的风气依然不错，"重义薄利"。但是到了明代后期的万历朝，南京的经济开始发展起来，风气也开始变了，勤劳的人少了，懒惰和浮夸的人多了，女子热衷于打扮。很多家庭的财富，聚得快，散得也快。这实际上也是城市商品经济发展的必然结果。

值得注意的是，南京地区的经济发展极不平衡，南京是大城市，经济起步早，但下属各县依然比较落后，还是一派乡村田园风光。

据清光绪《溧水县志》记载，明朝万历的时候，当地人还非常朴实，"狷而寡合"。这是文人写的话，比较文雅含蓄，其实就是说这里的人很有个性，跟人家合不来。乡下人刚到城市，肯定是格格不入。《县志》还说，这里的妇女不出门，在家里勤勤恳恳地纺纱织布，寒门士子也不以布衣粗食为耻。万历时溧水县城里面的读书人，虽然很穷，吃穿简陋，但不以为耻。即使是富者也很低调，"行街坊不乘舆马"。世家大族都是聚族而居。这反映了社会流动性的问题。一般来说，在偏僻的乡村，世世代代住在一起，家族组织都比较稳

定，但在城市就不行了，城市人口迁移流动快，大家族很难稳定住。

综合这四个方面来看，江南东西部的文化差异是客观存在的，大致说来，东部太湖平原的总体特征是："信鬼神，好淫祀"（淫祀就是不符合国家礼制的祭祀，"好淫祀"就是不管什么神仙鬼怪都去拜，这是民间信仰中实用主义的表现），"尚文"（江南人重视文化教育，总是设法让子女读书应举走正途），"尚奢"（生活比较奢靡），"重商"（商业是人们"治生"的重要途径，获得社会的广泛认可）。而在宁镇地区，我们看到的是民风"俭啬"。俭朴是美德，但也会带来吝啬的结果，所以说是"俭啬"。职业观念上"务本力农"。在传统的小农社会里，农业为根本，所以安心于农耕，就是务本，这是中国传统的职业观念，跟现在商品经济时代的择业标准完全不一样。在社会组织和教育观念上，"聚族而居，束书不观"。所有这些，都跟太湖流域相距甚远，充分表明江南内部东西两个区域之间存在着巨大的差异，很难笼而统之地视为内部一致的整体。

二、江南的历史认知过程

历史上人们是如何认识江南的？这是一个主观性的问题，实际上也是导致我们对江南有不同看法的根本原因。

春秋时期长江下游的诸侯是吴国。按照正史的记载，吴国的祖先太伯、仲雍来自周朝王室，拥有高贵的血统。他们逃亡到江南荆蛮之地，不久就入乡随俗，泯然于蛮夷之中。经过几百年的发展，到春秋时期吴国的军事实力上已经足以傲视群雄，但在文化上却非常自卑。吴王阖闾第一次会盟中原诸侯的时候，鲁国国君为他演示了一番周朝礼乐，阖闾看了之后自惭形秽，说："孤在夷蛮，徒以椎髻为俗，岂有斯之服哉？"意思是说，我在蛮夷待得太久了，只知道蛮夷的椎髻发式，哪里懂得周朝礼乐制度？

一直到西汉的时候，司马迁的《史记》讲到江南还是一片蛮荒之地："地广人稀，饭稻羹鱼，或火耕而水耨，果隋嬴蛤，不待贾而足"，江南人多病，寿命短，无积聚而多贫。在司马迁看来，江南还是一个让人非常伤心的地方。

东汉时期江南也好不到哪儿去，生产方式跟西汉的时候没有区别，以至于"汉之名臣皆不以江南为中国"，就是说朝廷大臣都不把江南看作是"中国"。当然这个"中国"跟我们现在的中国概念不一样，它是指华夏文明。也就是说，江南还很落后，在文化上还属于蛮夷。

江南的转折点在六朝。据南朝史学家沈约在《宋书》中总结，南朝江南经济迅速发展，"会土带海傍湖，良畴亦数十万顷，膏腴上地，亩值一金，鄠、杜之间不能比也。"什么叫"鄠杜之间不能比也"？也就是江南的地价已经超过了关中地区。这是因为气候环境变了，江南的土地开发了，人口增加了，所以地价也就上去了。

隋朝统一全国之后，定都长安，国家的政治中心转移到北方，而江南金陵的政治中心地位就此丧失，这里聚集的世家大族连同江南的文化地位也随之衰落，这个时候北方人看南方又不同了。南北朝时中原人看江南，还"望之以为正朔"。隋朝统一之后，河北人孙万寿被贬到湖南，就大发牢骚，说："贾谊长沙国，屈平湘水滨；江南瘴疠地，从来多逐臣。"所谓"瘴疠"，按照《隋书》的解释："地势低湿，暑热，湿气交蒸，疫疠为害。"形成瘴疠的地方主要在岭南

地区，被称为"瘴疠之区"。但在北方人孙万寿眼里，江南与岭南没有什么区别，都是蛮荒之地，是专门流放犯人的地方。事实上，隋唐之际对江南印象逆转的人不在少数，李白、刘禹锡等著名诗人的诗句都有反映。李白在《登金陵凤凰台》诗中说："凤凰台上凤凰游，凤去台空江自流；吴宫花草埋幽径，晋代衣冠成古丘。"刘禹锡的《乌衣巷》更有名："旧时王谢堂前燕，飞入寻常百姓家。"

尽管如此，江南自六朝开发以后，其经济与文化的发展进程并没有终止，这个地方吸引了越来越多的文化人，这些文人雅士在诗文中经常描写江南。比如说谢朓那首诗，"江南佳丽地，金陵帝王州；逶迤带绿水，迢递起朱楼；飞甍夹驰道，垂杨荫御沟；凝笳翼高盖，叠鼓送华辀。"从这里可以看到，江南是逶迤的绿水，江南是连绵的朱楼，江南是垂摆的杨柳，江南是凝笳叠鼓、歌舞升平的地方。

江南的美景激发了诗人的创作灵感，也成为诗人无法释怀的美好记忆。最有名的是唐代白居易的《忆江南》："江南好，风景旧曾谙；日出江花红胜火，春来江水绿如蓝；能不忆江南？""江南忆，最忆是杭州；山寺月中寻桂子，郡亭枕上看潮头；何日更重游！""江南忆，其次忆吴宫；吴酒一杯春竹叶，吴娃双舞醉芙蓉；早晚复相逢！"

随着这些描写江南诗句的积累，逐渐形成一些共性的特征，从而建构起一种充满诗意美感的"江南意象"。这种江南意象，吸引了越来越多江南以外的人对江南的想象与憧憬，塑造了人们心目中的江南。

这样一种江南意象，对江南以外的人产生了非常重要的凝聚作用，胡晓明教授称之为"江南认同"。

但是，这种诗文建构起来的江南意象，也使得江南成为一个非常朦胧而富有弹性的人文地理空间。说不清楚它的边界究竟在哪儿，它可大可小，可能是太湖流域，也可能就是整个长三角，还可能就是整个东南地区。你问新疆人江南在什么地方，他可能会说在东南，范围很大。但如果问苏北人江南在哪里，答案肯定很明确，他不可能指到安徽去。所以说江南的范围，跟每个人的主观认知是紧紧联系在一起的。

宋代以来江南人的自我认知也是不断变化的。他们会从风俗、语言、经济、生活伦理等等各方面加以辨别，而辨认的坐标中心就是江南的经济文化中心——苏州。

宋代江南人自己认同的江南范围是比较宽泛的，苏南、皖南、浙江都包括在其中。范成大说："吴之土风习俗，《隋志》详矣……宣城、毗陵、会稽、余杭、东阳，其俗皆同。"这里所提及的宣城属于皖南，毗陵指常州，会稽在绍兴，东阳已经到了浙江南部的金华。在南宋范成大的心目中，苏州的风土习俗跟浙南的金华和皖南的宣城差不多。

但是到了明清以后，随着苏州的中心地位逐渐凸显，苏州人变得非常自信自负。祝允明的外公、明代中期的内阁首辅徐有贞非常自豪地说："吾苏也，郡甲天下之郡，学甲天下之学，人才甲天下之人才！"也就是说，我们苏州是天下第一大郡，学校是天下最好的学府，人才也是全国最优秀的人才。

苏州不仅仅在教育和人才方面处于全国的领军地位，作为最发达的商业中心，苏州还是全国生活时尚和世俗文化的引领者，明清

时期的江南，就是"苏州的江南"。人们习惯用苏州文化作为衡量江南边界的标尺，你跟苏州文化关系的远近，也就是江南文化辐射半径的距离。你跟苏州文化接近，大家就认同你是江南，你跟苏州不一样，那么你就不是江南。这样比较下来，我们发现，浙东和浙西的差距越来越大。

明代后期的浙江人王士性认为，浙江分为三个区域，一个是浙北水乡平原的杭嘉湖三府，属于泽国之民；一个是浙南内地的金衢严处四府，属于山国之民；还有就是浙东沿海的宁绍温台四府，属于山海之间的滨海之民。这三个区域的地理环境不同，人的性格也不一样。浙北的"泽国之民，俗尚奢侈，缙绅气势大而众庶小"；浙南的山谷之民，"素习俭素，然豪民颇负气，聚党与而傲缙绅"；浙东的海滨之民，民风介于山区和平原之间，"间阎与缙绅相安，官民得贵贱之中，俗尚居奢俭之半"。

王士性对苏州人的评价极高，说："姑苏人聪慧好古，善操海内上下进退之权。"换句话说，就是苏州人非常聪明，志趣古雅，是海内外时尚的引领者。"苏人以为雅者则四方随而雅之，俗者则随而俗之。"雅俗的审美标准都是由苏州人确定，其他地方都不过是苏州的模仿者。

明末清初的世家子弟张岱，对浙江人专门模仿苏州时尚很不满意。他说："吾浙人极无主见，苏人所尚，极力模仿。"苏州人的帽子一会儿高一会儿低，袖子一会儿大一会儿小，浙江人跟在后面亦步亦趋。但跟风总是赶不上风头的变化，苏州人常常嘲笑浙江人"赶不着"。以钱塘江为界，两浙的文化差距越来越大，到后来钱塘江这样一个自然地理界线，就成为明清时期以苏州为核心的江南文化的南部边界。

江南文化区域的西部边缘，大致到浙江安吉和江苏溧阳、金坛、丹阳一线。

晚清《安吉县志》有一段值得注意的文字，它在描述当地风俗的时候将苏州作为参照。作者说："吴下文盛，醇风久漓。"就是说苏州的文化很兴盛，但是世风浮薄狡诈，而我们安吉的读书人还保持着敦厚古风。作者虽然是在赞美安吉士风的纯朴，批评苏州民风之浮薄，但不管怎样，它还是以苏州作为文化参照。安吉与苏州的文化差异，实际上也就标示了江南文化的西部边界。

金坛西面是镇江句容，那里的风俗、语言认同于南京和江淮文化，这在当地县志中可以看到。句容在晚清太平天国战争之后，大量土地抛荒，政府为了恢复生产与社会秩序，大量招揽客民垦荒，"所招佃户，大半江以北人，与吾乡习俗不甚相远"。从这里可以看出，句容的习俗本来就与江北相近，所以这些新招来的客民与句容本地的土著才能够相安无事。从句容往西，就是南京、宣城和徽州，它们的风俗跟太湖流域的差别更大，因此在文化上也更加不认同于苏州。

江南的东部边界就是松江尽头。古代文献里面，苏州与松江二府经常并举，称为"苏松"。苏松不光是地理上连在一起，地位也相当，关系也相当密切，但是《松江府志》的风俗篇，讲到松江方言和风俗的时候，还是把苏州作为一个参照。松江方言属于以苏州为中心的吴语区，所以松江在方言上的认同也是以苏州为中心，"府城视上海为轻，视苏州为重，大率同为吴音而微别耳"。意思是说，松江府城的人讲话比苏州话要硬一点，但比上海话要软一点，但都属

于吴语。这句话在一定程度上也透露出当时松江人的文化心理，即苏州是江南文化的中心，江南文化的辐射中心在苏州。

从上述江南人的自我认知过程来看，江南的范围也是因时而变，但是从宋代开始，特别是明清时候，江南的范围也是基本清楚的，即大致包括太湖流域的苏州、松江、常州、杭州、嘉兴、湖州、太仓，共六府一州。

然而，由于认知主体的差异，加以"江南"自身也在不断发展，江南的空间范围，不仅过去无法确定，将来也无法统一，因此有学者提出小江南、中江南、大江南、泛江南等概念。将江南的空间范围分成大中小等不同层级，实际上是一种调和的说法，但调和不等于是说江南完全可以按照人们的主观意愿去任意划分。2000 多年来，江南由先秦时期大家视为畏途的瘴疠之地、蛮夷之邦，到明清时期成为人人向往的经济富裕、文化昌盛的天堂乐土，这本身就说明，人们对江南的认知是有着特定的经济与文化内涵。确定江南空间范围的首要因素还在于经济与文化发展水平，以及江南内部风俗习惯的融汇整合。

随着江南地区经济文化以及交通方式的发展，人们对于江南的认知也会相应改变。近几年来，"长三角都市群"概念的提出，正是当代江南经济发展与文化整合的时代反映。民国时候有人建议设立太湖省，实际上也是从太湖流域作为一个完整区域着眼。1984 年国家设立上海经济区，十个城市中还不包括南京和镇江。但到 1992 年邓小平南方谈话之后，上海经济区就扩容为长三角十四城市联席会，南京、镇江、扬州、舟山都进入其中。2003 年，进一步扩容为长三角十六城市联席会。2008 年，国务院从经济发展的角度，将长三角的范围扩大到江浙沪二省一市。2016年，国务院公布《长江三角洲城市群发展规划》，安徽省会合肥市被纳入其中。2018年，长三角区域合作办公室在上海成立，江浙沪皖三省一市全部纳入长三角区域，中央宣布将长三角一体化发展上升到国家战略的高度。这一决策顺应了江南发展的历史趋势，并将推动江南发展进入历史最快阶段。长三角都市群作为世界六大都市群之一，将会越来越美好！

流动的江南——江南的空间与认知

周培元

上海城建职业学院建筑装饰专业主任、副教授，上海市建筑学会会员，全国住建部高职高专建筑规划专业教指委委员。主要从事上海历史文化风貌区内历史建筑的研究和海派文化的传承与推广。2018年，参与"《走进艺术宫》项目"获上海市级教学成果一等奖和国家文化与旅游部公共教育奖。2018年，获上海市"建筑阅读"文化志愿者称号和徐汇区书香联盟"书香行者"称号。

诗意的栖居——赏析江南园林之美

　　说到江南，我们大都会想到江南丝竹、昆曲、评弹以及园林，还有吴侬软语、小桥流水、粉墙黛瓦、商贸繁盛、人文荟萃等等。这些构成了江南地区特有的文化。这些说不尽的古典韵味，道不完的民俗生活，也一直受到江南文化的浸润和滋养，散发着独特而典雅的韵味。

　　我们谈建筑美学、园林艺术，先要引用中国现代哲学家、美学大师、诗人宗白华先生在《美学散步》中讲到的："中国建筑、园林、雕塑中都潜伏着音乐感——即所谓的'韵'，西方有的美学家说：一切艺术都趋向于音乐。""建筑是凝固的音乐，音乐是流动的建筑"，我国第一代建筑师的音乐修养都极高，梁思成、林徽因、董大酉、童寯等建筑师前辈都通晓中西音乐艺术，这也帮助他们对建筑、园林艺术的理解。本文从七个方面来解读江南园林之美。

一、江南园林的诗情画意

江南园林的艺术美学，核心是"诗情画意"，原则是"因地制宜"。

唐代著名诗人王维的《竹里馆》："独坐幽篁里，弹琴复长啸。深林人不知，明月来相照。"很有意境，反映出自然之美、人文之美。明代汤显祖创作的《牡丹亭》中："不到园林，怎知春色如许！原来姹紫嫣红开遍，似这般都付与断井颓垣，良辰美景奈何天，赏心乐事谁家院？"当我们耳畔响起这段昆曲，仿佛看到在春天姹紫嫣红、彩蝶飞舞的时节，有位绝代美女在自家后花园观景感伤的景象。也许你曾经去朱家角课植园欣赏昆曲名家张军、张冉的现场版《牡丹亭》，悠扬的笛声和委婉细腻的昆曲融合在江南园林里的夜色中，很有诗情画意。还有在近代，流行于江南地区的丝竹，通过委婉动人的音乐，描绘出江南人文的精致与细腻。

如果你能听懂昆曲，那么对园林艺术的认知将会提高很多。为什么这么说呢？首先，艺术是相通的，园林与昆曲都是艺术，只是表现形式不同。其次，昆曲的许多剧目都与园林有关，昆曲的内容曾取材于园林，也曾吟唱于园林。世界建筑大师贝聿铭、古建筑园林专家陈从周先生也都对昆曲情有独钟。

曹雪芹的小说《红楼梦》中也有大量关于园林、昆曲、戏剧的描写。文献中记载，在江南有很多园林的主人都有自己的戏班子，有的园主人文学戏剧修养很高，还会自己编剧，让戏班来演。豫园的主人很喜欢戏剧，整个园林建筑中砖雕、木雕中有很多跟戏曲有关的内容。

《文学回忆录》是木心先生的艺术讲稿，里面讲到："《红楼梦》中的诗，如水草。取出水，即不好。放在水中，好看。"这句话非常经典，《红楼梦》的诗词单独拿出来，跟唐诗宋词不好比，但放在小说里，就觉得太美了。在《文学回忆录》还有一段话："前有《牡丹亭》，后有《红楼梦》，曹雪芹也赞美，借宝黛之口，竭力称赞。每闻笛声传来，倍感孤独，满心欲念，所以爱这两句'良辰美景奈何天，赏心乐事谁家院'，读汤显祖的信，可见其豪爽而温茂。"说明木心先生对传统戏曲、江南园林有深入的研究，有非常深的感受。

同济大学教授、著名的古建筑、园林专家陈从周先生经常在文章中谈及昆曲艺术。他说："我从曲情、表情、意境、神韵、体会到了造园艺术与昆曲艺术之间有息息相通处，园林与昆曲如果停留在形式上，而不从精神上去研究与挖掘，那就不可能在中国的艺术上有所超越。"

很多外国人去苏州游园林最喜欢网师园。而且是慕名而来，的确印象很深。网师园太美了，当时理解不了，现在每去一次，都会有很深的感触。我带很多的朋友也去感受网师园的美，园林虽小，但是小中见大，曲径通幽，移步换景。

江南园林的核心是"诗情画意"，我们先感受一首词："枯藤老树昏鸦，小桥流水人家，古道西风瘦马……"。这几句词，很难画出来，那怎么表现？有时候，艺术的魅力在于想象，没有画出视觉效果还有点意境，一旦画出来，反而失去原有的魅力。比如说《红楼梦》电视剧第一版林黛玉的形象出现后，我们会先入为主，后面再演，觉得都不像林黛玉。贾宝玉的文学修养很高，大观园造好以后，他父亲贾政带着他走一圈，想考察他的学习情况。让儿子给题个匾额。贾宝玉当时才 14 岁，不假思索地回答："这个景点石头上可写曲径通幽四个字。"

二、江南园林之美的要素

什么是中国园林？每个专家对中国园林下的定义都有所不同，我这里介绍一个相对科学的定义："中国园林主要是由山、水、花木、建筑四种基本要素组合而成一个综合艺术品，还有就是匾额和楹联。"有个人不懂园林艺术，他就这样对我说："周老师，我去过一个园林就行了，园林都差不多。"可能吗？每个园林都有自己的特色与文化内涵。在中国的园林中，大都融入了中国南北文化的特质，以及民族的秉性，如北方人的粗犷与豪放，南方人的精致与细腻。北方园林山体高、壮，江南园林布局精、巧。

上海有五大古典园林，分别是古猗园、秋霞圃、曲水园、醉白池和豫园。尽管五个园林同属江南园林体系，但是每个园林的特征各不相同，尤其是豫园。有很多朋友不知道，以为豫园就是城隍庙。

江南园林是中国园林的杰出代表，我们首先讲一下园林的基本要素之一——"山"。先介绍一本园林著作——《园冶》。《园冶》为明末造园家计成所著，是我国第一本园林艺术理论专著。计成在其中"掇山"一节中，总结了明代的造山技术，他一共列举了园山、厅山、楼山、阁山、书房山、池山、内室山、峭壁山、山石池、金鱼缸、峰、峦、岩、洞、涧、曲水、瀑布等 17 种造山的具体形式。

山的作用是什么？园林里的山既是造景的主要手段，又起到了分割景致的作用，可以达到曲径通幽、移步换景的意境。

　　江南园林里的石头包括太湖石、黄石、石笋、玄武石、灵璧石等。很多人觉得自己看不懂石头，不知美在哪里。我认为石头是一种抽象的雕塑，传达出一种抽象的精神和美学。江南园林的山，有遮景的作用，可以起到先抑后扬、豁然开朗的作用。

　　豫园进门不远，走到仰山堂就是很大的黄石假山，游人在堂里停留片刻，随后转进去，穿过一段游廊，发现柳暗花明、风景宜人，让人感觉园林似乎已经差不多走完，其实你才刚刚进园，对面墙上写了一句"峰回路转"。于是，我们又在亭台楼阁中慢行，在假山中穿过。时间仿佛在不知不觉中消逝。然后您会又见到一幅字："渐入佳境"，十多亩城市山林需要半天才能读完。

　　计成的《园冶》这本书最早在日本被奉为经典，然后传回中国。同济大学园林专家陈从周教授的《说园》也是园林佳作，你要仔细阅读以后，再欣赏园林，就会觉得境界不同。

　　中国东方美学和西方美学有很多不同。西方的古典园林几百亩地一览无余，达西庄园、丘吉尔庄园或者是凡尔赛宫，大草坪缓坡地形，平静的湖泊；而中国的古典园林小则十亩地，却是走半天没走完，有时还会迂回反复。

　　南京瞻园的改造是刘敦桢教授及其学生叶菊华的作品。改造的假山成为园林中的视觉焦点，在烟雨朦胧中，仿佛是用毛笔完成的水墨画。我很喜欢中国山水画家黄公望的《富春山居图》，这幅画反映了黄公望对自己人生的感悟，对自然山水的一种热爱。经常欣赏中国山水画卷的，会帮助人们对江南园林的理解。

　　留园的冠云峰在水里的倒影，就像一个美女在梳妆，充分体现

了太湖石的皱、漏、瘦、透之美，被称为江南三大名峰之一。瑞云峰是一块太湖石，与玉玲珑、绉云峰被称为"江南三大名石"。瑞云峰石形若半月，多孔，玲珑多姿，峰高褶皱相叠，剔透玲珑，被誉为妍巧甲于江南，相传为宋徽宗"花石纲"遗物。绉云峰是一块英石，其色如铁，嵌空飞动，迂回峭折，细蕴绵联。上海豫园有一块镇园之宝，名叫"玉玲珑"，玲珑通透、杂云突兀、万孔录通，为整个园林增色不少。

图 1　留园冠云峰

有很多人看太湖石的时候，不知美在何处。我认为园林中的石头是一种抽象的雕塑，体现一种抽象的人文精神和符合中国道家阴阳学说的内涵。比如太湖石有点显阴性，黄石假山就偏阳性。还有笋石，还有玄武石等等。比如说扬州古典园林个园，以叠石艺术闻名遐迩，笋石、湖石、黄石、宜石叠成的春夏秋冬四季假山，融造园法则与山水画理于一体，被园林泰斗陈从周先生誉为"国内孤例"。

刚刚讲到江南园林，它并不是一个自然地理的概念，而是一种文化的聚合体。扬州、南通虽然地处江北，但是扬州园林也可以算作江南园林的范畴。"江南"是个广义的概念，同样江南园林也是个广义的概念，由于时代的变迁和行政区的改变，江南园林也经历几百年历史演变。而今，长三角地区的一体化发展，文化和艺术的交融，进一步阐释了现代江南的文化传承。

"山得水而活，水得山而媚。"再来说说水。自然式园林往往以表现静态的水景为主，水面平静如镜，或烟波浩渺，寂静深远，但又有"一勺则江湖万里"的气势。上海也是因水而活、因水而媚，特别是夜晚，走在黄浦江畔，可以领略到两岸夜景的独特魅力。网师园中有个临水建筑叫"濯缨水阁"，出自："沧浪之水清兮，可以濯我缨。沧浪之水浊兮，可以濯我足。"这里面有一副著名的对联："曾三颜四、禹寸陶分"。一副对联，强调做人，珍惜光阴。

谈完山水，我们讲一下江南园林中的树木，也都是有寓意的。

"花木犹如山峦之发，山得草木而华。"水景如果离开花木也没有美感。《红楼梦》里面林黛玉住的是潇湘馆，贾宝玉住在怡红院，薛宝钗住在蘅芜苑。潇湘馆种的是竹子，怡红院种的是芭蕉和海棠，蘅芜苑种的是各种草类。三个院子的美感表现也不一样。一个是芭蕉和海棠，它们从颜色来看，侧重视觉。潇湘馆里是竹子，有风声、雨声，听到竹的声音，侧重听觉。蘅芜苑的草是味觉和嗅觉。所以植物有不同的感觉。严寒时节，当游客行走在园林小径中，突然墙角吹过一阵风，蜡梅的花香，沁人心脾。到秋天赏月的时候，突然一阵风吹来，很香，是金桂飘香。而且每个植物都代表一种精神。我们说"四君子"梅、兰、竹、菊，"岁寒三友"松、竹、梅。

为什么要种榉树？榉树有中举的寓意，所以想做官之人都喜欢。为什么要种石榴？石榴的寓意为多子多福。竹子和兰花则代表一种隐士精神，玉兰和桂花代表荣华富贵。还有如果要招财进宝种什么树？种盘槐，传说古猗园里面主人种过有两棵龙爪槐，后来被别人举报了，被威胁要杀头。所以没有办法，只得砍去一棵，所以古猗园里面现在只有一棵是明朝时期种的。

江南园林里的树木既能美化环境，又代表一种文化，代表一种精神。比如莲花，有出淤泥而不染的君子精神。中国传统文化中都存在不可表述的意象。东方美学是讲究含蓄的，可以通过文字、通过戏剧来表现，这就很有意境。中国的江南园林的艺术水准，跟主人有很大关系。因为当时园主人都很有文化，也有一定的艺术修养。

山水、花木都谈过了，下面我们谈谈建筑。

很多江南园林里，都有一个类似船的建筑叫"舫"，又称"不系舟"。但不系舟是什么？它是一种石舫，也叫旱船，在长三角地区，很多的江南园林里都可以看到这些石舫。有一层的，也有两层的，亭台楼阁、造型优美。在明清时期，江南地区经济富庶，聚集了许多文人墨客，园主人会邀好友舞文弄墨，听曲吟唱。那为什么在江南园林中会有旱船呢？

其实也不难理解，明清时，一些官员深感官场险恶、仕途无望，顿生隐逸之心，于是辞官南下，择十亩之地，开始建造自己的理想家园。这些退隐官员在园林中造一艘旱船，仿佛有一颗宁静淡泊的心，但是心中却一直有再出江湖的心愿，希望何时明君出现，可以踏舟上任。江南地区以前水网密布，船作为主要的交通工具，文人们要到外地做官，大多是乘船北上。隐士文化当中，有很多人心还不死，寻找机会复出。文人的精神世界非常复杂。

　　园林建筑既是景观，又可以用来观景。楼台亭阁，轩馆斋榭，每个建筑都不一样，但他们用廊连接之后，就形成非常复杂的空间。廊还有复廊、单廊、曲廊。廊是一种虚的建筑形式。它没有边上的围合，但是形式是很多样的，把园内很多东西都连起来。豫园就有很多廊，很多露窗，有的廊故意遮住，到某些地方框一下景、露一下景，觉得太丰富了。江南园林中的建筑分类有生活起居：厅、堂、馆、斋；游览赏景：楼、阁、亭、台、榭、轩、舫；联系交通、联结景点：廊、桥；围护、分隔、渗透空间：园墙、园窗、园门等。

　　苏州拙政园里远香堂，取名自周敦颐的《爱莲说》"出淤泥而不染，濯清涟而不妖"，是一个主景区重要的殿堂。又如嘉定南翔古猗园里有逸野堂，董其昌题字，也是景区的中心。从拙政园的"梧竹幽居"往远处看，正对北寺塔，这是借景。现在去豫园拍摄照片很成问题。周围的现代高楼离园林很近，拍照片经常会将高楼也放进框，影响照片效果。

　　拙政园里面最有意思的建筑叫"与谁同坐轩"。"与谁同坐"不是跟一位年轻美女同坐，它是说我可以跟清风明月同坐。清风明月

本无价，但你需要的时候可以同坐，是不是很有诗情画意？现在许多园林仿造的"与谁同坐轩"，造的尺度不对，丑陋粗俗，这是没有文化的表现。

江南园林中的厅堂的内部梁上有官帽的装饰，表示园主人曾经做过官，为了显示自己的身份和地位，就在建筑中体现出来。但封建王朝等级森严，又不能搞得太夸张。当今社会，很多土豪，他们也建造园林和豪宅，以显示自己的身份，但由于没有一定的文化修养，建筑不伦不类、没有美感。

园林当中有很多点睛的建筑，比如亭子。江南园林亭子各式各样，有单层的、双层的，八角的、六角的、四角的，什么样子都有。这些亭子在实际构景当中很重要。中国画当中也有很多这样的亭子，起到画龙点睛的功效。

最后我们谈一下匾额、楹联与刻石。

传世的书法佳作很多并不是刻意书写，而是朋友聚会的时候，随性记录一下。比如说王羲之的《兰亭序》，曲水流觞，以诗会友。园林中的匾额和楹联，反映出文人极高的艺术修养。记得听《蒋勋细说红楼梦》，谈及"人无癖不可与交，以其无深情也"。这句话非常有道理，一个人可以有缺点，但不能没有癖好。当然癖好不仅是吃喝，一定还要有高雅的趣味。记得有些国外领导人到中国访问，也会引用中国传统文学作品中的话语，来表示对中国文化的热爱。中国文化历史悠久、源远流长，如果我们对中国传统文化很精通的话，就有了中华文化之根，到国外去就会有底气，也觉得很自豪。

苏州网师园里面有一副对联："风风雨雨寒寒暖暖处处寻寻觅

觅　莺莺燕燕花花叶叶卿卿暮暮朝朝"。这副对联写得很巧妙，前后呼应，很有意境。以前对自己所爱之人可以叫"卿卿"，昆曲里面想与美女说话，可以先尊称为"姐姐"。

三、江南园林之美的《说园》

《说园》是中国著名古建筑、园林专家，同济大学教授陈从周先生的代表作。他晚年别号梓室，自称梓翁，书房称为"梓室"。他擅长文、史，兼工诗词、绘画，还著有《苏州园林》《扬州园林》等著作。

建筑大师贝聿铭与古建筑专家陈从周的友谊是建筑界的一段佳话，也促进了江南园林文化在国际上的传播。当贝先生读到陈从周在上世纪50年代出版的《苏州园林》后大为叹赏，他第一次回国就约见陈从周，两人相见恨晚，谈得投缘。他们之间除对各自专业的精深理解外，情趣和爱好几乎相同，例如，京剧、昆曲、绍兴黄酒、紫砂壶等。贝聿铭后来请陈从周先生作为公司的顾问，经常见面交流，成为知己。香山饭店、香港中银大厦等项目，陈从周先生都提出宝贵的意见。

1999年，陈从周已病重卧床多年。但是贝聿铭先生始终惦念着这位知己、好友。9月7日，他从美国直飞上海，下飞机后，独自叫上出租车，直奔同济大学看望老友陈从周。当时陈先生言谈已十分不便，但得知贝聿铭要来看他时，执意早早起床，穿戴好坐在客厅的沙发中等着知己来。贝聿铭在梓室坐了很久，从进门坐下到起身离去一直握着陈从周的手。从两位老人的对视中，可以见到浓浓

图2　贝聿铭和陈从周相谈甚欢

的情意。这是两位大师的最后一次见面。

从贝聿铭在陈从周弟子乐峰先生的纪念专著的序言可以看出两人深厚的友情："陈从周先生，中国园林艺术之一代宗师，仁人君子，吾之挚友。吾与从周初识于二十世纪之七十年代，恨相知晚也。每每聆听从周说园林、议建筑、谈评弹、论昆曲，甚为投机，畅须教益。得此知己，吾欣慰不已。从周对中国园林如痴如醉，造诣高深。七十年代，吾力荐从周来美协助纽约明轩之建造，后又特邀陈君北上出任香山饭店工程之园林顾问。从周对中国园林之理解肌擘理分，博大精深，非凡人所能及。从周著书多卷，其所著《说园》为中国园林之经典著作而享誉世界，并以此弘扬中国文化之精髓，功德无量。从周待人诚恳，上交不谄，下交不渎。吾旅居海外多年，彼此重神交而贵道合，不易也。从周几次携我重游苏州，与江南文人墨客谈天说地，共叙乡情，其情其景，至今难忘。今吾受苏州老家特邀设计苏州博物馆，可惜从周已先我而去，每每以缺之教益为憾。"

《说园》不仅是一部园林理论著作，还是一本别具一格的文学精品，全书分为说园、续说园、说园三、说园四、说园五、后记等几个篇章，对造园理论、立意、组景、动观、静观、叠山理水、建筑栽植等诸方面皆有独到精辟之见解。全书谈景言情，论虚说实。知名文学家、教育家叶圣陶先生这样评述："熔哲、文、美术于一炉，臻此高境，钦悦无量。"

陈从周先生的《说园》可以总结为一个核心、一个原则、三个方法。一个核心：诗情画意；一个原则：因地制宜；三个方法：小中见大、动观静观、借景对景。这是不同的层面的组合，成为《说园》的五要素。诗情画意强调一个"境"，因地制宜主要是"道"。

《说园》第一篇明确指出，"中国园林是由建筑、山水、花木等组合而成的一个综合艺术品，富有诗情画意。""造园综合性科学也，且包含哲理，观万变于其中。浅言之，以无形之诗情画意。"所以我们把建筑师又叫"哲匠"。娄承浩先生写过一本《上海百年建筑师和营造商》介绍了许多中国第一代建筑师，他们真的是哲匠，既懂建筑艺术又懂建筑科学。我建议大家有空到当代艺术博物馆去看一个展览，主题是《觉醒的现代性》，介绍了中国留学海外的大学生如何成为杰出的第一代建筑师。特别是留学美国费城宾夕法尼亚大学的建筑师前辈，里面包括梁思成、林徽因、杨廷宝、陈植、童寯等。

《说园》提到"诗""画"二字分别有 32 处、66 处，诗情画意，其实就是造园所追寻的最高境界，也是中国文人宇宙观的反映。宗白华先生多次用嵇康的"俯仰自得"来论述中国书画和传统园林所表现的空间美感。《说园》提到："园林是生活的一种综合的体验，它并非孤立存在，而是和诗、书、画、戏剧、游憩以及文人雅士的生活方式融为一体。"

四、从网师园谈到拙政园

陈从周的《说园》讲到："小园静观，大园动观"。苏州的拙政园大，网师园小，一个是静观、一个是动观。"万顷之园难以紧凑，数亩之园难以宽绰。紧凑不觉其大，游无倦意，宽绰不觉局促，览之有物，故以静、动观园，有缩地扩基之妙。"

这是当时陈从周所写的，小园应以静观为主，动观为辅，静观和动观是相对的，不能说动观就一直走不停，也是不说静观就一直不走。而且为了让几亩小园显得不小，可以多种落叶乔木，而几十亩大园则多种常绿树。要把园林做成"小中见大，曲径通幽。"

以前没有景观设计师、园林设计师，很多造园师就是一名画家，我是古猗园的特聘景观设计师，参与过古猗园的改造，很多设计方案都是用手绘的方式来展示设计理念，不是用计算机辅助设计软件。我觉得设计师首先要是画家，还要懂"诗情画意"。

网师园里曾经住过非常有名的人物，如张大千、张善仔兄弟。张善仔以"虎痴"为绰号闻名全国、享誉世界，而且他是一位忠贞的爱国画家。网师园里有一块墓碑上书"虎儿之墓"。张善仔为了画出虎的强健威猛、两目圆睁、须髯怒张的形象，专门在园中养了一只老虎，老虎死掉后，张善仔痛心不已，特意在墙角立墓碑一块。

网师园有四个区域。东南 A 区是礼仪区，西南 B 区是宴乐区，西北部 C 区是四个书房：殿春簃、看松读画轩、集虚斋和五峰书屋。东北 D 区是居住区，包括集虚斋、五峰书屋、万卷堂等。

图3　网师园主景区

　　网师园采用主辅景区对比的手法，以水池为中心的主景区，周围环绕一些较小的辅景区，产生空间的对比，同时形成众星拱月的格局，手法非常成功。网师园里面有一座小的石拱桥，这座桥步子大一点，两步就跨过去了。但这座桥放在这里尺度正好，水池不大，只有几百平方，就是要小的建筑与桥来衬托。

　　小山丛桂轩，轩内北墙正中开一正方形花窗，为冰裂纹嵌圆形纹样，既起到采光作用又显得素雅开朗简洁明快。窗后云岗假山自然嵌入窗框，由于云岗的遮掩小山丛桂轩与彩霞池不得相见，少了水的神韵却独享山之幽深。蹈和馆，名出自"履贞蹈和"一语，取其"和平安吉"之意，室内雅致、幽静，原为园主宴客场所，现辟为画廊。网师园的殿春簃，庭院里种植春天最后开的芍药花。是芍药花而不写，用殿春来表述，这就是江南文人的意境。

能不忆江南——江南文化十讲

　　如果您去美国纽约旅行，应该去世界四大博物馆之一的大都会博物馆，里面有一个中国园林，是将网师园的殿春簃移植到美国大都会，取名"明轩"。很可惜中国的游客看到明轩，也不知道这个园林哪里来的？也不知道代表什么？为什么很多的外国游客都要到苏州网师园，也正是因为明轩在大都会博物馆，让外国人知道原版在苏州，所以很多游客会去苏州寻找。

　　随着明轩的成功，在世界各地都开始建造中国园林，比如俄罗斯、美国、加拿大等，我们也要积极弘扬中国传统优秀文化，让中国园林艺术推广出去，走向更多的国家。

　　现今的拙政园，占地约80亩，分东、中、西三个园，始建于明正德初年（16世纪初），是江南古典园林的代表作品。拙政园与北京颐和园、承德避暑山庄、苏州留园一起被誉为中国四大名园。全园以水为中心，山水萦绕，厅榭精美，花木繁茂，具有浓郁的江南水乡特色。花园分为东、中、西三部分，东花园开阔疏朗，中花园是全园精华所在，西花园建筑精美，各具特色。园南为住宅区，体现典型江南地区传统民居多进的格局。园南还建有苏州园林博物馆，是国内唯一的园林专题博物馆。

　　拙政园的中部是园林的主景区，其总体布局以水池为中心，亭、台、楼、榭皆临水而建。池广树茂，景色自然，临水布置了形体不一、高低错落的建筑，主次分明。总的格局仍保持明代江南园林浑厚、质朴、疏朗的艺术风格。"远香堂"为中部拙政园主景区的主体建筑，建筑的气魄较大，柱础极其美观，有明代之风。站在远香堂前的平台上，隔池与东西两山岛相望，池水清澈平静，水中荷花婀娜多姿、亭亭玉立。小岛上枝繁叶茂，黄石岸边藤萝粉披，两山溪谷间架有小桥，岛上各建一亭，西为"雪香云蔚亭"，东为"待霜亭"，四季景色因时而异、江南春雨时节，柳絮飘飘。远香堂之西的"倚玉轩"与其前面不系舟——"香洲"遥相呼应，互说情话。倚玉轩之西有三间水阁"小沧浪"，它以北面有经典美丽的廊桥"小飞虹"分隔空间，构成一个祥和安宁的亲水庭院。

五、拯救苏州园林的谢孝思

　　说起谢孝思还应该从他的儿子谢友苏先生开始。记得有一次，笔者与亲戚同游苏州，夜晚到网红平江路去游玩，平江路是苏州的一条历史老街，也是一条历史悠久的水巷。平江路历史街区是苏州古城迄今为止保存最为完整的一个区域，堪称苏州古城的文化缩影。

　　那天傍晚，游客熙熙攘攘、擦肩摩踵，在嘈杂的人群中，笔者寻觅到一家小店，店中挂着很有苏州风情的水墨画，画面雅致、充满文人情趣、很有特色。真巧碰到谢友苏的夫人嵇娴老师在，于是把我引荐给画家谢友苏。一面之缘，让我与谢友苏先生成为忘年交，他告诉我其父谢孝思拯救苏州园林的故事，这是我第一次听到，非常好奇。为了让我有更深的了解，他还赠送给我一本珍贵的书籍《"一个人和一个城市"——谢孝思和苏州文化》，这本书详细讲述了谢老六十年来为苏州的文化保护与建设呕心沥血，付出所有。此书从谢老与苏州园林、文物保护、吴门书画以及苏州工艺美术等方面，回顾和总结这位世纪老人的丰功伟绩，展示他高尚的人品和勇于担当的敬业精神。

　　谢孝思与苏州的情缘，开始于 1946 年夏天。那一年，他执教于

苏州大学前身之一的国立社会教育学院艺术教育系，院址就在拙政园，他回忆："我记得当年我在园中山坡的草地上备国文课，在远香堂上美术课，环境十分清静优雅。"于是，与苏州园林半个多世纪的不解之缘从此开始。"从1952年开始以后的三四年间，我在苏州的主要工作是文化建设方面的，特别是园林修整方面的，现在的苏州园林和一些名胜古迹所能保存下来的，基本上都是我所经手的，这是我对苏州的最大成绩，也是我平生最快乐的事。"谢孝思曾这样说。

新中国成立之初，当时的市领导希望把苏州园林恢复起来，在保存文物的同时发展园林旅游。谢孝思作为苏州市第一任文化局局长，与懂园林的学者如周瘦鹃、范烟桥、陈涓隐、蒋吟秋、汪星伯等，以及上海、南京的园林专家陈从周、刘敦桢一起组成了苏州市园林修整委员会，共同商议如何整修。

首先修的是留园。整修工程开始于1953年，谢老和他的团队用100天的时间，将留园修复完毕，被建筑学界看做是"修复古典园林史上的奇迹"。"利用旧料，保证质量"是修复留园得以成功的关键，为其他古典园林的修缮保护提供了成功的经验和范例。他主持抢救维修了留园、虎丘、拙政园等园林和名胜古迹30多处，创办刺绣研习班（现刺绣研究所），抢救文物8000多件。

1997年12月4日，联合国世界遗产委员会第21届全体会议批准了以拙政园、留园、网师园、环秀山庄为典型例证的苏州古典园林列入《世界遗产名录》。2014年，作为"文化遗产守护名人"称谓的第一人，"谢孝思"这个名字，将伴随着"谢孝思星"的命名，永远辉耀宇宙星空。

刚才讲的是谢友苏的父亲保护苏州园林，谢友苏先生继承和发扬中华传统文化，用绘画来描述自己的文人情怀。友苏美术馆是平江路上的"心灵净土"，谢友苏先生除了绘画，还积极推广传统文化，用业余时间教授小朋友学习中国画，到国内外举办画展，推广江南文化和中国绘画艺术。我每次到苏州都不忘在美术馆小坐片刻，与谢友苏先生聊聊艺术、谈谈人生。

北大副校长看过谢友苏的画，写下这段话："这些时间长河中一个又一个平淡得不能再平淡的场景，在他的笔下通过适度夸张的人物神态和身体语言，演绎成了一个个憨厚幽默而又充满温馨的小故事，流淌着浓浓的人文情愫，给人以独特的心灵慰藉和感悟。"

谢友苏先生的文人画创作让我们看到后来那些耐人寻味的作品。他平时言语不多，但是在画中，我们感受作者的智慧与幽默。在作品中可以感受他对生活对的热爱。创作上的淡然与执著，淡然的是，他没有追求所谓的"潮流"，执著则是坚持几十年画自己的风格，画人见人爱的"市井人物"作品。十几年间，他创作了一批及其成熟的作品，如《人约黄昏后》《书摊旧忆》《祖孙情》《弈棋》《迎新图》《枕河人家》《时读恋日信》等。

《枕河人家》这幅画很有意思，傍水人家、江南老宅中，女主人已经在厨房切了小葱，准备等父子俩钓到大鱼来入锅。但外面父子俩根本没有用心思钓鱼。看来他们这顿饭已经泡汤了。这是一种隐喻，警告大家不能急于求成，不切实际。我觉得人一定要幽默，幽默是与生俱来的一种内涵的体现。

《时读恋日信》这幅画，大家看后一定会非常感动。时读恋日信，常怀百年恩。把情书放在袋子里，买菜休息的时候老头也读给

诗意的栖居——赏析江南园林之美

老伴听。老伴躺在老头的怀里回忆年轻浪漫的日子。画面温馨、幸福感很强。这也是当今社会非常缺的爱情故事。

图 4　谢友苏作品《时读恋日信》

六、大观园总设计师梁友松

2018 年 11 月 11 日，我的忘年交朋友——著名古建筑、园林专家、上海市园林设计院原总工程师梁友松先生永远离开了我们，享年 88 岁。

梁友松先生在清华大学读书时师从著名建筑学家、建筑教育家梁思成先生，他是梁思成、林徽因共同指导的硕士研究生。毕业后做过同济大学教师，后来成为建筑园林专家，曾荣获上海市风景园林学会终身成就奖。他主持设计过多个古建筑、园林的佳作，其中比较著名的有青浦大观园、龙华烈士陵园、豫园"老饭店"等。

我跟梁先生建立了深厚的友情。有一次，我去华山医院看他，他觉得很奇怪，一个年轻人居然能把中国第一代的建筑师了解得那么清楚，还能跟他交谈，他感觉非常开心，于是我们成了忘年交。

每次与梁先生谈起清华求学的岁月，他都会很自豪。因为他的导师是闻名遐迩、众人皆知的建筑大师梁思成先生和林徽因先生。梁、林先生也是我敬仰的建筑前辈，他们俩对中国古建筑的保护与传承、中国现代化的建设以及大学建筑教育都做出杰出的贡献。

梁友松先生喜欢读书、喜欢古典音乐，当他知道我正在研究上海历史建筑时，赠送给我一本珍贵的签名书《绿房子》。《绿房子》是上海勘察设计大师唐玉恩老师赠送给他的。他把书赠送给我时说："这书对我用场不大，但是你可以好好研究，把文化传承下去。"我接到这本书时感到书的分量好像有点沉重，也许是多了些责任吧。

我每次到他家去还会带上小礼物。他由于得了糖尿病，平时不能吃柿饼。但是当我告诉他这是小时候的味道，他不顾医生的嘱咐，品尝一下。八十多岁了，茶几上堆的都是书，各式各样的书。这就是老前辈的执著人生。看到家中墙上挂着梁先生拉小提琴的照片，才知道他是多才多艺之人。他告诉我，新中国成立前父亲花了好几个大洋买了一把不算太好的小提琴。后来读清华的时候在课余时间去音乐楼去那儿偷学小提琴，还请音乐系的同学指导。他就是一个这样好学的人。梁思成很看重学生的人文修养。他认为："专业知识的学习只是大学教育的一半，另一半是人文艺术的修养，两半合起来，才是一个完整的人。"

每次到梁先生家里，我都会看到书橱里，整齐地叠放很多古典音乐的碟片，他经常会拿几张出来欣赏一下。他年轻时的爱好也给他带来了一生的快乐。

前几年，我一直去拜访他，他的记性特别好，但 2018 年上半年去，他已经不认识我了。最后一次我去他家，一看到我就说："老同学老同事来了，太好了，太好了，你怎么长得那么年轻？你几岁了？"我只能说："我 88 岁了，看上去年轻罢了。"我没法说我真实的年龄。过了一会儿，他又说："你把你名字写在本子上吧，我可以记住你。"当时心里很难过，为什么？因为在前面那些时间没有多陪他聊聊，再想听到他的故事已经很难了。

每当我聊到青浦大观园，他就兴奋起来，他对自己设计的上海青浦大观园总是那么的自豪，大观园也取得过建筑界的全国大奖。大观园竣工后，游人络绎不绝。他说，建筑界的两位大师也来看过，都是好朋友，一位是同济大学教授陈从周，还有一位是清华大学的陈志华教授，都非常满意。

我曾经问他，陈从周先生怎么评价大观园，梁先生说："陈从周问我，老梁，园林里有一个塔，是你画的？"老梁风趣地回答说："不是我画的，你来画画看。"当时没有计算机辅助设计的手段，整个大观园的图纸，全部都是手绘的。我看过大观园的施工图设计手绘，大为惊叹。如果你们看过梁思成的手绘，看过老一辈的建筑师的手绘，也会为之叹服。

梁先生说：他是园林设计院发展的见证人，从设计室到设计所，再从设计所到设计院。设计院成立后，可以承接各类园林工程项目，逐渐成为全国知名的甲级设计院。几十年的发展，这其中有多少故事讲不尽道不完。

每次送我走的时候，他都跟我说这句话："读书要平视作者，然后兼收并蓄。"这句话就是说你做学问，不要光仰视对方，你读书的时候跟作者是朋友。如果一直是仰望的心态，你就不会用批判的眼光来看问题，更不会独立思考。如果读书人都用平等心态跟他交流，作者也愿意跟你交流。然后跟你对有些问题进行探讨。这是读书人。我们要质疑，要学会兼收并蓄。这是读书人的态度。

七、文化遗产的保护与传承

贝聿铭是美籍华人建筑师，1983 年获得建筑界的诺贝尔奖——普利兹克奖，他的代表建筑有美国华盛顿特区国家美术馆东馆、法国巴黎卢浮宫扩建工程，被誉为"现代建筑的最后大师"。

贝聿铭先生也为自己的故乡设计了苏州博物馆，这是他九十岁时创作的作品；馆址设在世界文化遗产拙政园的旁边，因此新建筑群必须与周边环境和谐统一，这对年过九十的贝聿铭来说，是一个极大的挑战。为此，他凡事都亲力亲为，就连博物馆里的植物都是他跋山涉水从苏州山上采集而来的。他认为，如今很多中国建筑师，在传承江南园林传统文化上，做得不够，只是从形式上做到与古典形式相似，所谓的新中式也大多是没有内涵的抄袭，并不是从精神上的传承，也没有创新。贝聿铭先生设计的苏州博物馆既有江南园林建筑的内涵，又有现代建筑语言的表达。他说："我企图探索一条新的道路：在一个现代化的建筑物上，体现出中国民族建筑艺术的精华。"博物馆的建筑设计借鉴了苏州传统建筑艺术的表现方式，承袭了粉墙黛瓦的建筑风格和精致的园林布局艺术，并赋予新的含义，以求"中而新，苏而新"。

诗意的栖居——赏析江南园林之美

图 5　苏州博物馆内景

　　贝聿铭先生在苏州博物馆的设计中有几大亮点，一是别具一格的假山山水景观，"以壁为纸，以石为绘"，以忠王府的墙面为纸，用浑厚、古朴的泰山石进行切割、打磨，再高低错落地精心摆放，营造出宋代大画家米芾水墨山水画的意境，在浅浅的水面中呈现出清晰的轮廓和剪影效果，使人看起来仿佛与旁边的拙政园相连，新旧园景笔断意连，巧妙地融为一体。假山从构图到每块石头的选择，贝先生都倾注了许多心血。由贝聿铭亲自指挥组装来自山东的石头，再将石头进行人工切面敲毛、火烧等处理，使得片石呈现出艺术性的层次感，湖面曲桥横贯，远观如同一幅清寂空灵、意境迷人的立体水墨山水。如果贝聿铭采用太湖石来堆砌假山，那就没有创新、没有传承。贝聿铭希望从中国古代山水书画中寻找园林设计的灵感，并与苏州当地的能工巧匠合作，争取造出一个有新意的苏州园林。

　　苏州博物馆第二个亮点是墨戏草堂，这是一幢典型的宋代江南民居建筑。采用三开间，阔二丈四尺，深一丈八尺大木架用梓树、栎树、榉树等材料，用"四椽栿对乳栿用三柱"厅堂造，并以栌斗连柱式，彰显宋代建筑之地域特征，门窗则拟宋《营造法式》之两明格子门。墙体根据宋代建筑板筑夯土泥墙做法。屋面采用茅草顶，是贝先生基于美感之要求，有"文杏裁为梁，香茅结为宇"之自然林泉意境。家具有榻、桌、椅、香几、高足箱、圆凳、灯架等，皆本自宋画中所见；庭院以景石为主景，辅以石灯、石桌，建筑边上竹林婆娑，雅致宁静。墙上所挂水墨画是北宋书画大师米芾的作品《春山瑞松图》的摹本，也是主庭院假山山水景观的灵感来源。

苏州博物馆第三个亮点是东部辅展区的廊道尽头设休憩茶室和紫藤园。紫藤园里西南方与东北方各种植一棵紫藤，两藤虬龙盘旋，枝蔓在空中对接，给休息的游客带来大片生机盎然的绿意。那棵紫藤树，是贝聿铭亲自在光福苗圃园里选中的，还嫁接着从江南"四大才子"文徵明当年手植紫藤上修剪下来的枝蔓，以示延续苏州文化的血脉。因为文徵明手植的紫藤就在苏博的老馆忠王府内，老馆紧挨着新馆，二者是相通的，文徵明曾参与拙政园的构思设计，他手植的这株紫藤至今已有 400 多年的历史，贝大师亲自设计了苏博的新馆，又手植嫁接过的紫藤，寓意和愿望都非常美好，若干年后，又将是一段佳话。

贝聿铭先生说："卢浮宫是我的大女儿，苏州博物馆是我的小女儿。"讲得很好听，我觉得也是一种热爱，贝聿铭那么高的岁数，一生热爱，他是真正为建筑而生的人。

最后用陈从周先生的话结尾："园林言虚实，为学亦若是。余写《说园》，连续五章，虽洋洋万言，至此江郎才尽矣。半生湖海，踏遍名园，成此空论，亦自实中得之。"

诗意的栖居——赏析江南园林之美

仲富兰　　华东师范大学教授、博士生导师、上海市民俗文化学会会长。曾任上海人民广播电台高级记者。长期潜心研究中国民俗文化学、民俗传播学，著有《中国民俗学通论》（三卷本）、《水清土润：江南民俗》《民俗传播学》《中国民俗文化学导论》等40多部著作，主编学术丛刊《国风》28辑，发表各类学术札记、散文、随笔、新闻评论达数百万条，言论散见于海内外报章杂志，并承担多项国家与上海市研究课题。

水清土润——江南民风民俗

　　说起江南民俗，首要的问题就是对"江南"的溯源与定位。尽管万千的学者，都对江南的地域概念作出了各种各样的阐释，但究竟何谓"江南"，何谓"江南文化"？至今似乎并没有一个统一的、权威的说法。事实上，在漫长的中国历史发展进程中，对于"江南"一词的特指一直比较模糊，甚至有点众说歧出。《现代汉语词典》"江南"条这样说："长江下游以南的地区，就是江苏、安徽两省的南部和浙江省的北部。泛指长江以南"。我一直对这个解释不以为然，如果按照第一种解释，那么充满人文底蕴的南京和扬州就被排除在"江南"之外了，而事实上，南京和扬州都是创造过丰富多彩的江南文化的主要城市，是江南文化中的翘楚。如果按照第二种解释，"泛指长江以南"，那么广东、福建等都在长江以南，它们算不算江南？是不是也要将粤、闽之地都纳入江南的范畴？！

　　造成对于"江南"地域的模糊，首先是历史上行政地理的变更

所致。江南，作为一个地区的名称，随着历史的发展而指代着不同地区，从春秋战国到秦汉时期，一直到隋朝，由于统治者一直以中原地区为地理坐标的中心，江南往往指湖南、湖北长江以南一带，所以唐代以前的江南，一般是指今湖北的江南部分和湖南、江西一带。从唐代起，曾经设置过"江南道"，江南道所辖的区域"东临海，西至蜀，南极岭，北带江"（见《辞源》"江南"条）这样一个庞大的辖区面积，因为分布很广，难以管理，后来又分为"江南东道"（相当于今福建、苏南、上海、浙江等区域）、"江南西道"（大致指今湖北东南、湖南、江西、皖南等区域），但不论怎么拆分，唐代置"江南道"的意义还是很大的，它成为定义现代江南含义的开端。唐肃宗乾元元年（758年），江南东道又被拆解为浙西、浙东、宣歙、福建四道；可是到了宋代，置"江南东路"（辖区相当于今赣东北、皖南、南京一带）、"江南西路"（管辖着今江西大部和湖北东南）。

到了清代情况又发生了变化，清顺治二年（1645年），置"江南省"，江南省不仅包括部分江南地区，还包括了大片的江北地区（淮北、苏北），管理着今江苏、安徽二省兼及江北各地；到清康熙六年（1667年），又将"江南省"分为江苏、安徽二省，置"江南布政使"，"领江、扬、淮、徐、通、海六属"，这就形成后世狭义的江南的概念，将原江南西道演化为今江西省；而江东地区则以南京市为中心，主要包括苏、浙、皖部分地区。清代设两江总督署，辖江苏省（含上海）、安徽省、江西省，两江即含江东、江西。这说明，历史行政区划因朝代的兴废而划来划去，如同今日"长三角""珠三角""环渤海"之类的名称一样，作为政区名称的"江南"地域的概念，颇为扑朔迷离。

那么古代典籍对于江南是一个什么概念呢？我们翻开中国古代典籍查考，发觉对于"江南"的表述也是多种多样：

第一种说法出自《尔雅》。《尔雅》是中国最早的一部解释词义的书，堪称中国古代的词典，也被认为中国训诂学的开山之作。这本儒家经典的说法是："江南曰扬州"（《尔雅·释地》），认为"扬州"是典型的江南。

第二种说法出自《昭明文选》，它是中国现存最早的诗文总集。南朝梁萧统编著。萧统（501—531年），字德施。梁武帝萧衍长子。天监元年（502年）立为皇太子，未及即位而卒。谥号昭明。故后人也习称《文选》为《昭明文选》。《文选》载谢灵运《道路忆山中一首》云："采菱调易急，江南歌不缓。"吕延济注："采菱，江南皆楚越歌曲也。"显然，这里的江南大抵是楚（今湖南、湖北）越（今浙江）的概念。

第三种说法出自唐代大诗人李白的《五松山送殷淑》，云："秀色发江左。"王琦辑注云："江左，江南也。"这里"江南"又称为"江左"。《文选》载沈约《宋书谢灵运传论》云："事极江右。"李周翰注：江右即西晋。那么，东晋就是"江左"了。

古人对于"江南"的释义，除上述三种之外，可能还会有其他的解释。但不论哪一种解释，显然与我们今天对于"江南"的理解大相径庭。

现在，我们一般所指的江南，大体上有广义的江南和狭义的江南之区分：前者沿袭了唐代以来看法，一般将江南理解成长江中下游一带，主要地区是现今的浙江、上海、江苏的中部与南部，江西、湖南、湖北的中部与南部，福建北部，安徽大部等；而后者大致指

苏南和浙北地区，但具体范围并不很明确。这个概念大概从唐末开始，到明清时期成型。最明确的江南核心地带，是环太湖流域和钱塘江以南部分地区，不仅包括传统的"江南六府"：如苏州、杭州、松江、常州、湖州、嘉兴等，还包括南京、扬州、镇江、绍兴、宁波等城市和地区。上海自然是被江南文化核心地带所裹挟和孕育的一个后起之秀。顺便说一句，不久前，我在撰述上海民俗的源头时，我认为上海民俗文化是西方外来文化与江南文化的一个混合、交融和碰撞的产物，江南文化是上海文化的母体。有兴趣的读者不妨去参阅一下。

变动不居是一种常态。实际上关于"江南"一词的定义及其运用，自古及今，就从未统一过。不久之前，国家下发"长三角"地区经济发展振兴的纲要，这里的"长三角"地区，自然是传统"江南"的核心地带。文件明确"长三角"地区主要指江苏、浙江和上海这两省一市，它是中国最富庶的地区。

从民俗文化学的角度来分析，现实的中国是历史中国的传承与延续，在数千年的历史发展进程中，我们中华民族繁衍、生息的辽阔疆域，自然而然地形成许多不同的地域文化。按照地域文化来区分，大致不外乎这样两大类，一类是沿袭历史传统的区分，就是根据春秋战国时期的诸侯国别而定的，诸如楚文化、秦文化、吴文化、越文化、齐文化、鲁文化等，这种分类法普遍使用得比较多；另一类则是根据地域的自然区分，如中原文化、巴蜀文化、八桂文化、八闽文化、吴越文化、陇右文化、黔贵文化、湖湘文化、塞北文化、青藏文化、琼州文化、三晋文化、三秦文化、燕赵文化、关东文化等。

一、"能不忆江南"——研究江南民俗的文化视角

倘若我们一味地追寻江南的地理概念，那就如同剑走偏锋，写文章跑了题，做事情不得要领。在中国历史上，不能将"江南"只是理解成一个地理概念，而应理解成一种文化概念。

唐代大诗人白居易，是陕西渭南人，但却与江南有着不解之缘，先后出任杭州、苏州刺史，颇得民心。"上有天堂，下有苏杭"，苏州与杭州，堪称江南的代表，是"堆金积玉地，温柔富贵乡"的繁华富庶之地。白居易做杭州刺史时，曾经疏浚李泌所凿的六井，解决人民的饮水问题；他在西湖上筑了一道长堤，蓄水灌田，并写了一篇通俗易懂的《钱塘湖石记》刻在石上，告诉人们如何蓄水、泄水，认为只要"堤防如法，蓄泄及时"，就不会受旱灾之苦了。历经千年的沧桑，那道著名的"白堤"仿佛还在诉说着白居易为官时的功德。白居易还写过一首脍炙人口的《忆江南》："江南好，风景旧曾谙。日出江花红胜火，春来江水绿如蓝，能不忆江南。江南忆，最忆是杭州。山寺月中寻桂子，郡亭枕上看潮头。何日更重游？江南忆，其次忆吴宫。吴酒一杯春竹叶，吴娃双舞醉芙蓉。早晚复相逢？"白居易的《忆江南》表达了人们对江南的最普遍的看法。直到现在，中国人形容某个地方富庶时，用的词往往是"江南"，如"塞上江南""塞外江南""赛江南"等。这个功劳应该归功于白居易，他的这首词对江南提出了一个完整和准确的文化视角，对江南作了最为准确的文化定位——文化江南。

不独白居易，唐代、宋代的第一流诗人和第一等画家都曾有游

水清土润——江南民风民俗

历江南的经历，留下了大量的关于江南山水、文物风流的创作。正是这些创作，实际地建构和形成了江南文化。江南的山水是美丽而又独特的，江南的风土人情也是独步华夏神州的，但是如果没有像李白、白居易、吴道子、苏轼、辛弃疾等人的歌咏、描绘，就没有江南文化。他们异口同声地吟咏、描绘着江南的美景和美色，也异曲同工地向世人展示了江南之美妙的一个个文化视角。

唐代的张九龄是韶州始兴（今广东省韶关市始兴县）人，唐代有名的贤相。他的五言古诗，以素练质朴的语言，寄托深远的人生慨望，对扫除唐初所沿习的六朝绮靡诗风，贡献尤大，被誉为"岭南第一人"。但这个广东人却对江南情有独钟。他的《感遇十二首》（其七）五言诗："江南有丹橘，经冬犹绿林。岂伊地气暖，自有岁寒心。可以荐嘉客，奈何阻重深。运命惟所遇，循环不可寻。徒言树桃李，此木岂无阴？"以江南丹橘为寄状，表现风清月朗的江山与孤高清莹的襟怀的契合。

盛唐时期的著名诗人王维，他的大多数诗都是以壮阔悲凉的军旅和边塞生活为题材，写山水田园之作，在描绘自然美景的同时，流露出闲逸萧散的情趣，诗中有画，壮阔飞动。他写的《西施咏》描绘江南的美女西施："艳色天下重，西施宁久微。朝为越溪女，暮作吴宫妃。贱日岂殊众，贵来方悟稀。邀人傅脂粉，不自着罗衣。君宠益娇态，君怜无是非。当时浣纱伴，莫得同车归。持谢邻家子，效颦安可希。"《西施咏》取材于历史人物，借古讽今。诗人借江南民女西施"朝贱夕贵"，而浣纱同伴中仅她一人命运发生改变，悲叹人生浮沉全凭际遇的炎凉世态，抒发怀才不遇的不平与感慨；借世人只见显贵时的西施之美，表达对势利小人的嘲讽；借"朝为越溪女"的西施"暮作吴宫妃"后的骄纵,讥讽那些由于偶然机遇受到恩宠就趾高气扬、不可一世的人;借效颦的东施,劝告世人不要为了博取别人赏识而故作姿态,弄巧成拙。

而中唐诗人张继一首《枫桥夜泊》,成为千古绝句,"月落乌啼霜满天,江枫渔火对愁眠。姑苏城外寒山寺,夜半钟声到客船",写尽了一个旅人所体悟到江南夜色的空灵。月已落下,乌鸦仍然在啼叫着,暮色朦胧,漫天霜色。江边枫树与船上渔火,难抵我独自一人傍愁而眠。姑苏城外那寂寞清静的寒山古寺,半夜里敲响的钟声传到了我乘坐的客船里。诗人运思细密,短短四句诗中包蕴了六景一事,用最具诗意的语言构造出一个清幽寂远的意境:江畔秋夜渔火点点,羁旅客子卧闻静夜钟声。所有景物的挑选都独具慧眼:一静一动、一明一暗、江边岸上,景物的搭配与人物的心情达到了高度的默契与交融,共同形成了这个成为后世典范的艺术境界。

晚唐诗人韦庄是唐末五代花间派中成就较高的词人,与温庭筠并称温韦。温、韦词在内容上并无多大差别,不外是男欢女爱、离愁别恨、流连光景。韦庄的词注重情感的抒发,如《菩萨蛮·人人尽说江南好》:"人人尽说江南好,游人只合江南老。春水碧于天,画船听雨眠。垆边人似月,皓腕凝霜雪。未老莫还乡,还乡须断肠。"他学习白居易、刘禹锡《忆江南》的写法,追忆往昔在江南的游历,把平生漂泊之感、饱经离乱之痛和思乡怀旧之情融注在一起。

到了宋代,北宋杰出的政治家王安石,同时又是杰出的思想家、文学家,位列"唐宋八大家"之一。他的《泊船瓜洲》同样脍炙人口,千古传诵:"京口瓜洲一水间,钟山只隔数重山。春风又绿江南岸,明月何时照我还?"这是一首著名的抒情小诗,抒发了诗人眺望

江南、思念家园的深切感情。通过对江南春天景物的描绘，诗人回首江南，大地一片翠绿，这首诗不仅借景抒情，情寓于景，情景交融，而且叙事也富有情致，一个"绿"字写活了春风下的江南美景。

宋代另一位大名鼎鼎的作家、诗人苏轼，号东坡居士，唐宋八大家之一。他是眉州人（今四川眉山），学识渊博，多才多艺，在书法、绘画、诗词、散文各方面都有很高的造诣。他也曾在江南许多地方为官。在杭州为官，自比当年的白居易，哀民生之多艰，体察民生之疾苦，苏轼在杭州疏浚西湖，用挖出的泥在西湖旁边筑了一道堤坝，也就是现在著名的"苏堤"。他给西湖添加了浓墨重彩的一道美景——苏堤春晓。苏东坡从杭州卸任后，做了密州（即今山东诸城）太守，那年的元宵节，苏东坡写下《蝶恋花·密州上元》："灯火钱塘三五夜，明月如霜，照见人如画。帐底吹笙香吐麝，此般风味应无价。寂寞山城人老也，击鼓吹箫，乍入农桑社。火冷灯稀霜露下，昏昏雪意云垂野。"这首词就是在元宵节将江南钱塘（杭州）的热闹气氛与密州的节日气氛作了明显的对比，道出了词人对于江南的怀念。苏东坡给江南的山水赋予了那么多的灵性，留下歌颂江南山水的千古绝唱。

我分析那么多林林总总的唐宋诗人和大家对于江南的吟咏，就是想说明考察江南不仅需要一种地理上的诠释，更应从独特的文化视角来分析。江南曾经是带有政治色彩的，历史上数次成为建立政权的基地，一次是西晋灭亡后东晋政权的建立，东晋灭亡后，宋、齐、梁、陈等几个南方朝廷迭次统治江南。另一次是北宋灭亡，宋皇室在杭州建立政权，史称南宋，定都临安，这个南方政权实际上也存在了一个多世纪。作为全国性政权，南宋朝廷一方面对于北方中原失地的收复和统一，给江南文化注入一种忠勇、爱国的报国情怀，这种情怀可以从南宋许多志士仁人的诗文中得到充分的印证；另一方面，"偏安江左"，达官显贵一味纵情声色，寻欢作乐，表现出醉生梦死、苟安怯懦的心理状态，对于江南文化也是有深刻的影响。"山外青山楼外楼，西湖歌舞几时休？暖风熏得游人醉，直把杭州作汴州。"林升那首《题临安邸》的诗就是对南宋统治者政治上腐败无能、不思收复中原失地，只求苟且偏安，对外屈膝投降，对内残酷迫害岳飞等主战派人士的一种强烈抨击。

为什么不把这种政治性的因素作为江南文化的核心要素来评述呢？因为，相对于中国数千年的文明史，南北分治的时期毕竟短暂，不能构成对江南文化历史积淀的核心要素；江南自身的秀美山川和人文意蕴，始终是建构江南文化无穷魅力的核心要素。这就是自唐宋以来，数不清的诗人画家、文坛巨子、丹青国手讴歌江南的原因所在。"江南佳丽地，金陵帝王州"（南朝谢朓《入朝曲》），宋代诗人王禹偁则云："雨恨云愁，江南依旧称佳丽。"（《点绛唇》）可见，从文化上考察江南是一个极其重要的独特视角。

二、"一曲溪流一曲烟"——江南民俗中的水文化

江南各地，几乎都有一句坊间耳熟能详的老话——"江南是水做的"。这句俗话指出了江南文化与水的渊源。江南之胜，独在于水。水是江南的灵魂，河港、池塘、湖漾、沼泽，正所谓"一曲溪流一曲烟"，河流纵横交汇，其间分布着众多的港汊和鱼塘，形成了江南秀美的灵气和景致。

能不忆江南——江南文化十讲

图1　太湖支流吴淞江附近的河水风光（仲富兰收藏）

　　"杏花春雨江南"，江南不仅河湖港汊，纵横交错，水系甚为发达，而且水还是江南之所以成其为江南的最可辨识的因素。水在江南人类智慧的尽情发挥下拥有了全新的内容，这便是水的人文化：受水的限制，江南一带出行多靠舟楫，于是建房时也巧妙地利用了水，形成了"小桥、流水、人家"的迷人景致。"三山万户巷盘曲，百桥千街水纵横"。江南诸多古镇的民居大抵傍水而建，众多人家沿河聚集，鳞次栉比的房屋，乌瓦白墙、明净淡雅地参差错落于水道两岸，河边房屋多为一层、二层的穿架砖木房，呈纵深递进，性格封闭内向，在布局上有进深小、占地少、结构紧凑的特点。

　　有水就有桥，唐代大诗人杜荀鹤有一首歌咏江南小桥的诗："君到姑苏里，人家尽枕河。古宫闲地少，水港小桥多。"唐代，仅苏州城内的桥就有"绿浪东西南北水，红栏三百九十桥"之说。据清光绪年间绘制的《绍兴府城衢路图》记载，绍兴城内有桥二百二十九座，江南吴越之地的桥梁之多，似可窥见一斑了。例如，在浙江绍兴，城内外河网密布，大小河流长 1900 公里，桥梁 4000 余座，自古有水乡、桥乡之称。已故著名建筑大师陈从周教授曾经有"万古名桥出越州"的名句，可谓准确地概括了绍兴地理风貌的特点。有了桥，河流纵横的绍兴水乡就形成了一个整体，使深壑巨谷因溪流奔泻而相见不相通的山村互通往来，促进了生产发展和民众的生活，自然一座座桥梁又记录和展示着绍兴的各个时期的历史与风尚。桥梁不仅作为一种建筑物，方便着人们的生产与生活，更是凝结着丰富的文化内涵，构成绍兴独特的文化风貌。三十多条河道穿街绕户，构成独特的水巷风貌，造就出江南文化中典型的"小桥、流水、人家"的优美风光。人们居在水畔，行在水上，出门行路不是舟楫就是桥梁，生产、贸易、饮食等无不受此影响。

　　江南地处南温带，湿润多雨，春雨绵绵，五六月间的梅雨，冬季的阴冷细雨，这个气候特点导致了江南草木繁茂，自然风光绮丽迷人。特别是春雨，是历朝历代文人墨客、才子佳人们流连忘返而又最生心仪的景致了。烟雨江南、秦淮红楼、柳岸兰舟，那情姿丽影，是才子佳人们在品爱饮恨、玩风弄月的最好情韵。正是春雨的丰沛，使江南春天不仅色彩丰富，生意盎然，而且氤氲、灵动、多变，魅力无穷。发生在江南的许多动人的故事几乎都与春雨有关。著名的白娘子与许仙的爱情故事不就发生在春雨时节吗？

　　江南的春雨，其实除多情外，还透着那活力，透着那和谐，透着那辛劳。"添得垂杨色更深，飞烟卷雾弄轻风。展匀芳草茸茸绿，湿透夭桃薄薄红。润物有情如着意，滋花无语自施工。一犁膏脉分

春垄，只慰农桑望眼中。"宋代女诗人朱淑真的一首《膏雨》，把江南春雨的多情、活力、和谐、辛劳写得细致入微。看那"一夕轻雷落万丝"后，便是"千里莺啼绿映红"了。百花含苞怒放，在那山川田野的绿装中点缀着，给大地的是清新，是生机。那薄雾缭绕，斜雨轻飘的山上，嫩绿的茶刚露出两三片叶芽。碧翠丛中或撑一把雨伞，或着一身雨衣，纤指摘下那翠嫩的叶芽，在手中积成一把，再放入臂弯的小竹篮里。清丽的歌喉，山上山下，山前山后，对应相和，偶尔散发出一串的笑声……姑娘们少妇们都沉浸在采茶和对歌中了，似乎忘却了这蒙蒙细细、如烟似雾的春雨了。

水是万物之母、生命之源，是人类得以生存与进行文化创造的最宝贵的财产。因其作为人类生活的重要资源，特别是早期农业生产需要大量的水进行灌溉，人类文明的起源大多都在大河流域。由于水对生命的重要意义以及它的独特性，在文学、神话、民俗和艺术等文化的各个领域中，经常会出现带有特殊寓意的水的形象和借代。如：水作为中国文化阴柔的表征，通常有"似水柔情"一说，意指女性的柔情。人们还常用水来形容月光，说"如水的月光，泼洒在大地上"。那是因为月光和水有着同样温情柔媚的品性。

作为洁净的象征，在形容纯净的时候我们也常常会想到水。坊间常常有"以水为净"的说法，文人骚客则在修辞中常常用水的清澈、透明来形容人品的清纯。水在这里无疑是洁净的象征：洁净的水，总给人带来一种安宁、纯净和祥和之感，带来一片纯洁、安详、柔静的温情。几千年以来，水成了中国文化中的一个重要的人格审美趋向。

构成江南主要属地的江浙上海一带，原属吴越文化地区，可以说，从史前时期开始直到近代，江南一带的更多民众利用自然水源和人工修建，形成了一个以长江三角洲为中心的，包含今江、浙、皖、赣的水网系统，它为养育江南地区的人民，促进经济发展，繁荣江南文化起到十分重要的积极作用。

图2　苏州运河河道（仲富兰收藏）

　　无论是水乡之"水"，还是水乡之"乡"，都与中国传统文化和民众情感息息相关。数千年来，人们赋予"水"和"乡"的含义已远远超出其字面意义，实际上，"水乡"一词，已经糅合了人们特定的情感和心境，隐含着对一种理想文化的体认和呼唤——这种文化，有别于嘈杂纷纭的都市喧嚣，有别于辽阔粗犷的大漠孤烟，也有别于匆匆碌碌的市井生活——这是一种天人和谐的居住文化。毋宁说，人们对水乡的向往，对水乡的眷恋，其实是出于对这种居住文化的认同与追寻。人惯于以自身作为万物的尺度，对环境的评判理所当然是从人类自身的感官认知、生活习性、文化模式、历史经

验等以人为中心的因素出发。人是文化的产物，人所欲求的水乡必然是为文化所限定的水乡，也就是说，江南水乡，只要它在人们的脑海里代表一定的意义，那它必然就具有文化的品格。水乡的完整含义，就是其地理意义与文化意义的有机结合。对江南水乡的强调，是为了突出水乡的文化内涵。不同的水乡，之所以显出不同的特色，在很大程度上就是因为文化的百花争艳、各有千秋。因此，不论在江南地区的哪个古镇的水乡，都想方设法突出自己的民俗文化特色，走"文化水乡"的路线。

三、"小桥、流水、人家"——江南民众的衣食住行

172

大家知道，狭义的江南，其实就是以吴越文化为主体，这里的人群，从春秋战国时代起，分为吴国和越国，但在地域上是紧密相连的邻国。在族属上也可以说是同属一个族群——"百越"。一般的看法，吴越文化形成于春秋时期，也可以说是在春秋时期成熟。在此以前，吴越是两个分散的部族，只是文化产生的雏形阶段，没有更多的文字记载，也缺乏坚实的考古资料，很难对这一时期的吴越民俗文化做一较为详细的概述。而在此以后，吴、越先后亡国，吴越文化又融入楚文化之中，史书中对吴越也缺乏更多的关注。秦始皇统一以后，吴越文化又汇入中原文化的浪潮之中，吴越的文化特征逐渐淡漠。到明清以降，江南文化和民俗，实际上是古老的吴越文化与中原及各地文化的一种融合的产物。这种经过千百年流变的江南民俗延续至今，由于水乡特色，江南地区与水的这个民俗特质可谓源远流长。千百年来，地处长江中下游地域的太湖、鉴湖、钱

塘江等许多蔚为可观的水利工程记载了令人惊叹的历史佳绩；一大批与"治水"相关的能人志士，如大禹、范蠡、马臻、贺循、皇甫政、赵彦、彭谊、戴琥、南大吉、汤绍恩、萧良干、刘宗周、俞聊等更是前仆后继，闪耀着夺目的光彩；一大批珍贵的水利专著，如《越绝书》《会稽记》《鉴湖说》《越中山脉水利形势记》《水利考》《复鉴湖议》《闸务全书》《天乐水利议略》等著述，丰富了中华民族的历史宝库和治水理论；无论是《会稽大禹庙碑》还是《修汉太守马君庙记》，无不诉说着江南人民与水相亲而又与水患抗争的历史。水，孕育着一代又一代的江南苍生，同时，也如同生生不息的一泓清泉，浇灌和滋养着江南的民俗与文化。

位于长江中下游的江南民俗，狍具特色，既不同于黄河流域的中原民俗，也不同于长江中上游的巴蜀和荆楚民俗。"百里不同风，十里不同俗"，"一方水土养育一方人"，尤其是古代社会，人对自然环境、生态环境的依赖十分强烈。自然条件的不同，必然产生不同的文化特征。古代的江南之地，地理环境、气候条件大体相似，雨量充沛、气候潮湿、土地肥沃、河网纵横。这与干旱少水、"春雨贵如油"的北方自然条件形成强烈对比。江南民众在长期的历史过程中自然形成了独有的民俗特征。

（1）"饭稻羹鱼"的饮食习尚

《汉书·地理志》里的一句话"饭稻羹鱼"，其实，这句话出自司马迁写《史记》。《史记》把古代江南的生产、生活方式称作"饭稻羹鱼""火耕而水耨"，它不同于北方的旱作农业与游牧文化，也道出了江南饮食民俗的特点。

今天我们无论走到江南的哪个城镇，人们主食都以稻米为主，

这是因为江南是中国稻作生产的起源地。稻作文化是指人们以水稻种植为主要生存和发展方式以及由此而衍生的有关衣食住行的种种风俗和文化，这可以从诸多的考古材料得到佐证，1974年，考古工作者在距今七千多年浙江余姚河姆渡遗址（余姚河姆渡母系氏族社会遗址）中就发现了颗粒饱满、保存完好水稻的种子，这说明早在七千年前我们的祖先就已经开始种植稻谷。它证实了江南地区稻作经济在我国经济、文化上的重要地位。其实，不只是在余姚河姆渡，从桐乡罗家角、嘉兴马家浜、青浦崧泽、余杭良渚以及吴县草鞋山、无锡仙蠡墩、常州邱城等一大批新石器时代的稻谷遗存资料来分析，江南稻作生产具有悠久的历史。

江南是我国稻作起源的中心。这里有大量的稻作遗存，江南民众也有"春种八谷，夏长而养，秋成而聚，冬蓄而藏"的习俗。春秋时，吴越稻谷的产量已经很大，即使"十年不收于国，而民有三年之食"。在苏锡常、杭嘉湖乃至在宁绍平原，皆有天下"谷仓"之称。江南不仅盛产稻米，还生产粟、黍、麦、豆、蔬菜、水果等等，反映了江南农业生产的发达和农业经济的富庶，这就为江南地区饮食多样化和多样性提供了基础和条件。

江南地区的民众一般都有嗜爱米食的习惯，与江南物质生产的条件与特点有着非常密切的关系。《史记·货殖列传》上早就记载："楚越之地，饭稻羹鱼，或火耕而水耨。"这里所谓的楚越之地，是指包括上海在内的整个江南地区。气候温湿，水域广袤，较为有利于水稻的栽种和生长。千百年来，江南逐渐发展出了籼、粳、糯等不同的稻米品种。到了明清时期，松江、青浦一带出产的香粳稻最负盛名。《江南通志》中云："一种曰香子，色斑粒小，杂他米煮之，芬郁可爱。亦名香稻。"《阅世编》中亦记载："一种曰香粳……味香尤美，较盛于穿珠稻。"当地的糯稻，也有金钗糯、赶陈糯、小娘糯、矮儿糯、芦黄糯、洋须糯、乌须糯、羊脂糯等诸多名色。悠久深厚的稻作经济，对于江南民众的物质生活和饮食习惯产生了相当大的影响，决定了江南人民物质生活和饮食习惯上浓重的稻作文化特色。

吴越以稻米为主食，副食是大量的水生动物及陆栖动物，《史记·货殖列传·正义》载："楚越水乡，足爆鱼鳖，民多采捕积聚，捶叠包裹，煮而食之。"《盐铁论·论苗篇》云："越人美赢蚌，而简大牢。""越人得髯蛇，以为上肴，中国得之无用"（《淮南子·精神训》）。"在南之人食水产，……食水产者，鱼、鳖、螺、蚌以为珍味，不觉其腥臊也"（《博物志》）。从以上这些记载可以看出，各种鱼类及螺、蚌、鳖、蛤、龟、蛇等都是江南人喜爱的食品，这种习俗保留至今。

江南人除喜食熟食外，也好生食。以盐卤、酒糟制出的食物风味独特，至今仍是人们喜欢的食物。例如绍兴现在还有不少中老年人，将压板豆腐切成方块，经霉苋菜梗卤浸渍，加盐或酱油，再加点菜油、味精清蒸。吴越亡国以后，吴越之地的饮食遗风仍被保留下来，并在与北方饮食文化的融合中不断发展、创新，使之更加科学、更加丰富。

说到饮酒习俗，江南人不善豪饮，喜好绍兴盛产的黄酒。黄酒因"以陈为贵"，故而过去俗称之为"老酒"。江南各地民众喜欢饮用黄酒，传承着久远而独特的地域文化和深厚浓郁的风土俗尚。黄酒日常吃法，约定俗成地归纳为"咪咪"或"嗒嗒"两个字，这就

水清土润——江南民风民俗

是说：吃黄酒俗尚"小口呡吸"。"老酒咪咪，真当福气"，"老酒嗯嗯，福气十足"，这些饱含了鲜活的生活原汁的民间俗语，是传统饮酒形态的真实写照，生动地反映了江南饮酒文化的特有风采。由于吃得少、吃得慢，可以有一种较长时间的沉醉在酒里寻找那种微醺的恍惚，但在那飘飘然中，仍能保持一份矜持和稳重。在祭拜典庆之后，可以增加肃穆和庄重；在农事吉节，可以增添祈求和企盼；在婚嫁生养，可以增多喜庆和坦然，似乎人们的情绪都可以在这种平淡温和的氛围中得到寄托和调和。人生在世，难免有各种缺憾和不如意的事情，人们需要排解愁肠、需要黏合裂隙、需要安抚感伤、需要缅怀思念，在云淡风轻般的细品慢嗯之中，仿佛更能成为一个交流情感、融合感情、发泄郁愤的载体和平台。

（2）"桑麻遍野"而衣被天下

在太湖流域周边的考古遗存中，既没有古代"棉花"的实物遗存，也没有典籍中的"棉"字出现。中国古时只有"绵"字，专指丝绵。棉字分解开来，应该是从木，绵省声。生活在太湖流域周边的江南先民的衣着原料是什么呢？主要是葛、丝和麻，现分述如下：

关于"葛"。"葛"是古代先民用来编织遮身御寒之衣的材料。《诗经》云中有《葛覃》《采葛》《葛生》等都提到了"葛"："葛之覃兮，施于中谷，维叶萋萋"。《淮南子·氾论训》说："伯余之初作衣也，麻索缕，手经指挂，其成犹网罗"。《韩非子·五蠹》载："冬日麑裘，夏日葛衣"，指的也是这种衣物，从这些典籍记载中我们可以推断出，葛是先秦衣物最普通的原料。

从地理环境看，太湖周边地区"山林幽冥"，葛的资源比较丰富，所以对葛的利用也较早。1972 年，考古工作者在发掘吴县草鞋山新石器文化遗址中，出土了 3 块炭化纺织物残片，是迄今所知年代最早的纺织品实物，经鉴定其原料就是野生葛。吴县草鞋山新石器文化遗址属于马家浜文化，比仰韶文化的年代要早，因此这一发现显示了这一地区居民相当进步的织造工艺技术。这项考古发现，说明这一地区的先民，早在距今约 6000 多年前，就知道用葛的纤维来织布了。

关于"丝"。我国是最早养蚕缫丝和发明丝织的国家，这个观点已经举世公认。商代的甲骨文中已经有"蚕""桑""丝""帛"等文字记载，表明当时的蚕桑丝织业发展已经相当普遍。殷墟出土的青铜器上常常发现有细密的平纹绢和菱形图案织物的印痕。在《史记》中也记载了"嫘祖始蚕"。相传嫘祖偶然发现了蚕在桑树上吃桑叶，而且蚕结成了茧，于是她把蚕茧摘下，抽出蚕丝，织成丝绸穿在身上，并传授养蚕抽丝的方法，被后人供为蚕神。中国人在文明进步的过程中，不断寻找、开辟和丰富着衣着需要的原料。周秦时代以后，人工栽培桑树和扩大养蚕规模的情况有了显著的进步。《诗经》里《大雅》和《豳风》《秦风》《卫风》中均出现有关桑、蚕及丝织的诗句。在吴江梅堰袁家棣的良渚文化遗址内，发现一件带柄灰陶壶的腹下部，刻有 5 条头向一致的蚕纹，其形态与现代家养桑蚕酷似，也可证明良渚文化时期已有桑蚕。这一发现说明早在 5000 年前我国江南地区就已饲养桑蚕，并用蚕丝织出了世界上最早的丝织物。

关于"麻"。中国人利用"麻"作为衣着原料也可以追溯到遥远的上古时代。考古遗存证明，大致在距今 7000 年前，太湖及其周围地区的江南先民，便已开始懂得对苎麻和苘麻的利用。如在浙江余姚河姆渡新石器时代早期的文化遗存中，就发现不少用麻搓成的绳

水清土润——江南民风民俗

索；其中大多数是用苎麻搓成的，还出土有完整的苎麻叶片。其中少数是用苘麻制作的，它的纤维截面，呈多角形，与现在的苘麻完全相同。这也是世界上迄今发现的最早利用苎麻和苘麻的线索。《诗经》上说："九月筑场圃，十月纳禾稼：黍稷重（后熟者）穋（先熟者），禾麻菽麦。"据此，有学者认为，"钱山漾良渚文化居民，已有苎麻的种植"。

地处太湖流域的江南地区，何时种植棉花，现在很难考证，不过，从南宋初年谢枋得的《木棉诗》来看，其称"嘉树种木棉，天何厚八闽。……木棉收千株，八口不忧贫"，这时福建种植棉花已很普遍，但是，这首诗中又称："江东易此种，亦可致富殷。奈何来瘴疠，或者畏苍昊；所以木棉利，不畀江东人。"这些诗句，反映其时江东包括太湖地区，还没有种植棉花。从文献记载来看，木棉北上的途经路线则是由闽广地区传入长江流域，时间大约在南宋末年，到 13 世纪中叶前后，即宋末元初间，才普遍推广到浙江、江苏、江西、湖南等地。元朝政府在世祖至元二十六年（1289 年）"置浙东、江东、江西、湖广、福建木棉提举司，灾民岁输木绵十万匹。"此前，必定经过一段相当长时期的种植。这时北路的植棉区域，也扩大到陕西。淞沪地区的植棉业，就是在这个时期开始的。

根据学界比较一致的意见，太湖流域最先种植棉花的地区，是松江乌泥泾，也即现在上海徐汇区的华泾镇。据元末明初陶宗仪《辍耕录》记载："松江府东去五十里许，曰乌泥泾，其地土田硗瘠，民食不供，因谋树艺，以资生业，遂觅种于彼。初无踏车、椎弓之制，率用手剖去子，线弦竹孤置案间，振掉成齐，厥功其艰。"而将棉花引入淞沪地区的中心人物，则是元代的黄道婆。

元明之际，正是我国棉业由边疆向中原推进的大发展时期，也是国人衣被主要原料由棉花逐步取代丝麻的时代。直到明末，黄河流域的植棉面积和技艺已超过长江流域，但纺织技术却始终赶不上江南，甚至出现"北棉南贩""南布北贩"的加工贸易。可见，黄道婆对棉纺织技艺革新和传播，固然应推崇她的吃苦耐劳，孜孜钻研，诲人不倦，广施博爱的精神，但也确实得力于种种机遇，特别是诸多有利的社会经济条件的配合。

棉花与纺织业的革新与进步，推动着江南服饰习惯更新的步伐。生活在苏州吴县一带的农村妇女，至今依然保留着传统的民俗服饰。她们历来以乌黑的头发、硕大的发髻、众多的饰品，辅以精美的包头巾和服饰，显示出自己的心灵手巧和端庄秀美。其服饰的地方特色非常浓郁，传承性稳定，但随着季节的变化，年龄的差异和礼仪的需要，而有明显的差别。

江南水乡妇女服饰历史悠久，世代相传，相因成习，传承性很强。多少年来，经过劳动群众的筛选，设计了一系列具有水乡特色的民俗服饰。适合水乡妇女的穿戴，尤其适宜于水乡生产劳动，实用价值较高，深受人们的喜爱。这些服饰在长期的发展中，不断地变化和更新，形成了具有水乡地区民族文化审美的传统特色。

（3）"粉墙黛瓦"的民居特色

江南原住民的住房很有特点。因江南之地潮湿的气候、多水的环境，防潮隔水就作为民居建设的首选考虑。早在原始社会，为了适应自然环境，这里的先民已经懂得模仿飞鸟在树上搭屋、筑巢，以遮风避雨，防水防潮，显示了与黄河流域北方文化的差异。在黄河流域，早期人类住房是地穴式居址，半坡遗址的地穴遗存就是证

明。而河姆渡出土的却是大量的木质干栏式建筑构件，虽然在江南也曾发现过一些半地穴居式地面建筑，但为数很少，而干栏式建筑架空于地面，不仅防潮防水，而且通风透气，所以为广大江南民众所采用。这样就形成了"南人巢居、北溯穴居"的南北之别，巢居即干栏式建筑，是一种最具江南特色的建筑形式，在江南地区广泛流传。吴、越立国后，都不遗余力地修筑城池，城市规模日渐扩大，城内建有富丽堂皇的宫殿，宫内还有形态各异的亭、台、阁、楼、榭、廊。这些不同形态、不同用途的建筑反映出吴越建筑的多样性，但其基本形式仍是以干栏式建筑为基础而形成的。

随着城市的建构和社会的发展进步，江南民居也呈现出新的风貌与特色，塑造和演变成极富韵味的江南水乡民居，在单体上以木构一、二层厅堂式的住宅为多，为适应江南的气候特点，住宅布局多穿堂、天井、院落。构造为瓦顶、空斗墙、观音兜山脊或马头墙，形成高低错落、粉墙黛瓦、庭院深邃的建筑群体风貌。水乡多河的环境出现了水巷、小桥、驳岸、踏渡、码头、石板路、水墙门、过街楼等富有特色的建筑物，组成了相辅相成的水乡居住环境。

根据民居的规模，可分为大宅、中宅、小宅三类：

大宅大都是富商、官宦的宅第，纵向称进，横向称落，大宅多则九进，少则四进，多到七落，少则一落不等。如周庄的沈厅则为七进。有的大宅与园林巧妙结合，既创造了居住建筑的产物——私家园林，又增添了民居本身的吸引力。如同里镇的退思园就是非常精致的园林。

中宅从形式上看与大宅相仿，不同的是中宅进数较少，一般少于四进，且一般无边落，内部空间的组合没有大宅那么考究，但相比之下较为灵活。中等收入家庭多属此宅。

　　普通小宅占地小，无严格的轴线，一般有两进、面宽多在一到三间，形式自由，因地制宜，空间利用合理但私密性较差。普通小宅沿河沿街处常有营业性质，临河而开，有踏渡、水埠一直通到水面。水乡城镇民居在其厅堂组合时，创造了一些富有特征的构件，既丰富了水乡民居的内容，又具有强烈的特征。天井，是民居中用以采光、通风的特征构件，在一般的三合院中，其深度与高度相当，宽度有多种，如主屋三开间，则以明间面阔为准。或五开间较大的，则以明间或次间面阔为准。在大宅中，天井大都做成长方形，并且将两楔的进深减小，或用廊代替厢房，天井成横长方形，东西长度大，通风较好，而且夏季可以减少太阳的照射。常设前、后天井以利通风，后天井一般进深较小，植有落叶乔木以利遮阳。

　　由于江南水乡一直是全国文化最为发达的地区之一，人才荟萃，因而水乡城镇的许多住户是诗书传家。又由于物产富庶，工商繁盛，这些城镇历来是官宦退隐、富户别墅、学士散居之地。那些有文化素养的人当然是精心营造房舍；而一些富绅商贾也附庸风雅，聘请饱学之士筹划，所以在许多水乡城镇中留下了不少精美的院宅。其次，这些水乡民居大都营建于封建社会，封建伦理、儒学传统、风水习俗都直接影响着这些民居的经营布局、房舍安排等。如厅堂的主次、前后的序位、主客的区分、主仆的隔离、男女的差别等在设计上都有独到的手法，这是江南水乡民居的人文因素在意识形态上的反映。

　　有一些江南的豪门大院，在民居上还有"砖雕门楼""地面""屋顶与山墙"的讲究，以凸显主人家的气派与排场。一般而言，砖雕

门楼通常做在前后进腰门上，是纯粹装饰性的特征构件。明代的门楼较为简朴，清代雕花较为繁琐，这些门楼上都题有匾额。

江南水乡民居的面貌总体呈现出：平房楼房相掺，山墙各式各样，形成小巷和水巷驳岸上那种高低起伏，错落有致的景观，建筑造型轻巧简洁，虚实有致，色彩淡雅，因地制宜，临河贴水，空间轮廓柔和而富有美感。因此，常被人称之为"粉墙黛瓦""小桥流水人家"。

（4）"舟楫代步"与百姓出行

江南各地，河湖港汊，河网密布的水文化编织了一条永不停息的运输线，造就了作为吴越故地的江南发达的舟楫与船业的发达。

图3 20世纪50年代江苏常熟位于南门西城河上的西高木桥

从江南地区大的格局来看，它不外乎以太湖为腹心，运河为通道，长江为走廊，大海为依托，同水相依为命，与船相托为伴。江南的交通工具以舟楫为主，江南民众"以舟代步"则是很自然的习俗。《越绝书》载：越民能"以船为车，以楫为马，往若飘风，去则难从。"可见当时用船已较普及，而驾技已趋高超。"胡人便于马,越人便于舟"等记载也反映了江南民众出行具有与中原不同的风格。历史上,江南民众善造舟、善用舟,江南水军在水面上能战善打,也作为江南的一个传统习俗一直保持下来。从吴越水军到三国孙吴卫温的船队,从唐高僧鉴真东渡到明郑和七下西洋,直到近代江南造船厂的出现,这些辉煌成就都源于江南民众对水的征服与利用。

从远古时代的独木舟到春秋战国的战船;从小巧玲珑的"乌篷船"到皇帝御用的"大龙船";江南各地的人民日复一日、年复一年地造船、划船,创造了千姿百态的船文化。仅就明代江苏官营船场承造的不同用途、不同型号的各类大小船只就有:大小黄船(供御用各监器贡之用的为大黄船,专作进贡用的为小黄船);各式粮船(用于海运的叫遮洋船,用于内河漕运的叫线船);各式战船(包括三板、划船、巡座船、印巡船、巡沙船、九江式哨船、安庆式哨船、轻浅利便船);渡船(包括水驿、渡船、便民船、小划船、桥船);另外还有用于浚治河道的黄船,装运物资的柳船、号船、运苇船、大小舢板船、宣楼船、洪湖营巡船、宝船、金水河渔船、平船、楼船等。对于造船的木料、桐油、黄麻、铁钉、桅、篷、锚、绳以及船上各种用具都有具体规定。江南故地的造船技术为河运、漕运和海运提供了强而有力的物质保证,在当时世界的造船领域里也占有重要的地位。

在现代交通工具萌发之前,船是当时江南主要的交通工具。由于自古水网密布,河流众多,家家面河,户户临水,可谓"三山万户盘巷曲,百桥千街水纵横"。在广阔的平原地带,出门就是河,抬脚得用船,四乡八镇,远远近近都可以用舟船往来,大小船只在河

面上穿梭往复，一派繁忙的舟运景象。当时作为贯通城乡交流，载人的"公共交通船"叫"埠船"；主要用作货运的运输船叫"航船"，它们共同承担着城乡间的交通运输任务。有一部分是"白篷"，有一部分是"乌篷"，二者只是篷色不同而已。

乌篷船是绍兴地区域在特定历史条件下的产物，是昔日越地社会生活的物化形态。它是典型的民间历史文化符号，以最简洁、最朴实的语言，阐述了水乡众生最真实的生活。绍兴乌篷船，船体细长如柳叶，头尾尖尖，二头微微翘起，玲珑俊秀，又质朴古拙。船上盖着三至七扇不等半圆形的船篷，用竹编成，有的中间还夹着箬竹。船篷上按习依俗涂上调以煤黑的桐油，用以加固和防漏，乌黑油亮，船由此而得名。船篷前后有几扇是固定的，但中间的篷都是可以随意前后挪动的，除了雨天和晚上，中间的篷经常移开叠在或前或后的定篷上，让船肚敞着迎客，既方便游客下船上岸，又可让游客坐着观光赏景。

绍兴乌篷船，现在是江南水乡独特的主要用于旅游业的交通工具。船身窄，船篷低，一般可容三到四人。船底铺以木板，使之平整舒服。板上铺席，可坐可卧，轻巧便捷，娴静幽雅，安稳适逸，韵味无穷，坐在这里有优哉游哉的感觉，呼吸好像会变得缓慢，时光觉得在倒流，心情逐渐趋向平和宁静。游客诗意盎然地晃晃悠悠，别有一番滋味，这情景是多少人为之向往、为之追寻的乐事。

四、"山泽多藏育，风土清且嘉"——江南民俗的总体特质

"饭稻羹鱼""桑麻遍野""粉墙黛瓦""舟楫代步"，这十六个字

可以概括江南民俗的一些最为基本的特征，正是这些基本的特征，才派生出其他的一些习俗和文化心态方面的惯习。

明清以来形成的江南文化，由于资本主义萌芽和城市的繁荣，曾经发展为中国文化的一个高峰，飘散出悠远传统、苏松富邑的人文气息，成为日后形成的上海文化的一抹亮色。

大家都知道，明清时期的江南城市，在同时期全国城市中具有极为重要的地位，在中国城市发展史上也有着不容忽视的地位。江南城市，从层级来说，从都城、省城到府城、县城以至市镇，可谓级级皆具；从城市功能或性质来分，既有作为传统的政治经济文化综合型城市的南京，最为典型的工商城市苏州和杭州，交通中转型城市镇江，还有一大批因商品经济而兴起和发展的市镇，可谓种类齐全。江南城市以其数量多、规模大、类型全、联系密而构成明清时期全国特有的庞大城市群体。在这些城市群体中活跃着一批又一批士大夫群体。他们特别注重文采，注重书卷气，对生活特别细腻精致，有一种日常生活审美化趋势。

自古以来，江南吴越之地就是人文荟萃之邦，名人辈出，灿若群星。特别是六朝以来，越文化中的名士文化和吴文化中的精致生活，成为研究上海民俗不能不予以特别关注的文化语境。魏晋南北朝时，门阀贵族尚文，清谈成风，佛道的普遍传播促成了中华文化的大融合。隋唐以降，由于中原频繁出现战乱，大量北人南迁，经济文化重心逐渐南移，到宋代相继有以宣扬儒学为主的府学和学风比较自由的书院，在江南许多城市大量涌现。例如与上海毗邻的文化古城苏州，民风习俗变为崇经好文，温文尔雅。明代范谦有诗云："学诗学画学书，三者称苏州为盛。"苏州人受历代游于苏或居于苏

的文人墨客和官宦家风的影响，精神生活崇尚读诗书赏字画，民间收藏书籍、骨董成风，明清以来追求高雅精神享受成为社会风尚。"吴人滑稽，谈言微中，善谐之恢，又多闲情韵事。如饮酒则严觞政，试茶则斗茶具，手谈则讲弈谱，钻必求宣款，砚必贵端溪，图章必求冰石，装潢卷轴必仿宣和。旁及种菊艺兰，能谙物性燥湿寒暖之宜。"（乾隆《吴县志》）再看越文化故地的绍兴，历史上的名人，从虞舜夏禹、越国君臣，到光复群雄、辛亥英杰，有思想家、史学家、文学家、艺术家、科学家、教育家，可谓人数众多，群贤辈出。

明清江南丰厚的物质基础，发达的商品流通，巧技百出的手工艺人，秀丽的山水，众多的古迹，历代文人雅士荟萃，思想文化流派迭出，戏曲和俗文学的发达，柔丽的软语，婉转的吴歌，清嘉的民俗，形成了吴人婉约细腻、好学善思、机智灵活的思维方式，崇尚礼仪、重节俗、好游历、讲究生活细节的传统文化风尚。明代万历年间与张居正同时为官，并遭到排挤的张瀚，辞归故里后把平生所见所闻著录成《松窗梦语》8卷，记载了明代经济、社会、文化、民情风俗等方面资料，对研究明代社会经济、商业贸易有重要参考价值。其中写道："自昔吴俗奢华，乐奇异，人情皆又见赴焉，吴制服而华，以为非是弗文也；吴制器而美，以为非是弗珍也。四方重吴服而吴益工于服；四方重吴器，而吴益工于器。是吴俗之侈者愈侈，而四方之观赴于吴者，又安能挽而之俭乎。"著名的国学大师胡朴安先生曾经分析江南士大夫文人的生活方式，他说："因士类显名于历代，而人尚文；因僧徒倡法于群山，而人尚佛。泰伯逊天下，季札辞通国，德之所化者远矣。更历汉、晋以来，风俗清美，俗多祠宇，山泽多藏育，风土清且嘉，泰伯导仁风，仲雍扬其波。郊无旷土，多勤少俭。君子尚礼，庸庶淳庞。当赵宋时，俗益丕变，有胡安定、范文正之遗风焉。及后礼义渐摩，而前辈名德，以身率先，又皆以文章振动。今后生文祠，动师古昔，而不梏于专经之陋。矜名节，重清议，下至布衣韦带之士，皆能摛章染墨，其格甚美。"

明清江南教育大发展，领先全国。明清两代有人做了统计，一共录取了五万多人，其中进士，明代为 24866 人，清代为 26815 人，就是江南这里很高，可以说全国 14.95%，明清两代，每七个进士里面就有一个以上出自江南。

现在在上海嘉定还有科举博物馆。上海过去也是人才济济。吴江《同里志》记载该镇许多女性诗人，其中一个人最能说明江南的

图4　1919年，南京贡院（西德尼·戴维·甘博 Sidney David Gamble　摄）仲富兰收藏

教育状况。汪玉轸"家赤贫，夫外出五年，撑拄家务，抚养五儿，俱以针黹供给，而有才如此"。这样一个妇女带着五个孩子，艰难度日，丈夫还不在身边，最后写了一本书《宜秋诗钞》。一个经济赤贫，靠给人做针线活，而抚育五个儿子的家庭妇女，居然会作诗，还结集成一本诗歌著作，这说明江南教育的水准是很高的。

一个地方为什么必须要重视教育？宋元明清间，乌镇出过近200位举人进士，同里有近140位举人和进士，南浔有进士42位，周庄有进士和举人20多位，甪直有进士近50位，而西塘在明清间出了19位进士、31位举人，反映了江南文脉之深。

无论从地缘角度，还是从人文的角度，包括江南的历史文化遗存，环太湖流域的自然山水，四季分明的湿润气候条件以及在中国首屈一指的稻作文明，锦绣江南独特的风土人情，古色古香的江南古镇等物化形态和数不尽的非物质文化遗产，以江南文化为核心的吴越文化，绵延千百年依然保持着自己的独特魅力和个性，好学善思、机智灵活的思维方式，以及江南人善于适应时代潮流，识时务巧于融会贯通的生活方式，这一切都给今天江南各个城市的民俗文化以多方

图 5　昆曲《牡丹亭》中秋赏戏（仲富兰收藏）

面的滋养。以江南文化为"底色"的上海民俗，包容天下，吞吐天下风云，善于吸纳其他民族、其他地区的不同文化，孕育了开放兼容、敢为天下先的创造精神，以及独领风骚的个性魅力，最终形成了海纳百川的态势，形成了文化上的精细典雅，风俗上的清嘉宜人，工艺美术的秀美精致，使四方人士无不为之倾倒。

　　江南吴越文化给上海民俗"打底"，与此同时，又接纳了来自长江黄河两岸的荆楚文化、巴蜀文化、徽派文化、岭南文化、齐鲁文化、秦晋文化等。通过长时期的互相交流，相互交融，这种文化传统最终在上海开埠后又与西方的文化传统成功对接，使上海的经济得到了持续的发展，在文化上则形成了上海独特的"海派"民俗，从而进一步彰显出江南民俗的无穷魅力。

水清土润——江南民风民俗

唐力行

上海师范大学教授、博士生导师，中国社会史学会副会长，享受国务院特殊津贴。先后从事区域社会史、区域社会比较、区域文化史研究，为我国徽学研究的奠基人之一。著有《商人与中国近世社会》《徽州宗族社会》《苏州与徽州：16—20 世纪两地互动与社会变迁的比较研究》等著作。主编《江南区域史论著目录（1900—2000）》等。担任《评弹与江南社会研究丛书》《江南社会历史研究丛书》及《江南社会历史评论》杂志等的主编。

明清以来苏州、徽州的区域互动与江南社会的变迁

　　区域研究已引起中外学界的高度重视，其中苏州与徽州的研究尤为引人注目。在区域研究的基础上，我们应该进而关注区域之间的相互作用。任何区域的发展都不可能是孤立的，必然会与其他相关区域发生人员、经济、文化等的交往与互动。一方面，各个区域的地理、物产、区位、交通、文化乃至经济社会结构都有其自身的特点；另一方面区域之间的互动互补也是各区域形成并保持这些特点的必要条件。因此区域互动关系的研究必将把区域研究引向深化。本文对苏州与徽州这两个区域间的互动加以考察，进而探讨区域互动对两地的发展以及整个江南社会①变迁的影响。

---

①　对于江南的区域范围，各家均有不同的界定。本文界定为苏南、浙北和皖南。

一、苏州与徽州的历史渊源、区位差异

苏州与徽州在历史上长期同属一个行政区。上古九州传说中，苏州与徽州就同属扬州之域。早在商末，姬姓首领古公亶父之子秦伯、仲雍避位让贤，从陕西岐山下的周原南奔，在江南建"勾吴之国"。吴梦寿二十五年（前 561 年），吴国二十世国君诸樊南迁都于今苏州。阖闾元年（前 514 年）大臣伍子胥受命建城，为苏州建城之始。当时，徽州尚为山越居住的蛮荒之地，归属于吴。弘治《徽州府志》卷 1《地理一·建置沿革》说：其地"春秋属吴。吴亡属越。战国时属楚"。徽州正式有建置是在秦，"秦置黟、歙二县，属鄣郡"。此后，苏州、徽州的统属时有分合，如三国时同属吴国；南朝时，曾同辖于扬州；唐初同归浙西节度；宋朝同隶江南道、两浙路；元朝同属江南行省；明朝同归南直隶，清初同为江南省。直至康熙六年（1667 年），安徽建省，徽州分属安徽^①。由于地缘的原因，徽州人认同为江南人，有时也认同为吴人。如隋末徽州绩溪人汪华起兵割据徽州，"兼有宣、杭、睦、婺、饶之地，称吴王"^②。

苏州与徽州虽同在江南，其地理、区位却迥然不同。苏州东有大海，西有太湖，运河傍城而过，乃长江冲积平原和太湖水网平原地区，一马平川，河网如织，四通八达。江南大运河开通后，优越的区位和地理条件，使苏州成为唐朝江南唯一的雄州。宋时，全国

---

① 《嘉庆重修一统志》，卷 112《徽州府一》。

② 弘治：《徽州府志》，卷 1《地理一·建置沿革》。

经济重心南移，"苏常（州）熟，天下足"①，苏州被称为"天堂"，"风物雄丽为天下冠"，逐渐成为江南经济文化的中心以及全国财货集散、转运和信息交流的中心。经济日益发达，为文化教育事业的发展创造条件。自唐宋以降，苏州共出状元 45 名，占全国的 7.5%。明清时期，苏州社会经济更是发展到了巅峰，天下人无不乐居苏州，从倦于宦海沉浮的官僚、文人，到衣食无着的流民，加之本地人口的增长，苏州人地矛盾日益尖锐。而历代统治者视苏州为取之不竭的聚宝盆，明代丘浚云："江南财赋之渊薮也，自唐宋以来，国计咸仰于是"②。明初，朱元璋怒苏人助张士诚，大幅度增长苏州赋税，地丁之重甲于全国。《明会典》载，洪武二十六年（1393 年）苏州府田土九万八千五百零六顷七十一亩，占全国 1%，实征税粮米麦合计 2810490 石，占全国实征税粮的 9.6%。就税粮总数、亩平均赋税、人口平均赋税等各个方面来看，苏州府不仅高出全国平均水平近十倍，而且也高出江南地区其他府县。此外还有漕粮、白粮之征扰民。在重赋与人口双重压力下，苏州人巧为应对，农业管理更趋精细，种桑植棉，发展手工业，成为国内丝绸、棉布等手工业生产的中心之一，吴绫苏布远销海内外。苏州城内五方杂处、百业俱兴、万商云集、市曹繁荣。为保障财赋收入，历朝历代尤其是明清以来对苏州的政治控制十分严密，乡绅、官宦的地方自治功能被削弱，市隐心态十分浓重，转而构筑私家园林，移山林于市井。或书画，或歌吟，于是有吴门画派、吴门书派、昆曲评弹之美。有清一代苏州状元达 26 人，占全国的 22.8%。于是有状元、优伶为苏州土产之说。

---

① 陆游：《奔牛水闸记》。
② 《大学衍义补》，卷 24。

明清以来苏州、徽州的区域互动与江南社会的变迁

徽州属内地山区，原为"椎髻鸟语"的山越所居之地，其"东有大鄣山之固，西有浙岭之塞，南有江滩之险，北有黄山之扼"①，"险阻四塞几类蜀之剑阁矣，而僻在一隅，用武者莫之顾，中世以来兵燹鲜焉"②。考察徽州的地理环境，不仅要注意到它的封闭性，还要注意到该区域整体所处的地理位置。徽州山区毗邻江浙平原地区，随着江南的开发以及战乱向江南平原地区的蔓延，中原士族南迁的避难地便因地理之便而逐渐深入徽州山区了。根据明刻本《新安名族志》的记载，两汉时迁入徽州的仅两族。此后，中原士族迁徽时间集中在三个阶段：一为两晋，二为隋唐五代，三为宋元。值得注意的是他们中的大多数并不是直接由北方南迁进入徽州的，而是从邻近地区迁入的。北方士族从江南平原地区向江南山地的进一步迁徙，一方面反映了人口迁徙的持续性，另一方面也显示了徽州作为避难处的地理优越性。所谓"山川复阻，风气醇凝，世治则诗书、什一之业足以自营；世乱则洞壑、溪山之险，亦足以自保。水旱兵戈所不能害，固宜其有强宗巨姓雄峙于其间"③。如"防溪在城北四十里，平畴沃壤不啻千亩，四山环合如城，第宅栉比鳞次皆右族许氏所居焉。其人物衣冠甲于分族"④。但多山的地理环境，同时也造成徽州物产的瘠薄。徽州民谚云："七山半水半分田，两分道路和庄园"。顾炎武亦指出："徽郡保界山谷，土田依原麓，田瘠确，所产至薄，独宜菽麦红虾籼，不宜稻粱。壮夫健牛，日不过数亩，粪壅缉栉，视他郡农力过倍，而所入不当其半。又田皆仰高水，故丰年甚少，

---

① 道光《徽州府志》，卷1《地理·形势》。
② 方弘静：《方氏家谱序》。
③ 《重修古歙东门许氏宗谱》，卷9《城东许氏重修族谱序》。
④ 《新安歙北许氏东支世谱》，卷5《寿昌许公八秩序》。

大都计一岁所入，不能支什之一"①。粮食不能支十之一，与农田仅占二十之一是相对应的。由此，历朝对徽州征收的税赋并不苛重。弘治《徽州府志》卷2《食货一》说："本府万山中，不可舟车，田地少，户口多，土产微，贡赋薄，以取足于目前日用观之则富郡，一遇小灾及大役则大窘，故自唐以前，贡赋率轻"。唐末之后，徽州长期在"偏据一隅"的割据政权统治下，处于"征敛无节，甚至取砚亦有专务"的压力下。入明后，朱元璋优待家乡，多次减免家乡及徽州等地的税赋，所以明清两代徽州税赋为轻。国家对地方的控制也远不及苏州之严厉，乡绅在地方社会的自治权因此而远高于苏州。乡绅借助宗族组织强化对地方社会的控制，造成"新安各族聚姓而居，绝无一杂姓搀入者。其风最为近古。出入齿让，姓各有宗祠统之，岁时伏腊，一姓村中千丁皆集，祭用文公家礼，彬彬合度。

图 1　徽州棠樾鲍氏牌坊群

————————

① 顾炎武：《天下郡国利病书·江南20》。

父老尝谓新安有数种风俗胜于他邑：千年之冢，不动一抔；千丁之族，未尝散处；千载谱系，丝毫不紊"①的宗族社会，无人能脱离宗族组织。徽州宗族社会形成的过程，也是一个文化变迁的过程。中原士族在徽州复制的宗族生活，是酿造程朱理学的酵母。反之，程朱理学又加固了徽州的宗族秩序。新安文化的内核就是程朱理学酿造出的宗族文化，明代徽州文人汪道昆在《太函集·黄氏建友于堂序》中说："新安多世家强盛，其居室大抵务壮丽，然而子孙能世守之，视四方最久远，此遵何德哉！新安自昔礼义之国，习于人伦，即布衣编氓，途巷相遇，无论期功强近，尊卑少长以齿。此其遗俗醇厚，而揖让之风行，故以文特闻贤于四方。"汪氏将"世家强盛"与"礼仪之国，习于人伦"相提并论，足见宗族文化与理学关系的密切。《徽州府志·风俗》说："徽州自朱子而后，为士者多明义理，称为'东南邹鲁'。"据朱彭寿《旧典备征》统计，有清一代（自顺治至光绪）各省状元人数，安徽居第 3 位，计有 9 人。安徽有 8 府5 州，其中仅徽州 1 府便占 4 人，徽州状元人数自然无法与苏州相比，但一府之状元数却超过广西、直隶，比江西、福建、湖北、湖南、河南、陕西、四川、广东、贵州、山西、甘肃、云南等省都多，居苏州之后的第二位。宗族聚居、物产瘠薄，徽州自古以来土地与人口的矛盾就很突出。宋淳熙《新安志》就引用当时宣歙观察使卢坦的话："宣歙土狭谷少，所仰四方之来者"②。而徽州人只有用当地山产竹、木、茶、漆及新安四宝笔、墨、纸、砚来换取粮食。因而徽州人自古就有经商的传统。明代中叶至清道光年间，徽商足迹几

---

① 赵吉士：《寄园寄所寄》。
② 淳熙《新安志》，卷 9。

遍全国，执掌中国商界牛耳数百年。宗族与徽商可以说是徽州的两大土产。

历史上苏州的发展总是比徽州要领先一步。从经济上来说，早在汉武帝时，苏州已成为"东南一都会"[①]，而当时的徽州乃是山越居住的蛮荒之地。从文化上来说，《吴郡志》载，唐肃宗时，团练观察使李栖筠在苏州设立学庐课士。由于官绅倡导文化，一改六朝之前吴人好剑尚武之俗。而徽州文化由尚武至尚文的变化要慢一步，据淳熙《新安志》卷1《风俗》载："其人自昔多以材力保捍乡土为称，其后寖有文士，黄巢之乱，中原衣冠，避地保于此。后或去或留，俗益向文雅，宋兴则名臣辈出。"两地社会经济发展的位差，造成了徽州向苏州的流动，这是两地互动的最基本的方向。

二、16 世纪以来苏州与徽州间的区域互动

区域互动可划分为沟通、相互作用、知觉三个层面，它们是相互联系的一个统一体。主要内容包括经济互动、文化互动和人的互动等方面。苏州与徽州之间的互动给两地社会带来了一系列共性的和个性的变化。

（一）苏州与徽州间的沟通。如果从地图上看，苏州与徽州的直线距离仅为 270 余公里，应该说是相邻而交通方便的。但两个区域的互动并不便利。因地理条件所限，陆路交通极其不便，《徽商便览·徽州总论》指出："惟万山环绕，交通不便。大鄣、昱岭雄其

---

① 司马迁：《史记·货殖列传》。

东；浙岭五岭峻其西；大鳙、白际互其南；黄山、武亭险其北。路皆鸟道，凿险缒幽"①。因此，水路就成了两地互动的主要通道。但徽州的河流与苏州不同：苏州的水平缓、四季盈盈，而徽州的水湍急、季节性强。由于徽州地势高峻，"天目于浙江之山最高，然仅与新安之平地等"②，徽州的水有高屋建瓴之势，滩高流急，从而形成难进易出之势。徽州至苏州的水道有二：北可由青弋江至芜湖，顺长江而下，在镇江入运河，可抵苏州。东由新安江至杭州，再转入运河至苏州。千百年来徽州商人不避艰难，或攀行于山间鸟道，或挽舟逆水而行，络绎于徽州的道上，将徽州与苏州沟通起来。

苏州与徽州两地自古以来就有密切联系。据《新安名族志》载，有陆、朱、张、叶四姓的始迁祖分别于唐、宋两代由苏州迁入徽州。苏州四大名族中，除顾姓外，陆、朱、张多有迁居徽者。另据语言学者对徽语的田野考察，北方移民多由吴地或经由吴地沿新安江进入徽州③，给徽州带来中原及吴地的文化。可见，苏州、徽州最先的互动是由北向南互动的继续，是在江南范围内的由东向西的互动。

而由徽州乡村向苏州都市的自西向东的移动，则稍迟于东西向的移动。其原动力则为经济要素。"徽介万山之中，地狭人稠，耕获三不赡一。即丰年亦仰食江楚，十居六七，勿论岁饥也。天下之民，寄命于农，徽民寄命于商"④。"今邑之人众几于汉一大郡，所产谷粟不能供百分之一，安得不出而糊口于四方也。谚语以贾为生意，不

① 吴日法：《徽商便览·徽州总论》。
② 归有光：《震川先生集·汉口志序》。
③ 曹志耘：《语言学视野下的新安文化论纲》，载《'95 国际徽学学术讨论会论文集》，安徽大学出版社 1997 年版。
④ 《休宁县志》，卷 7《汪伟奏疏》。

贾则无望，奈何不亟亟也。""吾邑之不能不贾者，时也，势也，亦情也"①。最早关于徽人经商的记录是西晋。许承尧在《日新录记徽俗二则》一文中说："《知新录》云：徽俗好离家，动经数、十年不归。读司马睎传有云，睎未败时，谯会辄令娼妓作新安人歌舞离别之辞，其声甚怨。后睎果徙新安。则知此风自昔已然。盖新安居万山之中，土少人稠，非经营四方，绝无治生之策矣"②。此后，徽州人外出经商不绝如缕。南宋建都临安，徽州商人得到一个较大发展的机会。至明清时期，这种由农村迁往农村的移民方向发生变化，徽州人开始由农村迁往市镇，由山区迁往平原地区。万历年间盐政改革，实行票盐制，徽商垄断淮盐与浙盐两大盐场，积累巨额资本，这为徽州人进军江南经济、政治、文化中心——苏州，从而形成两地密切互动创造了条件。明唐寅《阊门即事》云："吴阊到枫桥，列肆二十里。"阊门外二十里的街市，是苏州最繁华的商业区，也是徽商的天下，苏州与徽州互动的力度前所未有地加强。

苏州与徽州两地的互动，是由徽商充当媒介的。因此，考察徽州商人与徽州家族向苏州的移徙，以及他们在定居地发展及其与家乡的长久联系，是我们探讨两地互动必不可少的环节。大阜潘氏原是徽州商贾世家，清初徙入苏州，经过百余年的发展，至乾嘉以后成为苏州势力最为煊赫的科第世家、官宦世家、积善世家，同时还是晚清苏州酱园业的行业领袖。而那些留在大阜以及后来由苏州迁回故里的潘氏族人则日渐式微，生活困窘。大阜潘氏分居徽苏两地，尽管往来不断，互有影响，但由于徽苏两地自然环境和社会环境的

---

① 万历《歙志·货殖》。
② 许承尧：《歙事闲谭》，卷26。

图2 清末潘氏建于苏州庙堂巷的畅园

巨大差异，两地家族的发展结果却有霄壤之别。通过对徽苏两地潘氏家族的迁徙过程和互动形式的考察，我们可以发现，明清时期徽州与苏州乃至其他地区的家族迁徙及其文化互动具有如下特点：一、徽州家族的迁徙主要是以经商的形式向外迁出，徽商尽管也大量回流到故里，但仍有不少徽商滞留在外，而这些滞留在外的徽商往往就是徽商中精英人物，他们对苏州的经济发展和文化繁荣作出了重大贡献；二、与徽商大量外流相比，徽州由于特殊的自然环境和社会环境，外地人流入徽州的极少，因而徽州与外地之间的家族迁徙和人口流动主要表现为单向性的外流，地域间的互动主要是通过徽州人自己来实现。徽州人在促进了异地繁荣的同时，却不断地借助于资金的回流，将宗族意识输回故里，在徽州建宗祠、编宗谱、立义庄、修族墓等，从而保证了徽州社会的相对稳定和持续静止状态，进一步扩大了徽苏两地社会发展的差距。所以，在徽州与苏州的互动中，徽商的资本就像一把双刃剑，在两地各自产生了不同的效果。

（二）相互作用。在 16—20 世纪的传统中国社会转型期，苏州与徽州互动互补，交往密切。在互动的第二个层面——相互作用上，其总的趋势是：在经济上，苏州是江南的经济中心，并孕育资本主义萌芽；财力雄厚的徽商将巨额的商业资本汇聚到苏州，大大增强了苏州的活力。在社会发展上，苏州随人口和经济发展经济结构渐渐变动，承接着传统的经济优势，自发、缓慢地发生社会转型，徽商的经营活动客观上推动着苏州等地的社会转型。徽商在苏州异常活跃，获取大宗商业利润。其商业利润输回徽州，建祠堂、修族谱、置族田、办族学，却加固着徽州宗族社会的旧秩序；徽州由于宗族制度普遍存在，束缚了社会转型。在文化上，苏州和徽州都是儒学发达之地，清代又以吴学和皖学相对峙，教育、科举昌盛，人才辈出。徽商把苏州等大都市的经济文化信息和生活方式输入徽州，使徽州社会经济发生变动；同时，徽商把徽州深厚的宗族制度和文化带到苏州等大都市社会凝入经济和社会生活之中，一些徽州的精英也在苏州定居下来。以下，我们就苏州与徽州在相互作用的过程中异向发展的具体表现，择要作出比较。

首先是社会基本结构：家庭—宗族结构的异同。处于平原地区的苏州是容纳天下商贾的大都会，社会流动性大，商业竞争激烈，商品经济直接瓦解着这里的宗族和大家庭结构。所以，尽管宋代范仲淹在苏州首创义庄，但是数百年来苏州义庄发展的规模却不大。《明清以来苏州社会史碑刻集》第 174 号碑指出：义田赡族“文正创于苏郡，自宋迄今，效法文正踵而为之者数十家矣”。这个估计保守了一些，据民国 20 年吴县社会调查处编制的《吴县城区慈善救济团体调查表》载，吴县城区共有义庄 32 所，如加上郊县当不下百所之谱，但在苏州区域范围内仍是少数。难怪林则徐在其撰写的《邹太学家传》中，一方面对清季邹珏设义田的义举大加赞叹；另一方面又不得不慨叹，邹氏的义行"世多有笑之者。嗟夫，士之强立特行，卓然不囿于流俗者，其不为众人所笑也几希矣"①。徽商与其他各地的商人瓦解着苏州的宗族组织，而徽商的商业利润输送回徽州却加固了家乡的宗族组织。绩溪人进士胡晓在《新安名族志》序中指出："新安则异是矣。山峭水厉，焚火弗惊，……其故家遗俗，流风善政，宛然俱在。以言乎派，则如江淮河汉，汪汪千顷，会于海而不乱；以言乎宗，则如泰华之松，枝叶繁茂，归一本而无二"。徽州的宗族组织覆盖了整个区域，无一人不在宗族的血缘网络之中，即便外出经商者也不例外。明人金声在《与歙令君书》中指出："夫两邑（歙县、休宁）人以业贾故，挈其亲戚知交而与共事，以故一家得业，不独一家食焉而已，其大者能活千家、百家，下亦数十家、数家"②。如寓居苏州的歙县的潘氏，分为贵潘与富潘两支。这两支潘氏在苏州都有巨大的产业，都建有祠堂，保持宗族组织，与徽州潘氏宗族保持密切联系。这种状况一直保持到 20 世纪中叶土地改革之时。

再来看家庭结构。一般来说，商品经济的发展会促使家庭的分化。但是，我们却发现，在商品经济繁荣的苏州，其家庭规模反而比徽州来得大。就核心家庭所占的比重来看，徽州约占 65.1%，而

---

① 王国平、唐力行主编：《明清以来苏州社会碑刻集》，第 177 号碑《邹太学家传》，苏州大学出版社 1998 年版。以下凡引自该书的碑文，均在文中括注碑号。

② 金声：《金太史集》，卷 4。

图3　徽州规模最大的祠堂——罗氏宗祠

苏州仅占 29.11%；就主干家庭而言，徽州仅占 34.9%，而苏州则占 48.73%①。苏州的小家庭结构比徽州来得大。原因有二：一是总体家庭结构的不同，徽州是在大宗族下的小家庭，因其宗族血缘合作比较完善，核心小家庭就可以应对生产和灾变，而且家庭规模越小便越利于减缓商业财富共有所造成的家庭矛盾。苏州绝大多数的小家庭之上没有大宗族，缺乏宗族血缘的合作，因此保持 6 至 8 人的家庭规模是应对生产和灾变所必要的。二是年龄构成的不同，徽州男性平均年龄是 53.5 岁，女性是 55 岁，②而苏州男女性均达 63 岁。苏州人的平均年龄要比徽州人高 5.75 岁，这与生活条件相关。徽州山区，生存空间小，自然条件贫瘠，生活艰苦。徽州人虽受到宗族的保护，但宗族内部却是有贫富的分野，大多数族之贫困者在徽商余

———————

①②　参见唐力行：《明清徽州的家庭与宗族结构》，《历史研究》1991年第 1 期。

唾的笼络下，虽不至饿死于沟壑，但也不可能从根本上改变其贫苦的生活。徽州的年龄构成，限制了他们三代共同生活的时间，使主干家庭的比例较小。生活在被誉为"天堂"的苏州人，生存条件优于徽州，较高的年龄构成，使三代以上共同生活的可能性增大，这是苏州主干家庭的比例反高于徽州的原因所在。应该说明清以来苏州与徽州的家庭结构有相似之处，两地同以小家庭为主，但徽州的小家庭之上还有个大宗族，而苏州的小家庭大多是独立的。前者以它的弹性和包容性强化了封建的统治秩序，后者则是与社会转型的方向相一致的。

其次是市镇结构的不同。明清时期徽商是苏州与徽州市镇互动的媒介。苏州市镇作为徽商麇集盘踞之地，更是深受"无徽不成镇"格局的影响。徽商在苏州市镇的经营活动是无孔不入的，他们对苏

图 4　苏州水巷边的徽商商铺

州市镇的贡献也是无所不在的。但是，苏州与徽州两地市镇有着诸多的不同：如两地市镇的布局不同。苏州为鱼米之乡，河道纵横，水网密集，形成网状地块。市镇多依水而设，既有利于市镇与相邻四方村落的密切联系，同时又使得每一市镇影响的范围不是很大，从而在苏州地区形成乡村—基层市镇—中心都市的经济社会分层结构。市镇的分布相应呈网状结构。徽州由于道途梗阻，交通乏便，对外联系依靠水路，市镇也沿江沿河而设，形成线状结构分布①。两地市镇规模的不同。明清时期苏州地区市镇经济发达，市镇规模一般都较大。很多市镇人户超过千家，形成与政治中心相类似的城市结构。徽州市镇多以中小型规模为主。两地市镇的功能也不同。苏州已形成以"专业化"生产为特色的市镇经济功能，而徽州市镇在很大程度上是应商品集散所需而建立的。两地市镇社会文化结构有着很大的差异，苏州市镇已突破血缘网络，而以地缘与业缘为主，外来商人群体在镇建立起各种地缘性的会馆和业缘性的公所以取代血缘性的宗族组织，商品经济的繁荣推动苏州市镇宗族组织迅速瓦解。而徽州市镇仍保持宗族社会实态，据《岩镇志草》记载，岩镇以一镇之地而拥有 21 个祠堂，充分展示宗族血缘文化的浓烈。

再次是社会管理与社会保障系统的不同。在商品经济的冲击下，苏州原有的社会秩序失范，出现了种种新的社会问题。为了协调社会关系，保障社会的正常运作，苏州各级衙门加强了社会管理。在失范与规范不断磨合的过程中，社区管理日趋细密和完善，分为商业管理；赋役、治安、宗族、寺观的管理；环境和市政管理等，古

---

① 见杨春雷：《试论明清徽州市镇与社会转型——兼与江浙市镇比较》，《安徽史学》1996 年第 4 期。

老的苏州城缓慢地实现着自身的转型。徽州的管理则较为简单，乡绅在国家与地方间发挥积极作用，主要为宗族管理。徽州商人将财富输回家乡后，在家乡购置族田，导致大土地发展，宗族保障使贫富分化导致的社会矛盾趋于缓和。而在苏州由于土地分化频繁导致贫富分化严重和宗族保障覆盖面有限，在宗族保障外，还有行业保障和一般意义上的市民社会合作。苏州的行业保障主要由商业组织会馆、公所来承担，市民社会合作主要是官府与商人共同举办的善堂，"吾苏全盛时，城内外善堂可偻指数者不下数十。生有养，死有葬，老者、废疾者、孤寡者、婴者，部分类叙，日饩月给，旁逮惜字、义塾、放生之属，靡弗周也"①。商人在社会生活中的主导作用日益明显。

从社会阶层来说，例如妇女，两地既有共性又有不同处。明清以来，苏州与徽州的妇女都是生活在封建纲常伦理的重压之下。由于苏州与徽州妇女生活的环境不同，她们的处境有所不同，社会生活也各具特色。苏州妇女生活在江南经济文化的中心，这里商品经济发达，加之平原地区，交通发达、社会风气较为开明。顾炎武曾指出苏州田赋之重："苏州之田居天下八十八分之一弱，而赋约居天下十分之一弱"②。徐光启则进而指出重赋所造成的后果："苏、杭、常、镇之币帛枲纻，嘉湖之丝矿，皆持此女红末业，以上供赋税，下给俯仰。若求诸田亩之收，则必不可办"；"所由供百万之赋，三百年而尚存视息者，全赖此一机一杼而已"③。这时的女织已不是一

---

① 王国平、唐力行主编：《明清以来苏州社会碑刻集》，第 276 号碑。
② 顾炎武：《日知录·苏松二府田赋之重》。
③ 徐光启：《农政全书》，卷 35。

般意义上的自然经济的补充，而是苏人赖以生存的产业了。徽州妇女则生活在江南山区，交通乏便，信息不通，宗族组织严密。由于物产瘠薄，所以徽人外出经商者众多，徽商的事业虽然离不开商人妇，但是妇女很少直接参与商业活动，她们在社会经济活动中的功能只是辅助性的，《徽州府志·风俗》云：徽州"女人犹称能俭，居乡者数月，不占鱼肉，日挫针治缝纴绽。黟祁之俗织木棉，同巷夜从相纺织，女工一月得四十五日。徽俗能蓄积，不至乏漏者，盖亦由内德矣"。所以与苏州妇女相比较，她们的经济社会地位相对也要低一些，她们大多陷于留守女士的悲剧角色。

在苏州的妇女中形成了一个光彩夺目的才女群。才女群作为苏州文人的组成部分，具有区域性的特征，一方面她们也不能免俗，追求功名富贵，她们大多生活优裕。另一方面她们又温文高雅，有着强烈的市隐心态。在众才慧中有一位"不著姓氏"的"有节行而能诗"的"做诗娘娘"，她有诗云："读书盼望为官早，毕竟为官逊读书"。十分微妙地表现了苏州才女的矛盾心态。徽州才女生活在宗族世界之中，她们的诗作也不免多了一点道学之气。"家君伊川后，理学存遗风"的才女汪嫈身上正是体现了徽州才女的特质，其为诗则"粹然几于儒者之言"，"可铭座右"①。徽州妇女的另一情感特质：离愁别怀。徽州人十之七八外出经商，久滞不归。所以程纱嫚以诗寄夫，诗中书写孤独的情状："坐向篱边对落英"。程碧霞也以菊花自况，面对着"别知己""又一年""隔幽谷""长自念"，她也只得感叹："何人如菊淡，惆怅晚风前。"程云的"莫打鸳鸯散"也是寄托

明清以来苏州、徽州的区域互动与江南社会的变迁

---

① 许承尧：《歙事闲谭》，卷11《汪嫈〈雅安书屋诗集〉》。

的同样情怀。程璋的丈夫"久客未归",她所做的柳叶诗催人泪下、感人至深。其所作《原愁》虽未见其文,内中所蕴离愁别绪当可揣测。难怪她仅二十一岁而郁郁弃世。这些女才子,往往同时染有道学气,如程纱嫚在丈夫亡故后,"传经,训族邻子弟。跻高年终"①。所以,在徽州民间流行的是妇女的《哭歌词》,而在苏州妇女中流行的《山歌》(冯梦龙所收集)却是充满了活力和人性,反映了明代苏州民间妇女的真实生活。这些热辣辣的唱词,是对封建伦理公开的嘲讽,是对自由爱情的炽热而大胆的追求。

还有社会文化与社会信仰的不同。由于商业发展的需要,造成了苏州社会信仰的多元化,而商业的繁兴,也为社会信仰的多元化提供了物质基础。社会心态是与社会信仰相联系的。社会信仰的多元化,造成一种开放的心态,并由此而造成苏州人心态多元、变通、求实的特征。苏州人信佛道者甚多,民间往往佛道兼敬。佛教的出世、轮回、因果报应,道教的遁世绝俗、幽隐山林,及求长生富贵,"一人得道,泽及家人"的教义,与苏州人长期以来在政治经济重压之下求生存、求发展的境遇,相互渗透并浸淫累积为苏州人强烈的功名心态和市隐心态。苏州人在重压下,并不采取极端的行动,而是重理性,求变通,善于在夹缝中找到舒展自己才能的天地。明清时期文化的繁兴,一方面造成苏州科举的全国之最,另一方面也造成苏州商业的全国之最。苏州商业的繁荣是徽商、全国各地旅苏商人与本地商人共同创造的。但苏州商人文化水平较高,使他们善于经商则是不争的事实。苏州人虽有强烈的进取心,但同时却又

---

① 许承尧:《歙事闲谭》,卷2《程氏诸闺秀诗》。

有着浓烈的市隐心态，为官者多不恋位。申时行即为一例，功成身退，求田问舍，在苏州留下了众多精致的园林。市隐心态渗入社会各层，即便功利心最强的商人也是如此。《故陈景祥墓志铭》的铭主"挟资为商往来江湖间者数年，而产厚家裕"，铭文说他，"性乐闲旷，暮年尤脱略，悉以家政委诸子，垒土石于轩前，环莳以花竹，列图书尊彝，日与兄景祯吟啸其中。虽不嗜酒然好客不倦，客有过之，命酒觞咏必与尽欢。世事荣辱淡然弗染于心。尝曰：'吾以是适足矣'。"（078号碑）此类记载在碑刻集中俯拾皆是。隐逸心态又造成苏州人温文尔雅的性格，民间尚文而不尚武。功名富贵与退让隐逸构成为苏人心态的两端，却又十分和谐地调节着苏州人的人生选择。由此而生发出奢侈与勤俭并存的格局。然而苏州人并不把勤俭看作是人生的终极目的，市隐心态使他们在创业之余也不忘消费。"今吴俗竞尚奢靡"，富者固然修筑园林隐逸享受，贫者也注重衣着。奢靡是一种高消费行为，它虽然会给社会风气带来负面影响，却是有利于生产和流通，有利于社会的转型。苏人心态另一个特征是守旧与创新的多元变通。苏州优越的人文经济环境造成苏人安土重迁的心理，碑刻集中每有外地人迁移苏州，独无苏人迁离苏州的记载。但是，苏州人的心态伴随着社会转型也在变化之中。例如《潘元卿室陈硕人墓志铭》在叙述弘治、正德年间的陈氏生平时，论述了妇德，其中关于顺贞慈的解说，与传统儒家的道德观念并无异趣，唯有俭的解说则稍稍透露了商品经济发展所造成的明代人观念的变化："惟俭则生财有道"，这里的俭字还不只是一般意义上的节约，而是"善理财而阜厥家，斯可谓之慈俭矣"（053号碑）。善于理财乃至生财成为妇女四德之一，成为妇女贤能的标准之一，这不能不说是传统道德观的巨大变化，显示了人们对妇女期望值的巨大变化。价值观的变化也证实了商品经济发展是苏人心态变迁的内在动力。清季，中西文化交汇，苏州得风气之先，苏人心态更有一大变迁。商人以新的姿态出现，《清封资政大夫分部员外郎候选州同杭君墓志铭》告诉我们，这位"弃儒术习贾"，"席世资，益恢厥绪"的纱缎商人，后来成了苏州国货维持会的支部长、省总商会的议董。他"请愿国会，诣阙政府，勇言得失"，"任（民团）中路团长，寒夜风雪策骑周巡"，以积极进取的崭新姿态出现在世人面前。（100 号碑）商品经济所引起的社会变迁，改变着苏州人的心态，苏州人以前所未有的勇气投入近代化的事业。

与苏州人的多元社会信仰相比，徽州人的社会信仰却受到了极大限制。雍正茗州《吴氏家典·序》说："我新安为朱子桑梓之邦，则宜读朱子之书，取朱子之教，秉朱子之礼，以邹鲁之风自待，而以邹鲁之风传之子若孙也"。宗族制度是理学的实践，也是理学滋生的沃土。在徽州宗族社会里，商人不得不以儒商自饰，他们的商业利润在加固着理学的统治。《歙风俗礼教考》指出："徽州不尚佛老之教，僧人道士惟用之以事斋醮耳，无敬信崇奉之者。所居不过施汤茗之寮，奉香火之庙，求其崇宏壮丽，所设浮屠老子之宫，绝无有焉。于以见文公道学之邦，有不为歧路途惑者，其教泽入人深哉"。"徽州独无教门，亦缘族居之故，非惟乡村中难以错处，即城中诸大姓，亦各分段落。所谓天主之堂、礼拜之寺，无从建矣。故教门人间有贸易来徽者，无萃聚之所，遂难久停焉"。徽州不尚佛老，在各宗族的族规中也有明文规定，为僧道者要受到出族的处分。所以徽州民间虽有各种信仰，但都是受压制的，惟有理学处于独尊的地位。由此派生的是对朱熹和对祖先的崇拜心理，徽州人的祠堂、会馆往往又称为文公堂。信仰的一元格局，使徽州人的心理处于压抑之中，但却有利于加强以血缘与地缘为纽带的内聚力。正是这种心理内聚力造成了徽州科举、商业和宗族的社区生存系统。与苏州人的安土重迁不同，徽州"习俗每喜远商异地"；与苏州人的重文轻武不同，徽州人"性颇刚猛，勇于私斗"，"宁甘斗讼，好义故争"。这些由心理压力所引发的逆反心理，有利于徽商的发展。但是，徽商与封建宗族势力的紧密结合却又加固了徽州的封建状态，并最终使徽商成为封建势力的殉葬品。

此外，在社会风尚上，苏州与徽州也有不同。苏州以奢华为尚，"产相十而用相百"，徽州则崇尚俭朴"其啬日日以甚"。康熙《徽州府志》卷2《风俗》载："上贾之所入，当上家之产，中贾之所入，当中家之产，小贾之所入，当下家之产。善识低昂，时取予，以故贾之所入视旁郡倍厚。（原注：明末徽最富，遭兵火之余，渐逐萧条，今乃不及前之十一矣。）然多雍容雅都，善仪容，有口才，而贾之名擅海内。然其家居也，为俭啬而务畜积。贫者日再食，富者三食，食惟齑粥，客至不为黍，家不畜乘马，不畜鹅鹜。其啬日日以甚，不及姑苏之间诸郡，产相十而用相百，即池阳富人子，犹不能等埒，而反以富名，由为贾者在外售虚名云（原注：徽人居于维扬、苏松者未尝贫，但其生平不一至故乡，而居徽地者反受富名之累，不惟贫民，并官于此土者，亦且累于地方之虚名。留心民瘼者，尚其念之）。当其出也，治装一月，三十里之外即设形容，袨新装，饰冠剑，连车骑，若是者将以媒贷高赀，甚至契领官货。诸见者啧啧就目，徽多富贾不知既不能偿责，坐是蒙罪戾者比比皆是。汪京兆循曰：'徽之贾售虚名而受实祸。'其信然哉。"但是苏州的奢靡之风却也影响着徽州社会风尚，妇女的服饰是风尚变化的风向标。《歙风俗礼教考》云："冠服采章，普天率土，悉遵时制，罔敢或异。而女人服饰，则六邑各有所尚。大概歙近淮扬，休近苏松，婺黟祁近江右，绩近宁国。而歙休较侈，数十年前，虽富贵家妇人，衣裘者绝少，今则比比皆是，而珠翠之饰，亦颇奢矣，大抵由商于苏扬者启其渐也"①。"商于苏扬者启其渐也"，揭示了苏州、徽州互动对徽州社会的影响。明代中叶以后，商人重利之风吹进了徽州四塞之地，无情地冲击着这里"妇人纺织，男子桑蓬，臧获服劳，比邻敦睦"的封建田园生活。由正德、嘉靖初的"出贾既多，土田不重"，到万历时"金令司天，钱神卓地，贪婪罔极，骨肉相残"②。商品经济的发展，侵蚀着宗族聚居的经济基础。然而，徽商资本这种顺应历史发展的作用，充其量也只是为资本创造了历史前提。相比之下，徽商加固封建古旧状态的作用，反而更大些。

（三）互动的第三个层次，也是最高的层次——认知。苏州在徽州人的心目中是美好的，"沈归愚《国朝诗别裁集》选歙人诗，……其论吴茵次诗则赏其《虎丘酒楼》句：'七里水环花市绿，一楼山向酒人青。'谓'写山塘风景如画'"③。不仅有虎丘、山塘的如画风景，苏州还是徽州人的淘金地。徽州人眼中之苏州才女也是聪慧灵秀、才艺超人。《歙事闲谭》卷十五《汪讱庵家姬妾》介绍了乾隆年

---

① 《歙事闲谭》，第 18 册《歙风俗礼教考》。
② 万历《歙志·风土》。
③ 《歙事闲谭》，卷 12《沈归愚评歙人诗》。

间官兵部郎中徽州人汪启淑（号讱庵）家的两位苏州才女："《续印人传》云：杨姬瑞云，字丽卿，吴县人。幼颖慧嗜学，针黹之余，拓衍波临池，抚唐贤小欧书，娟娟秀挺，多逸致。癸未季春，归予篷室，予以其娴静，更字之曰静娥。时予有幽忧之疾，方寄情丝竹以自陶写。姬见猎心喜，偕诸姬肄习。不匝月，凡鬟婆萧阮采庸之属，皆精通。从予受古才媛文百余篇。自检《说文》，释其大义。历岁余，矮笺短牍，皆娴雅可观。随予三次归歊扫墓，道经佳山水，对林峦幽峭，溪流潆折，或禽鸟弄声，野花争笑，辄低徊留之不忍去。与烟霞泉石，若有宿契者。胡姬佩兰、庄姬月波，皆余侍姬也。佩兰尝即景为小诗，姬羡之，思与抗衡。遂手抄唐宋诗分古今体为数帙，昕夕吟诵，至忘寝食。遂有得，时与月波相唱和。刻意求工，虑佩兰窃笑。脱稿后，辄焚弃，故存者绝少。又云：金素娟，长洲县人。幼多病，弱不胜衣。既失父母，无以自存，鬻于予家。怜其羸也，不任洒扫织纴，使与侍姬叶贞为女伴。叶姬素善歌，工弦索。暇时授予之时曲。上口辄悟，教之操缦安弦，皆能领略。比长，举止娴静，懒傅脂粉。令识字作书、博弈投壶，稍稍涉猎，俱中程式。一日予偶以铁笔遗兴，素娟侍侧。阍人报客至，予出肃之。素娟乘闲取刀，试续成之，虽人工未到，而天趣浑然，是在性成者。因篆石命镌，纵横如意，竟不失绳墨。及传以小篆，章法刀法，能解悟。期年后殊有可观，特选数钮入谱，盖怜其有志好学，非敢以康成之婢自诩也。"作为苏州与徽州互动的媒介徽商来到五方杂处、市曹繁荣的苏州后，他们希望为苏州人所认同。一般的苏州市民是如何认识徽州人的呢？

在苏州市民最为喜闻乐见的评弹中也有关于徽州人的描述，其实这正是市民眼中的徽州人。如长篇弹词《描金凤》①就塑造了一个徽州典当商汪宣（先）的形象。应该说苏州人认知的徽州人还是合于实际的。故事是从在苏州开隆兴典当行的汪朝奉赏雪回来看到了钱玉翠，十分中意，想讨来做"两头大"开始的。所谓"两头大"，是指徽商在家娶的妻，与在经商地纳的妾，也许一辈子也不见面，所以经商地的妾的实际地位与家乡的妻一样高，都为"大"，而无"大""小"之别。汪宣托媒人送来千两银子和其他聘礼，定于正月初三完婚。但是，钱玉翠已与落难书生徐蕙兰私订终身。钱志节将银子送于徐公子，又去找汪宣套钱。汪宣浑然不觉，又慷慨送钱志节350两银子。正如《五杂俎》所云："新安人衣领、食亦甚菲啬，薄糜盐齑，欣然一饱矣。惟娶妾、宿妓、争讼则挥金如土。"②汪宣为娶妾花了这么多银子，不仅没有成功这门亲事，还因此打起官司。钱玉翠称"徽州人往往多奸巧"。评弹中讥讽汪宣为"徽猫""徽狗""徽鳖""徽州厌子""灰鳖""徽州人生性十分蛮""徽州人，万恶刁，犹如空中楼阁造浮桥""徽州人喂勿饱"等。苏州人骂徽州人的专用脏话很多。可见，苏州人对精于筹算、在苏州发财的徽州人颇有反感，甚至有些妒忌。这也显现了苏州人浇薄的一面。书中说到堂上打汪宣时，"涌上徽州人一班，叩头求告开恩典"。上来棍时，"这些徽州人还在旁侧观，……一起跪下来叩头（求情）"，也是合于徽州人习性的。顾炎武说："新都人……商贾在外，遇乡里之讼，不啻身尝之，醵金出死力，则又以众帮众，无非亦为己身

---

① 《描金凤》十二卷，光绪丙子孟冬重刻本。
② 谢肇淛：《五杂俎》，卷4。

地也。"①汪宣官司打败，一贫如洗，万念俱灰，在苏州日以嫖娼为事，花完了本钱，也无脸回徽州老家去。唱词有："穷苦如何回故乡，也曾寄信归家里，只说本钱短少骗妻房。哪晓得一封书信空回去，倒被她埋怨汪宣没主张"。钱志节后来得了机缘做了护国军师，在京城想起了往日汪宣对他的饭酒之恩，而自己把汪宣算计得这样苦，所以为报答汪宣，给汪宣谋了南昌府同知职衔。而汪宣做了官后，却是为官清正②，做了不少好事，改变了苏州人对徽州人的印象。

徽州人在苏州经商，以儒商自居，讲究以义取利的长久之道，但良莠不齐，不免有欺诈和刻薄的行为，引起苏州人的反感。所以徽商力图改变苏州人对徽州人的认知。士大夫是社会舆论的中心，徽商在苏州十分注意与士的交游。歙县潘之恒，经商苏州，"以文名交天下士"③。婺源李贤，"乐与贤大夫亲，故随所在，吴士大夫咸愿与之游"④。"新安程君少而客于吴，吴之士大夫皆喜与之游……古者四民异业，至于后世而士与农商常相混。"程氏"子孙繁衍，散居海宁、婺、歙间，无虑数千家，并以诗书为业。君岂非所谓士而商者欤？"⑤歙县黄明芳，以资雄懋迁，"一时人望如沈石田、王太宰、唐子畏、文徵明、祝允明辈皆纳交无间"⑥。徽商与文人相交而相知，这对他们融入苏州社会和经营活动是很有好处的。徽州文人汪道昆一

① 顾炎武：《肇域志》，第 3 册。
② 《汪宣断案》，1957 年上海文化出版社单行本。
③ 汤显祖：《汤显祖集》，卷 41《有明处士潘仲公暨吴孺人合葬志铭》。
④ 张海鹏、王廷元主编：《明清徽商资料选编》，黄山书社 1985 年版，第 168 页。
⑤ 归有光：《震川先生集·白庵程翁八十寿序》。
⑥ 《明清徽商资料选编》，第 82 页。

语道破了其中的好处，指出："其（休宁商吴用良）出入吴会，游诸名家，购古图画尊彝，一当意而贾什倍"①。于是，又有讥讽徽商见到苏州文人如"蝇聚一膻"。周晖在《二续金陵琐事》中对此作了批驳："凤州公（王世贞）同詹东图（詹景凤）在瓦官寺中。凤州公偶云：'新安贾人见苏州文人如蝇聚一膻。'东图曰：'苏州文人见新安贾人亦如蝇聚一膻'。凤州公笑而不语。"可见，王世贞是颇为赞同此一说的。

苏州文人对徽州真正深层的认知，是在亲临徽州大好山水之后。《歙事闲谭》卷12《王弇州诸人游歙》记载了申时行、王世贞、祝枝山等苏州文人到徽州的感受："汪印苔《歙浦余辉录》记申时行归吴后，游新安，造许文穆，载惠泉数百瓮，舟达歙浦，见江水澄沏，潭不掩鳞，乃语人曰：'新安遍地惠泉也，奚以此为！'命悉覆之。至今故犹传其事"。"又载王弇州游歙，过千秋里，访汪伯玉，淹留数月。过潜溪，宿故友汪如玉家。赠以诗。又为如玉兄珩作传。续稿中有《与南溟肇林社唱和》诗。按：上申、徐二说，未知何本。张心斋作《洪愫庵玉图歙问序》亦云王弇州先生来游黄山时，三吴两浙诸宾客，从游者百余人，大都各擅一技，世鲜有能敌之者，欲以傲于吾歙。邑中汪南溟先生，闻其至，以黄山主人自任，僦名园数处，俾吴来者，各各散处其中，每一客必一二主人为馆伴。主悉邑人，不外求而足。大约各称其伎，以书家敌书家，以画家敌画家，以至琴、弈、篆刻、堪舆、星相、投壶、蹴鞠、剑槊、歌吹之属无不备。与之谈，则酬酢纷纷，如黄河之水，注而不竭。与之角技，

---

① 《太函集》，卷52《明故太学生吴用良墓志铭》。

宾时或屈于主。异州大称赏而去"。"又按，祝枝山游歙，主西山汪氏弥月，为书《黄庭》。沈石田游歙，主临河程氏，为画一虎；又主潭渡黄氏，亦留画去。董玄宰、陈眉公先后至歙，俱主溪南吴用卿余清斋。吴名廷，即以米南宫书迹与玄宰。玄宰作跋，所谓'吴太学书画船为之减色，然尚藏有右军官奴帖真本'者也"。如果说申时行的感受，还只是"新安遍地惠泉也"，那么，由王世贞为首的"三吴两浙诸宾客，从游者百余人"的感知则更为全面而深入了，这些"大都各擅一技"的文人高士与徽州文人摆开擂台，斗文斗艺，"宾时或屈于主"。苏州文化名人，纷纷到访徽州，与徽州人结下了深厚的友情。"董其昌为诸生时，游新安，江村一鹤迎馆于家，课其子必名。居年余去。所遗书画真迹最多。陈继儒亦与一鹤友善，每来新安，多主其家，为题诸园亭联额。沈周游新安时，江念祖师事之，延诸村中，为作《瑞金秋霁》、《长湖烟雨》诸图。赵宦光与江村沉华庵僧涤凡善，尝寓居庵中，为题迦耶室联额。涤凡通禅理，静默寡言，尝升坛说偈，地涌灵泉，一时名宿，赋诗记瑞。见《澄阳散志》"①。归有光、王世贞、王世懋、焦竑、陈子龙、冯梦祯、陈继儒、茅坤、吴伟业、钱谦益、汪琬、钱大昕辈都为徽商撰写过充满理解、又不乏褒美之辞的墓志铭。苏州人与徽州人相互的认知越深，则相互吸引力越大，互动越易成功和顺畅。

苏州与徽州的互动，是无时无刻不在进行之中的，它渗透到社会生产和生活的各个方面，甚至进入社会文化、大众心态的核心层面。由沟通而相互作用、相互认知，这是一个循环往复而逐渐提升

① 许承尧：《歙事闲谭》，卷18《沈周、董其昌、陈继儒、赵宦光皆曾至江村》。

的过程。正是在这一历史过程中，使这两个江南小区域不断走向繁荣，同时又保持了各自的社会发展路向，从而使江南社会呈现多元的局面。

三、苏州、徽州的互动与江南社会变迁

苏州与徽州的互动虽然使苏州与徽州 16 世纪以来走上了不同的历史路向，但它们的互动，却共同造成了江南区域社会整体的繁荣。江南作为一个经济区，就是在互动中形成的。首先是南北互动。开发江南比之疏松的黄土高原需要更高的生产力。北方先发展起来。商末泰伯、促雍奔江南，建勾吴，带来了中原的文明。吴立国后，江南内部也有东西互动，如吴楚相争。但主要还是南北的。吴国曾开邗沟以沟通南北，北上争霸。但最终还是被强势的北方政权所征服。历史上北方人民的三次大规模南迁，以及隋朝大运河的开通，江南的经济在互动中终于赶上（唐末五代）并超过（宋代）北方。物质互动的必然伴随精神的。文化的传承与经济发展几乎同步，从中原的儒学到宋代江南的新安理学。南北互动中，江南内部的东西互动也在发展。北方移民进一步向西部山地的移动，江南西部得以开发。明清以来，长江的重要性日渐显示出来，东西互动所占的比重增强。苏州与徽州的互动，造成江南"无徽不成镇"的格局，徽商在江南的中心苏州以及江南市镇造成一个由坐贾、行商与海商所构成的商业网络。这一网络又使苏州与徽州的互动、平原与山地的互动，带动起江南与大海的互动。这个互动也就与十六世纪形成的世界市场联系在一起了。

我们知道徽州远离海洋，而苏州虽通海，却又是在统治者的严厉控制之下。苏州太仓刘家港是元代海外贸易的重要港口。明统治者厉行海禁，规定"敢有私下诸番互市者，必置之重法"①。只是在永乐年间，作为郑和下西洋的启碇港，刘家港才一度繁荣。此后，刘家港虽仍作为外贸港，但功能仅限于贡舶贸易。长期的海禁，使明末"海口之河（娄江）望其淤塞"②，刘家港失去通江达海的地理优势。清代康熙中叶一度开海，刘家港也不再有外贸港的地位，而是降为南北商品交易港，受到清政府的严格控制，"海舡必须身家殷实，取具地邻保结，方准编烙给照，呈明海关，给牌驾驶。非同内河舡兵，随处揽载，漫无稽查者比"，"出入海口，又系层层盘诘"③。因此，明清以来海外所需之货物，如丝棉、丝绸、瓷器、棉布、铁器、茶叶和药材等等违禁物品，是不可能通过刘家港走私海外的。

明代嘉靖、万历年间的江南产生资本主义萌芽的行业主要是以苏州为中心的丝织业。丝织品的消费者为达官贵人，其国内市场十分有限。我们知道，在一定的生产力条件下，没有市场的充分发展，生产规模就不可能扩大，生产方式也不可能改变，就不会有江南商品经济的高度发展，也不会有资本主义萌芽的出现。广阔的海外市场为新的生产方式的萌芽的出现创造了条件。在海禁的历史条件下，只有靠走私贸易，江南的生产才能与世界市场相联系。江南的走私贸易是怎样突破统治者的海禁呢？这要从海外贸易的特殊经营方式和海商的经营网络谈起。

明清以来苏州、徽州的区域互动与江南社会的变迁

① 《明太祖实录》，卷221，洪武二十七年五月甲寅。
② 乾隆《镇洋县志》，卷3《水利》。
③ 王国平、唐力行：《明清以来苏州社会史碑刻资料集》，第436号碑。

海商的经营方式是双向的，他们将中国生产的丝棉、丝绸、瓷器、棉布、铁器、茶叶和药材等运往日本、东南亚各国，又将海外出产的苏木、胡椒、象牙、犀角、玳瑁和银币等等输送回国。海外贸易的经营过程由三个环节构成，即收购、运输和销售。在海外的销售、收购自然不受明王朝海禁的影响，相反还备受海外各国的欢迎。例如，日本平户的领主松浦信隆为了得到中国货物，"利用了五峰（徽商汪直），于是大唐商船往来不绝……因而京都、堺港等各地商人，云集此地，人们称作西都"①。他甚至允许汪直据松浦津，"僭号宋，自称曰'徽王'，部置官属咸有名号。控制要害，而三十六岛之夷皆其指使"②。汪直在平户活动达 15 年之久，平户成为中国海商云集的地方，平户的领主也就从这种商业活动中获得了大量的税收。就运输环节而言，单独或合伙经营的海商是无力抵抗明王朝的武力镇压的。但是，明王朝并不重视发展海上武装力量，它的防务方略仍是传统的，即倚重步、骑兵以拱卫内陆。因此，嘉、隆年间重要的海上通道先后为许氏和汪氏武装海商集团所控制，而独立或合伙经营的海商则要借重于这些集团的武力庇护，并为此而付出代价。关键在于第三个环节，也就是在中国沿海、内陆的收购和销售。《大明律》有关海禁的条款甚多，这里仅录一条，足见第三环节之难以运营了："擅造二桅以上桅式大船，将带违禁物下海，前往番国买卖，潜通海贼，同谋结聚，及为向导劫掠良民者，正犯比照谋叛已行律处斩，仍枭首示众，全家发边卫充军"。"番货到来，私买贩卖

① 〔日〕木宫泰彦：《日中文化交流史》。
② 《借月山房汇钞》，佚名，《汪直传》。

苏木、胡椒至一千斤以上者""发边卫充军"①。一方面是严禁将违禁物（丝棉、铁器等均为违禁物）销往海外，另一方面又不准在内地销售舶来品。浙、闽、粤沿海地区在明政府的严密控制之下，而第三个环节又不得不在这里进行，海外贸易的难点即在于此。这一环节如不能打通，则三个环节便不能活动起来。

第三环节的打通，单单靠雄飞于海上的商人是不行的。它需要海商与行商、坐贾的密切配合，需要一个海外贸易的网络。这个网络以徽州海商为核心层次；外围层次则是由广泛分布于苏州以及江南市镇的徽州坐贾和手工作坊主构成；居于这两个层次之间的中介层次是徽州行商。下面，我们分别对这三个层次加以考察，并探讨它们之间的关系。

首先，我们考察核心层次。往来于大海的徽商承担的风险最大，除了海禁的严刑峻法外，还来自航海的艰险。徽商对海外贸易仍趋之若鹜，原因便在于海外贸易利润极高。如，万历间休宁商汪镗"去海上业贾，息钱恒倍"②。嘉靖间歙商许辰江，"航大海，驾沧江，优游自得，而膏沃充腴，铿锵金贝，诚古逸民中之良贾也"③。嘉、隆年间徽州海商以歙人与休宁人居多，这与两邑在当时徽州六邑中商业率先起飞是相对应的。万历《歙志》云："即山陬海孤村僻壤亦不无吾邑之人"，"九州四海尽皆歙客，即寄籍者十之五六"。为封建统治者所不容的徽州海商自然不可能"寄籍"，他们当属没有寄籍的十之四五之列。《休宁县志》亦称，邑人"甚则逖而边陲，险而海岛，

---

① 《大明律附例》，卷15《私出外境及违禁下海》条。
② 《休宁西门汪氏宗谱》，卷6《处士镗公传》。
③ 《新安歙北许氏东支世谱》，卷5《练溪辰江则叙》。

足迹几遍宇内"。徽州海商居无定所，漂泊往来于"边陲""海岛"，其中还有侨居异国的。以镇压"倭寇"、厉行海禁著称的徽州绩溪人胡宗宪在《筹海图编》中说，"纠倭贸易"的"闽广徽浙无赖奸民，潜匿倭国者不下数千，居民巷街名大唐"①。承认"无赖奸民"中有他的同乡，足见侨居日本徽商数量之多了。为了对抗明王朝的武力镇压和扩大贸易，海商们渐次组合成武装的商业集团。其中，较为著名的是以徽州海商为首领的许氏兄弟海商集团、汪直海商集团和徐海海商集团。海商武装集团主要是采用下述两种方法打通第三个环节的：一是占据海岛，以此作为海外贸易的交易场所，充当类似牙人的角色。二是自行到大陆采购货物。海商集团有一部分人分工潜往大陆采办，他们凭借财力和武力，打通关节，"入关无盘阻，公然纷错于苏、杭之间"②，"潜与内地奸民交通贸易"③。打通第三个环节对于独资和合资经营的商人来说就困难得多，他们别无他途，只有与行商密切合作，从行商处得到外销的货物，并将舶来品转手给行商。在海禁政策下，走私贸易的海商到内地购销不仅有被捕受严惩的危险，而且也不利于海船周转以取得更大的经济效益。走私的海商如果受到告发则有身家性命之危，而告发者却可以得到巨大的经济利益。因此海商与行商之间的交易是秘密进行的。与徽州海商接洽的大多是徽州行商。即使是海商武装集团，也同样离不开行商。他们招引海商，说到底也靠行商的合作；他们"纷错于苏、杭"，更是要靠各地行商、坐贾的帮助。由以上分析可知，徽州海商的经营

---

① 胡宗宪：《筹海图编》，卷12。

② 《明书》，卷162。

③ 顾炎武：《天下郡国利病书》，卷119《海外诸番·日本条》。

图5　苏州的安徽会馆

活动不是孤立的，行商是海外贸易不可或缺的环节。

　　其次，我们考察中介层次：行商。徽州海商称雄于海外，是由于徽州行商源源不断地向他们提供充足的货源，并将舶来品推销于江南富庶之区以及全国各地。明代嘉靖、隆庆、万历时期，徽州行商十分活跃，他们"藉怀轻资遍游都会，因地有无以通贸易，视时丰歉以计屈伸。诡而海岛，罕而沙漠，足迹几半宇内"①。万历《歙志·货殖》进而指出："今之所谓都会者，则大之而为两京、江、浙、闽、广诸省；次之而苏、松、淮、扬诸府；临清、济宁诸州；仪真、芜湖诸县；瓜洲、景德诸镇。……故邑之贾，岂惟如上所称大都会皆有之，即山陬海，孤村僻壤，亦不无吾邑之人，但云大贾必据都会耳。"这些都会、府、州、县、镇的连接线，实际上便是徽

---

① 万历《休宁县志·舆地志·风俗》。

州行商的流通网络。两京、江、浙、闽、广正是南北走向的行商路线。而上述府、州、县、镇大都亦分布于江南这一片，显示了徽州行商与海外贸易的密切关系。至于东西流向，则在明清战乱以及清初迁海锁国后，才成为行商的另一主流。徽州行商往来穿梭于江南丝绸、棉布、瓷器产地与浙、闽、粤沿海之间，使南北流通的渠道畅通。《松园偈庵集》载道，嘉、万年间徽商程汝概"既冠，从父商游。独好书喜事，其临财廉，取与让，所至交知名之士。尝涉齐鲁燕赵之郊，其后逾瓯越至闽海，历漳、泉，与蕃舶贸货而还"[1]。这里有两层意思，一是程汝概以海外所需之物易取舶来品；二是"贸货而还"又开始了新的一轮的运营。徽州行商的活动对海商是至关紧要的，他们之间的乡情族谊在厉行海禁的时代，是走私贸易得以安全进行的可靠保障。同时，徽州行商还借助乡党族亲关系，与客居江南，尤其是苏州的徽州坐贾、手工作坊主保持密切的联系，从而易于得到禁止出口的商品和脱手舶来品。作为生产与海外流通中介的徽州行商具有周转快、利润高的优势，这就把更多的徽商吸引到与走私贸易相关的南北贩运贸易的行列中来。《闽书》载："安平一镇尽海头，经商行贾，力于徽、歙，入海而贸夷，差强资用"[2]，反映了当时福建沿海走私贸易最重要的港口之一泉州安平镇，徽商麋至的兴盛局面。

其三，考察徽州海商的外围层次，即遍布于江南的徽州坐贾与手工作坊主。徽州海商的成功，很大程度应归结为：为有源头活水来。"无徽不成镇"的江南及其中心苏州，便是徽州海商活力的源头。

---

① 《松园偈庵集》，卷下《故处士程君墓志铭》。
② 《闽书》，卷38《风俗》。

绩溪《盘川王氏家谱》卷四《文苑·颂泰邦公》有这样一段记载："我祖（王）泰邦公，作贾在吴中，设市周庄镇，居然端木风。春季市茶叶，冬季海货通"。由于私买贩卖海货触犯刑律，故家谱未明说坐贾王泰邦出售的是什么海货。据嘉、万间学者归有光介绍，徽商主要经营的项目有："猗顿之盐、乌倮之畜、竹木之饶、珠玑犀象玳瑁果布之珍，下至卖浆、贩脂之业"①。其中珠玑犀象玳瑁果布便属海货。坐贾王泰邦等的海货得自徽州行商。王世贞曾述及万历初的一位徽州行商的活动："程君，新安人也。大抵徽俗，人十三在邑，十七在天下。其所蓄聚则十一在内，十九在外。自程君年甫髫而从其舅，江淮间为下贾，已进中贾。属有外难，脱身归，则转资湘、楚，稍稍徙业二广，珠玑犀象香药果布之凑，盖不数年而成大贾"②。程君将"珠玑犀象香药果布"贩卖给坐贾王泰邦等，充当了海商与坐贾的中介，从而使逆向运行的渠道畅通。

徽州海商的上述双向运营，构成一个生产与流通相互作用的良性循环系统。苏州与整个江南地区的农副业和手工业生产为走私贸易提供了充足、适销的货源；反之海外市场的扩大也极大地刺激、推动了江南地区生产的发展。在这个系统里，把徽州海商经营活动的三个层次联成一体的是徽州宗族制度和地域观念。徽州海商在激烈的竞争中之所以胜筹在握，不能仅仅用善于经营来解释，更为深层的原因是徽商具有特殊的优势，他们将徽州根深蒂固的宗族血缘、地缘关系带到了商业活动中，从而将"桑梓同志"联结成"声应气求""营道同术"的徽州商帮。《肇域志》的作者顾炎武指出："新都

明清以来苏州、徽州的区域互动与江南社会的变迁

---

① 　归有光：《震川先生集》，卷13《白庵程翁八十寿字》。
② 　王世贞：《弇州山人四部稿》，卷61《赠程君五十序》。

人……商贾在外，遇乡里之讼，不啬身尝之，醵金出死力，则又以众帮众，无非亦为己身地也"。徽州海商与行商之间就是凭恃着"出死力""以众帮众"的精神，冲决海禁的罗网，使走私贸易得以兴旺发达。血缘、地域纽带和三个层次相交叉，使徽州海商的经营活动成为一个网络状的整体。这里，血缘、地域纽带具有使系统在不利的环境中（即严厉的海禁制度下）稳定运行的机制，在徽州海商的经营活动中具有特别重要的意义。

苏州与徽州的互动，是在世界的范围内进行的。汪直、许二、徐海是徽州人，是海外贸易的核心层次；苏州海外商品的生产地，属海外贸易的外围层次。苏州通过徽商与世界市场建立了密切的联系，并促成了民营丝织业手工工场的兴起。据应天巡抚曹时聘称：万历时苏州"染坊罢而织工散者数千人，机户罢而织工散者数千人"①。顾炎武也指出，明末苏州"城中机户数千人"②。丝织业生产规模的扩大还改变了江南市镇与农村的经营方式。如正、嘉、万年间苏州吴江盛泽镇的"居民乃尽逐绫绸之利"，以至"丝之丰歉，绫绸价之低昂"，决定着这一带居民"有岁无岁之分"。震泽镇及其"近镇各村居民乃尽逐绫绸之利"③，农民转而从事专业化商品作物生产。商品生产由都市向市镇再向四周农村的扩散，有着极为重要的意义。它使呈板块状的传统经济结构出现了松动，出现了一个突破口。农民种桑养蚕植棉，使宋以来"苏常熟，天下足"让位于正德、嘉靖以后的"湖广熟，天下足"。明末以后，湖广米长途运到江浙、闽粤

---

① 《明神宗实录》卷361，万历二十九年七月丁未条。
② 顾炎武：《亭林文集》，《中宪大夫山西按察副使寇公墓志铭》。
③ 乾隆《吴江县志》卷38。

的经济作物区。同时，江南手工业的发展及其对原料需求的增长，还刺激了其他地区农业经济作物生产的发展，例如山东、河南的农民就有许多从事棉花的生产，以供江南棉织业之需。明末，经济作物的专业经营区域与手工业产地的地域分工日益明显。商业性农业的发展及随之而出现的长途贩运等一系列的变化，都是传统经济结构的松动所引起的连锁反应。这些变化都有利于新经济因素的生长和江南社会的转型。

区域比较是一个有意义的课题，因为两块相互联系的区域，即使处在同一经济文化发达地带，由于自身内在的经济社会结构、文化价值和行为取向的不同，它们的社会经济结构、社会发展路向会有很大差异。苏州与徽州的互动，江南山地、平原与海洋的互动造成了江南的繁荣，加强了江南区域内部的整合，区域社会正是在互动中变迁。探讨内地、山区和沿海、平原两类区域发展路向异同的根源，对今天内地与沿海、落后地区与发达地区的互补互动、共同发展将提供有益的指导。

明清以来苏州、徽州的区域互动与江南社会的变迁

周武　上海社会科学院研究员、博士生导师，近代上海史创新型学科首席专家，《上海学》主编，兼任世界中国学研究所副所长、华东师范大学博士生导师等职。主要从事中国近现代史、上海城市史和中国学研究，出版《中国遗书精选》《上海通史·晚清社会》《张元济：书卷人生》《二战中的上海》（主编）等著作十余部，发表《从江南的上海到上海的江南》等论文百余篇。部分论著被译成英、俄、日等国文字。

历史视域中的上海与江南

前近代的上海，始终处于江南的边缘，可以说是江南的上海。开埠以后，上海在通商及一系列"突发事变"的推动下快速走向繁荣，并取代江南传统的中心城市苏州和杭州而成为江南新的中心城市。在这个过程中，以上海为枢纽，从南北两线展开的扇形地带，又伴着上海的节奏起舞，"时局为之大变"。此前是上海"城中慕苏、扬余风"，现在则轮到苏、扬来沐海上"洋气"。海上"洋气"之取代"苏、扬余风"，意味着杭嘉湖宁绍苏松常镇宁十府的"江南"，逐渐变成了"上海的江南"。从江南的上海到上海的江南，上海城市地位的变迁及其所牵动的江南区域版图的重整，可以说是中国区域现代化史上最抢眼的历史事件和鸦片战争以降的近代巨变中最耐人寻味的变化。

一、江南的上海：从"无所表见"到"互市巨埠"

自元至元二十九年（1292 年）设县以来，上海在相当长一段时间里是江南一个"无所表见"的普通滨海县城。《法华乡志》称："上海一隅，本海疆瓯脱之地。有元之时，国家备海寇，始立县治于浦滨，斥卤方升，规模粗具。自明至让清之初，均无所表见。时市肆盛于南城，城之北，荒烟蔓草，青冢白杨，其农户烟村多散处于西、南二境。"就是说，到明清易代之际，上海设县虽已达数百年之久，但仍"无所表见"。其根本原因在于有明一代及清朝入关之初厉行的海禁政策："国朝（指明朝）以来，法令严明，沿海通番之家悉皆诛窜，从此良民无敢私自出海"。清朝入关之初，出于政治和军事安全的需要，复厉行海禁，"片板不准入海"，不仅商船，甚至连渔船也严禁出海。这种严厉的海禁政策，导致了上海"四民失利，故往时所号为大富室者，今多萧然悬磬矣"。

上海以港兴商，以商兴市，跟海的关系最为密切。有人甚至认为，上海这个名字就是因其位置靠海而得，"上海"的意思就是靠近海上。海开海禁，攸关上海整个城市的命运。海禁则衰则死，海开则活则盛。因此，一旦海禁解除，上海便呈现出另一种截然不同的景观。

康熙二十四年（1685 年）解除海禁，并在上海设立江海关，部分开放海区，准许海上贸易，上海迅速摆脱前此那种"海禁严切，四民失利"的困境，走向繁荣，成为"莞枢南北，转输江海"的"互市巨埠"。

作为清代四大海关之一，江海关的设立，为上海带来了重要的发展机遇。清政府规定江海关"通商行驶闽省商船，名曰鸟船，熟于浙台洋面，不入北洋，来江俱收上海口子"。清前期上海的海运贸易最先发展起来的是对闽广等地的南洋航线的贸易，北洋航线的贸易仍归浏家港统辖，北航沙船若泊上海将被视为非法之举，因此，这一规定在一定程度上又限制了上海港口贸易的发展规模。但开通海禁毕竟为上海的发展创造了前提条件，上海县城大小东门外，即宋元时代顺济庙、市舶司署一带在经历了漫长的沉寂之后又重新繁盛起来。康熙时邑人姚延遴在《历年记》中说："元朝市舶司原设于上洋，收海商之税，即今之海关也。康熙二十年（应为二十四年）仍设海关于上海，至今十五年矣。洋货及闽广货物俱在上海发客，小东门外竟为大码头，此又市面之一变也。"到乾隆年间，出入于上海港的商船更是"辐辏而云集"，乾隆《上海县志》称，"自海关设立，凡远近贸迁皆由吴淞口进泊黄浦。城东门外，舳舻相衔，帆樯比栉"。时人叶梦珠在《阅世编》中也说："往来海舶俱入黄浦编号，海外百货俱集。"各种记载大同小异，它们都说明了一个事实，那就是此时上海的航运贸易规模已相当可观。

雍正七年（1729 年）海禁完全解除，海区大开，上海赢得了更大的发展空间。另外，距上海不远的浏家港的衰落，也使上海港的重要性更加突出。从乾隆初年起，兴盛一时的浏家港因受海潮的长期顶托，港口外形成一条绵延十余里的拦门沙，严重影响船舶的进出，逐渐走向衰落。来往于奉天、山东洋面之沙船几乎全部泊收上海。到嘉道年间，上海港从南门外的南码头、周家渡及大小东门外的黄浦江沿岸已形成颇具规模的港区码头。据估计，开埠前夕，上

海港的沿海航运船只总数可达 4 千艘以上，航运总吨位可 42 万吨左右，出现了"舳舻尾衔，帆樯桰比"的繁盛景象。1832 年东印度公司职员胡夏米在侦察了上海港区后向公司递交的报告中说：宽敞的码头和巨大的货栈占据了江岸，泊岸的水深足能使帆船靠岸和沿码头卸货。码头上货物卸装上下，昼夜不绝，万商辏聚，百货山集，人马喧闹，舟车如织。据胡夏米统计，仅他在吴淞口观察的 7 天内，经吴淞口入上海港的 100 到 400 吨的船只就达 400 艘以上，其中多数是来自天津、东北各地的北方四桅沙船，所载货物多为面粉和大豆，自福建、台湾、广东、东印度群岛、交趾支那和暹罗来的每天也有三、四十艘。上海已成为中国南北之间、沿海和腹地之间交换各种商货的最大商港，江南地区的商业贸易中心。道光年间上海的一位地方官说："上海号称小广东，洋货聚集。稍西为乍浦，亦洋船码头，不如上海繁富。浏河亦相距不远，向通海口，今则淤塞过半"。惟上海"适介南北之中，最为冲要，故贸易兴旺，非他处所能埒。"当时以上海港为中心已形成了五条固定的航线：北洋航线（通燕赵、齐鲁之地，具体分上海至牛庄、至天津、至芝罘三条航线），南洋航线（往返于上海与浙江、福建、台湾、两广之间），长江航线（上海与汉口之间的沿江各岸），内河航线（利用江南水系及大运河与江苏、浙江、安徽、山东、河北各县镇之间的贸易）和国外航线（主要是华侨商船往返于日本、朝鲜以及东南亚各国家地区之间）。

随着国内外贸易的发展，上海在周边地区的地位日益突显。一个显著的例子是，当时在行政上仍隶属于松江府，但雍正以后，向驻太仓、苏州，比府衙更高一级的地方军政机关，苏松太兵备道衙门移驻上海，这无疑表明海禁解除后随着经济地位的提高，上海的政治地位也随之发生了前所未有的变化。作为一个象征，苏松太兵备道的移驻上海，说明上海已成为一个区域的政治中心。到嘉庆年间，上海已是一座相当繁华与富庶的县城了。清嘉庆《上海县志》中有这样一段话摹写当时的上海："闽、广、辽、沈之货，鳞萃羽集，远及西洋暹罗之舟，岁亦间至，地大物博，号称繁剧，诚江海之通津，东南之都会"。"沿浦闹市，北至洋泾浜口，南至薛家浜口，商旅猬集。沙船航海之业，有朱姓及郁姓、王姓、孙姓等富豪，世宗大族，有曹、陆、徐、乔诸氏"。县城内有街巷 63 条，城内及附近居民 20 余万，钱庄几十家，商肆店铺鳞次栉比，县城傍浦的大小东门外近廓之处更是热闹繁华。"言居民，则五方杂处，行帮汇集；言通商，则四处辐辏，水陆毕陈"，不仅在松江府所辖各县，即使在整个江南地区的县市中，上海的地位因海禁的开放而日益突出，远非昔日的滨海渔村可比了。嘉道年间上海人曹晟在其所著《觉梦录》中称当时的上海县城"不更出于松城之上乎！自海禁既开，民生日盛，生计日繁，金山银穴，区区草县，名震天下"。这段话大体反映了开埠前夕上海政治、经济发展的实况及其在区域中的地位。

上海是一个滨海临江的县城，走的是"以港兴市"的路子。港兴则上海兴，港衰则上海衰。有学者这样描述上海的发展与上海港之间的关系："上海城市的兴起和发展与上海港的发展有着相互促进、相互依赖的密切关系。上海是一个典型的港口城市，它的兴起肇始于海上贸易，以后的兴衰也取决于港口的兴衰。连同城市的扩展和布局莫不与港口的变化有关。因此，可以说上海港的发展也是上海城市发展的一个缩影。"

"以港兴市"给上海社会带来多方面的影响：首先是航运业特别

是内河航运业成了上海的一大支柱产业，上海的许多豪富均以航运业起家，出现了不少"一家有海舶大小数十艘"的豪族和来自本地、宝山、崇明、南汇等地的在船水手十余万。其次是万商云集，所谓"上邑濒海之区，南通闽粤，北达辽左，商贾云集，帆樯如织，素号五方杂处。"在埠际贸易和转口贸易的推动下，各地商帮如潮水般涌入上海，上海几成客籍商帮竞逐的天下，所谓"商贾频年辐辏来，浙东财赋海陬推"。张春华《沪城岁时衢歌》中说：上海县城居民本多商贩寄籍，"黄浦之利，商贾主之。而土著之为商贾者，不过十之二三"。除了先前最显赫的徽商和秦晋商人仍然在众多行业活动外，在来沪的客籍商帮中，洞庭商帮、浙江宁绍帮、关山东帮、江北帮以及闽广帮、江西帮等地方商帮的势力日益壮大，乾隆以后，这些客籍商帮大有驾徽商、秦晋商人而上之势。洞庭商帮多开行铺，其中不少人落籍定居；浙帮商人以浙东宁波、绍兴居多，绍帮以经营炭栈、钱庄、酒坊为主，道光十一年浙绍公所创建之初，有名有姓的捐资者多达 209 人；宁帮经营范围更广，举凡海船运输、南北货贩运、钱庄、银楼、糖业、绸缎业、棉布、药材、海鲜、咸货业，无不有他们活跃的身影，于是宁帮商人成为上海继徽商、秦晋商人之后最有势力的客籍商帮。关山东帮分关东商人和山东商人，两者均以商业贩运为主业，关东商人在清初颇有势力，曾在上海县城西集资购田设置关山东公所义冢，但很快便寂寂无闻了；山东商人又分西帮、胶帮、登帮、文莱帮和诸城帮，合称北五帮商人。与关东商人不同，他们在乾隆以后却日渐兴盛，到道光前期，北五帮商号至少有 24 家之多。江北帮商人指的是海门、通州一带的船商及海州赣榆县的青口商人，江北船商开埠前夕仅次于本帮沙船主，通州、海门两帮各有数百号商船，常年聚于上海，或自载商货，或为客商载运；青口商人主要从事贩运业务。闽广商人可分泉漳帮、潮州帮、建汀帮、揭普丰帮和潮惠帮等帮口，是海禁开通以后随着沿海埠际贸易的兴盛而崛起的一股重要的商业势力，主要从事海船运输和南北货贩运，其中以泉漳帮的势力最大。江西商人在上海起步较晚，人数不多，主要从事贩运业，即将江西内地的茶叶、瓷器、棕、苎麻等贩至上海，然后再贩棉布及杂货回内地。除了这些商帮外，开埠前上海地区的客籍商贾还有来自汉口、江宁、镇江、无锡等地的商人。据统计，清前期上海县城内外设立的会馆公所就达27家之多。这些同乡或同业组织的大量设立，显示出客籍商帮在上海的群体力量。商帮、豪富右族、避难名流及闽广游民，共同造成了开埠前后上海"坊巷客土杂居"之局，有些文献甚至称上海城内"居民多客籍"。这种"五方杂处""客土杂居"的格局，一方面使前近代上海社会具有很强的兼容性，极易养成一种海纳百川的气度；另一方面也造成了前近代上海社会的多元性格，给上海带来了巨大的发展潜质和社会活力。这种社会格局在前近代社会中是一种相当罕见的特质。

由于滨海，又是以国内外贸易起家，上海一直与外界保持密切的联系，长期生活在这样的时空中的上海人比较见多识广，眼界开阔，较易形成一种比较开放的心态。上海人的这种性格特征，给来华的西方人也留下了深刻的印象，有个西方人曾这样评述上海人和广东人：

　　上海人和广东人，不但口语像两种欧洲语言那样的各不相

同，而且天生的特性也是各不相同的。广东人好勇斗狠，上海人温文尔雅；南方人是过激派，吴人是稳健派。

嘉庆年间，上海县城东门外已有专事洋货买卖的商行，所聚集之地称洋行街。当时的上海已有"小广东"之称，"洋行聚集，有洋商四家半"，县城外的黄浦江已为洋货驳船停泊之所。随着对外贸易的发展，外国的银洋在上海亦日渐流通，甚至出现了"以洋来者为贵"的崇洋风气，所谓"世俗物用都以自洋来者为贵，无论物产何地，美其名则加一洋字示珍也。更可笑者，贵游豪侈，一切奢丽生色，亦争艳之为洋气云"。"在上海的发展历程中，上海从来不想围闭自己，上海始终是敞开自己的大门，在开放中实现开发，又在开发中迎来更大的开放，并在更大的开放中带来更进一步的开发"。由开放带动开发，这确实是上海与江南其他府县特别是内地的府县最大不同之所在。

然而，前近代上海尽管已显示出自己独特的城市个性，在海禁解除之后，上海城市社会经济构造的外向型特征尤其明显，展现出开放主义的态势，但无论在地理空间上还是在江南地区的整个城市序列中都处于边缘的位置，它的重要性远无法和苏州、杭州这样的中心城市相提并论。从整体上说，那个时候的上海，是江南的上海。造成这种格局的原因很复杂，其中最根本的有两条：一是"帝国晚期"的制度环境使然，在这种制度环境下，上海城市的自主性受到抑制，盛与衰都系乎朝廷推行什么样的政策；二是那个时候江南的交通与商业网络基本上以运河为中心，作为沟通南北的黄金水道，运河承担了江南大部分物流的转输，在这样的交通与商业网络中，上海僻处海隅，只能扮演边缘性的角色。只有当海运取代河运的时候，上海潜在的地理优势才可能真正发挥出来。

二、上海的江南："镶饰在老式长袍四周的新式花边"

上海在江南城市群中的边缘地位在 1843 年开埠以后发生了深刻的变化，随着中外贸易体制的变更，上海迅速取代广州，成为全国最大的和最重要的通商口岸。当年曾亲历过这个变化的英国驻沪领事说："近几年来，上海作为根据 1843 年条约实行五口通商的主要商埠，在贸易上所发生的变革和惊人发展，差不多是任何远离现场的人所无法领悟的。在拓殖和贸易史的编年史上，从未看到有比这更加惊人的情况。"上海的快速崛起令许多西方人看不懂，因看不懂而更加惊叹不已："上海发展起来，发展得比悉尼或旧金山更为迅速！发展之快，有如肿瘤。"到 1860 年代后期，上海的《北华捷报》就已径称："对外贸易的心脏是上海，其他口岸只是血管而已。"这表明上海已由边缘跃居中心。

从边缘到中心，上海城市地位的这种变迁，得益于开埠，也得益于江南地区的战乱。19 世纪 50 年代到 60 年代初，上海县城及周边地区发生的一系列重大事件，特别是小刀会起义和太平军战事，极大地推动和加速了上海的崛起。1853 年 9 月上海小刀会起义，先后攻占嘉定、上海、宝山、南汇、青浦等 6 个县城，并一度占领太仓。虽然这次起义持续的时间前后仅一年又五个月，但对上海城市发展的影响却是十分深远的。受战乱的波及，上海及周边县城的"衣冠右族"及平民百姓大批避入上海租界，租界华人因此由原来

的 500 人骤增至 2 万以上，"华洋分居"一变而为"华洋杂处"。华洋之间从"分居"到"杂处"，又使租界的管理和治安面临严峻的挑战，于是而有《上海土地章程》的修订，以及租界社会安全体系的建构。1853 年 4 月，租界当局组建了"上海义勇队"（后改称"上海万国商团"）；1854 年又依据新的土地章程设立了"自治政府"工部局和以巡捕房为主体的社会控制系统。这些组织的建立当然是严重的僭权行为，但从另一个角度看，它们的存在和不断完善又使上海远离了战火和动荡，在神州板荡之中为上海的持续繁荣提供了一种有力的制度屏障。人们常说，老上海是"冒险家的乐园"，其实，严格地说，从工部局和公董局建立之日起，上海租界已开始制度化。而制度化乃是"冒险家"的天敌，是对"冒险家"的约束和设限。

与小刀会起义相比，太平军战事对上海及江南地区的影响更可谓既深且巨！自 1851 年金田起事后，太平军如猛虎出柙，由广西北上，挺进湖南、湖北，并沿江东下，夺取芜湖、九江、安庆，挟千里席卷之势，长歌涌入金陵，开始建造"人间小天堂"。1853 年定都天京后，太平军继续西征、北讨和东进，战火燃遍了大半个中国。虽然太平天国在纵横十数年之后失败了，并未建立起真正的"人间天堂"，但它掀动的大海波潮退去之后，留下来的是不可复原的历史变动。江南地区地处"风暴中心"，损失极为惨重。据粗略估算，在这场空前的浩劫中，江南地区至少损失了 2000 万以上人口。与人口损失相伴偕来的是土地的大量抛荒。据苏南地区各厅州县册报，"抛荒者居三分之二"；浙江一省，荒芜田、地、山、荡多至 112366 顷。自唐宋以降，江南经济开始超越北方，商业和交通日趋发达，北方的军国费用日益仰赖南方，所谓"赋出天下而江南居十九"（韩愈）。

至迟到南宋时期，江南的人文随着经济的发展而日渐兴盛，有"东南财赋地，江浙人文薮"之称。而在太平天国战后，向称"穀帛殷阜"的江南地区已完完全全地变成了另一派景象：曾经人烟稠密的江南已成了人烟寥落之区，那令人羡慕的富庶繁华在延烧不熄的战火中化作昨日的故事，代之而起的是一派"愁惨气氛"。《中国之友报》的副主笔在苏州陷落后曾由上海前往苏州考察，他在《苏州旅行记》中这样写道："我们离开上海后，沿途经过了低洼的平原，其间河道纵横。这片中国最富饶的土地，一直伸展到天边，我们的视线除了时或为不可胜数的坟墓、牌坊和成堆的废墟所阻外，可以一直望到天边的尽头。荒芜的乡间，天气虽然优美，但显得沉郁幽闷。举目四望，不见人影。这片无垠的田野，原为中国的美丽花园，今已荒废不堪，这种景象更加重了周围的愁惨气氛，好像冬天永远要留在这里似的。"换句话说，曾经是"中国的美丽花园"的江南地区在战后已成为一片"荒废不堪"、满目疮痍的废墟。

当然，就江南地区社会的变迁而言，太平军战事最深远的影响和最具象征意义的变化莫过于苏、杭的衰落和上海的崛起。

自隋唐以来，苏州就已是东南巨郡都会，至宋、明、清时期，苏州经济繁荣，科甲鼎盛，人文荟萃，被誉为"科甲之乡""东南财赋之区"，不仅成为中国最美丽、富庶、繁华的地方，而且是主导天下雅俗的地方，所谓"苏人以为雅者，则四方随而雅之；俗者，则随而俗之"。苏州经济上的富庶与繁华，文化上的精致与优雅，使它成为江南地区当之无愧的中心城市。因此，以苏州为中心的江南又常常成为全国视线聚焦的地方，即使是乾隆皇帝也无法抗拒它由富庶与繁华、精致与优雅组合而成的奇特魔力，面对江南的这种魔力，

他的心里有一种说不出的滋味，酸酸的。他既为江南所吸引，数度南巡，又觉得江南有一些他无法认同的东西，不失时机地刻意予以贬抑。乾隆皇帝的这种心理，哈佛大学的孔飞力教授在《叫魂》一书中有一段极精彩的刻画：

既恐惧又不信任，既赞叹不已又满怀妒忌，这便是满人对于江南的看法。在这个"鱼米之乡"，繁荣兴旺的农业与勃勃发展的商业造就了优雅的气质和学术成就。北京大部分的粮食供应，是经过大运河从江南运来的。因此，几百年来，帝国的统治者们便发现，他们需要不断地同江南上层人士争夺那里多余的粮食。同样令北京统治者感到头疼的，是如何才能建立起对于江南倨傲不逊的上层学界的政治控制。江南的学界精英所期期以求的并不仅仅是在科举考试中占有一席之地或获得高官厚禄。如果有什么人能让一个满族人感到自己像粗鲁的外乡人，那就是江南文人。面对这个久已存在的江南问题，在处理这种爱恨交织的关系时，弘历（即乾隆皇帝）以自己的方法表达了自己的看法。凡在满族人眼里最具汉人特征的东西均以江南文化为中心：这里的文化最奢侈，最学究气，也最讲究艺术品位，但从满人古板严谨的观点来看，这里的文化也最腐败。正因为江南文化有着种种非常吸引人的地方，它才对满人的价值观念——那种弘历喜欢想象的价值观念——构成了威胁。如果满人在中国文化面前失去自我的话，那么，正是江南文化对他们造成了最大的损害。

在北京统治者对江南的矛盾心理和暧昧态度背后，是以苏州为中心的江南在社会经济和人文传统方面所具有的超强的辐射能力，这种辐射能力是任何一个其他区域所无法比拟和匹敌的。从某种意义上说，明清时期的苏州，以及以苏州为中心城市的江南代表中国传统社会和文化的极致。

作为"天下四聚"之一，苏州的富庶与繁华，对于农民造反者来说，当然具有极大的吸引力和诱惑力。当他们攻克武昌并决定沿江东下的时候，内心里想得最多的大概就是江南地区的财赋了，所谓"三江财富尤贼（指太平军）所觊觎"。1853 年，太平天国定都天京后，苏州及其附近地区便间接地成为攻防易守的战区。1860 年 5 月，李秀成统帅数万大军东征苏州和上海，6 月 2 日，攻克苏州，并以苏州为首府建立了太平天国苏福省。虽然，此后李秀成曾采取一些稳定社会秩序的有效措施，苏州的工商业一度出现过兴旺的景象，但只要是战区，就不可能有真正意义上的经济恢复和繁荣。随着整个战局的大逆转，湘军由战略守势转入战略攻势，李秀成苦心经营的苏福省也就成了湘军、淮军的必争之地。在曾国藩的整个战略布局中，重点是天京会战，苏南和浙江是牵制战场，意在牵制李秀成的后方力量，减少围攻天京的阻力。但李鸿章、左宗棠抓住天京会战吸引李秀成主力之机，在苏南和浙江发动了大规模的攻势，使李秀成顿时陷入困境。1863 年初，李鸿章统帅的淮军向苏福省挺进，李秀成与之展开了惨烈的大搏杀。在这场大搏杀中，苏州遭受了前所未有的破坏，经济上的富庶与繁华随风而逝，文化上的精致与优雅亦如梦幻般消失了。顾颉刚《苏州史志笔记》中有一段谈及太平天国前后苏州市面的变迁，不禁慨乎言之：

历史视域中的上海与江南

　　伯祥云："从前苏州市面皆在城西，自阊门至枫桥，自胥门至枣市迤西，五十方里，全是房屋。枫桥之米市最盛，全市市面，均以之为枢纽，故谚有'打听枫桥价'一语，谓价钱只须向枫桥打听也。自吊桥往西至江村桥，河浜凡十，其桥名曰'吊、普、文、同、白、马、凤、汲、枫、江'（吊桥、普安桥、文德桥、同泾桥、白莲桥、马铺桥、凤来桥、汲水桥、枫桥、江村桥），全市菁华，皆在于此。枫桥铁铃关，为极冲要处。自洪、杨难后，米市全向西北迁至无锡，其他商业亦多迁至上海，苏州市面犹能略为维持者，赖以省城故耳。及光复后，省城亦迁，商业愈不振矣。"伯祥又谓清军夺回苏州之后，如能赶兴枫桥一带市面，此处必不至如此寥落。

　　伯祥云："当时湖田（在留园后）上新年中亦闹热，比元庙观为盛。"

　　又云："当时城东一带，只有旧家居住，几无市面。"

　　又云："通和坊东口，至瓣莲巷北，四十年前全为瓦砾墩，今始盖造房屋，想见乱时惨状，不仅同泾桥至枫桥间为荒郊也。"

　　就是说，苏州市面在太平天国之后已繁华不再，一派"寥落"，原先异常喧闹的城西一带，以及通和坊东口至瓣莲巷北一带，如今均已变成了"荒郊"！到了20世纪20年代，郁达夫从上海到苏州旅游，他所看到的苏州已全然是另一副模样了：

上海的市场，若说是二十世纪的市场，那么这苏州的一隅，只可以说是十八世纪的古都了。上海的杂乱的情形，若说是一个 busy port，那么苏州只可以说是一个 sleepy town 了。总之阊门外的繁华，我未曾见到，专就我于这葑门里一隅的状况看来，我觉得苏州城，竟还是一个浪漫的古都，街上的石块，和人家的建筑，处处的环桥河水和狭小的街衢，没有一件不在那里夸示过去的中华民族的悠悠的态度。这一种美，若硬要用近代语来表现的时候，我想没有比"颓废美"的三字更适当的了。

与苏州的命运相似，杭州至少到北宋时就已非常的富丽繁华，有所谓"东南第一州"之称，词人柳永《望海潮》中尽情描绘的就是当年杭州那种令人称羡的繁盛景致：

> 东南形胜，三吴都会，钱塘自古繁华。烟柳画桥，风帘翠幕，参差十万人家。云树绕堤沙，怒涛卷霜雪，天堑无涯。市列珠玑，户盈罗绮，竞豪奢。
>
> 重湖叠巘清嘉，有三秋桂子，十里荷花。羌管弄晴，菱歌泛夜，嬉嬉钓叟莲娃。千骑拥高牙，乘醉听箫鼓，吟赏烟霞。异日图将好景，归向凤池夸。

杭州之胜，一直延续到康乾盛世，更确切地说，一直延续到太平军"闯入"江南之前。受太平军战事的强力冲击，杭州从 19 世纪中叶开始加速地走向衰落，并最终促成了江南地区城市中心等级的重新调整。1853 年太平军"闯入"江南后，封锁了大运河上的交通

运输，切断了贯通南北的经济大动脉，清廷和商人只好发展途经上海的海上运输，杭州因此而丧失了在以京杭大运河为南北命脉的古老商业网络中的战略地位，此其一；其二，太平军和清军的战斗，加速了杭州城市衰落的命运。19世纪60年代初，太平军摧毁了杭州城，号称天堂的杭州，城市人口从80余万骤减至20万，一度仅剩下数万人。

苏州、杭州在太平天国战后无可挽回地衰落了，地处长江入海口的滨海县城——上海却因缘时会快速崛起，大踏步地向近代化国际性大都市迈进。从19世纪60年代开始，上海迅速走向繁荣，并取代苏州和杭州，成为江南新的中心城市和长江三角洲地区社会经济发展的龙头。这种取代，是现代城市对传统城市的取代。因此，苏州、杭州的衰落和上海的崛起又代表了一个时代的结束和另一个时代的开始。

在长达十余年的内战烽火洗礼下，"江浙两省绅商士庶丛集沪城"。这个"丛集"的过程，同时也是人才和资金向上海汇聚的过程。1860年上海租界人口激增至30万，1862年又增至50万，一度还曾达到70余万。另据最保守的估计，从1860年到1862年短短的两年时间里，至少有650万银元的华人资本流入租界。难民的大规模涌入，给上海带来了一系列的严重的社会问题，但更重要的是，它为近代上海的崛起提供了必不可少的前提条件：资金、劳动力和需求市场。上海租界以一隅之地接纳来自四面八方的难民，成为难民的福地；而源源不断的难民则以他们的智慧、资金和技艺等给上海的都市化和社会经济的转型带来了巨大的活力，他们与界内的外侨一起共同缔造了近代上海的初次繁荣。王韬说："上海城北，连甍接栋。昔日桑田，今成廛市，皆从乱后所成者。""当租界成为城市的主体的时候，上海的意义完全改变了，它不再是过去那个传统的棉花和棉布的生产基地，不再是普通的滨海小县城，而是中国最大的贸易中心，远东的国际商港。上海正在从'江南鱼米乡'的那个社会模式中国游离出来，成为镶嵌在东西方之间的一块中性地带，一个新开发的商业王国。"

此后，上海便步入了超乎常规的大发展时期。在这种超乎常规的发展中，上海与世界经济、文化的互动日益紧密，并在这种互动中日趋现代化和国际化。到了两次世界大战之间，上海更步入了所谓摩登时代，成为整个亚洲最繁华和最国际化的大都会，美国学者白鲁恂指出："上海的显赫不仅在于国际金融和贸易，在艺术和文化领域，上海也远居其他一切亚洲城市之上。当时东京被掌握在迷头迷脑的军国主义者手中；马尼拉像个美国乡村俱乐部；巴达维亚、河内、新加坡和仰光只不过是些殖民地行政机构中心；只有加尔各答才有一点文化气息，但却远远落后于上海。"

以外贸为例，从 19 世纪 50 年代开始，上海就取代了广州成为中国最大的对外贸易中心。1860—1900 年，上海进出口总值平均占全国的一半以上，1864 年占 57％，1900 年占 55％，其中进口通常占六成以上。在转口贸易、国内埠际贸易方面，上海起枢纽作用。从上海进口的洋货，有 70％以上要运到内地其他口岸；从内地运到上海来的土货，有 80％以上要出口到国外或运到国内其他口岸。转口贸易地区，以长江流域为主，占 60％—70％；其次是华北地区，再次为华南地区。到 20 世纪 20 至 30 年代，上海在全国的对外贸易和对内埠际贸易中的地位都处于特大中心地位，其外贸在全国贸

易总额中占 40％左右，1936 年达 55％。1936 年上海的埠际贸易值包括转口贸易值为八九亿元，占全国各通商口岸埠际贸易总值的 75％。外贸优势地位的确立又带动了相关产业包括航运、金融、工商业、信息乃至文化产业的飞速发展。19 世纪中后期上海已成为中国的航运中心、外贸中心、金融重镇和西学传播中心，到 20 世纪 30 年代，更进一步发展成为集航运、外贸、金融、工商业、信息中心于一体的多功能经济中心和集教育、出版、电影、广播、娱乐等于一体的多功能文化中心，并跻身国际性大都市的行列，成为仅次于伦敦、纽约、巴黎、柏林的世界第五大城市，有所谓"东方的巴黎，西方的纽约"之誉。

作为江南新的中心城市和长江三角洲地区社会经济发展的龙头，上海的崛起对整个江南地区特别是长江三角洲地区而言具有非同寻常的意义。它不仅从根本上改变了江南地区固有的城市格局，而且加速了上海与江南腹地的互动，并以一种新的经济力量重构了江南地区的社会经济秩序和人文秩序。20 世纪初期，就已有人把这种互动中的重构不无夸张地称为"普遍的'上海化'"。"普遍"两字用之于全国显然是言之过甚了，但有一点却是可以确认的，上海对江南地区的辐射力，以及两者之间的互动明显增强。以前是上海"城中幕苏、扬余风"，现在轮到苏、杭来沐浴"海上洋气"了；以前富庶莫过江浙，苏杭称雄天下，而苏州更执江南全局之牛耳，松江市面就曾以"小苏州"为荣，现在是"申江鬼国正通商，繁华富丽压苏杭"，以上海为枢纽，从南北两线展开的"扇形地带"，又伴着上海的节奏起舞，嘉兴、无锡、宁波等地，欲夸耀其市容商业繁盛，每每改以"小上海"称之。这种变化，从表面上看，是江南地区城市格局在近代前后的"主从倒置"，其实，在这种"主从倒置"的背后包含着极为复杂而深广的社会历史底蕴，它构成了中国区域现代化史上最亮眼的历史事件之一。

上海的崛起给江南地区带来的变化是全方位的，从市场网络到产业布局，从城镇格局到社会生活，受上海强有力的牵引，都发生了深刻的变迁，呈现出一种明显的以上海为龙头的一体化趋势。此前的上海是江南的上海，此后的江南则成了上海的江南。且以江南地区城镇体系的演化为例，略加论列。江南地区的城镇布局向以苏州为中心，上海崛起之后情况发生了根本性的变化，"呈现出归向上海的重新组合，逐渐形成唯上海马首是瞻，以上海港内外贸易为主要联结纽带的新的城镇体系"。譬如，无锡、常州素以从属于苏州的米、布转运码头著称，上海开埠以后，它们与苏州的经济联系逐渐削弱，与上海的联系不断加强，进口商品及南北，经由上海采购的常占无锡转口内销总额的70%—80%。1908年沪宁铁路贯通后，沿线城镇与上海的联系更加便捷，更加紧密。其他城镇如杭州及杭嘉湖地区城镇的进出口商品也大多直接纳入上海的货物集散渠道，"浙江的丝，不管政治区域上的疆界，总是采取方便的水路运往上海这个丝的天然市场。"至于上海周边地区的城镇，受上海的影响就更为显著了。与上海联系的疏密，在很大程度上决定了江南地区城镇的盛衰。"一部分以个体小生产者之间交换日用必需品或家庭手工业所需原料为基本特征的农村集镇的商业活动趋于衰败，代之而起的则是一批适应进出口贸易增长及城市发展需要的新兴市镇。"而且，这一类新兴市镇发展迅猛，19世纪70年代以后，松江府属各市镇比"太平战乱"之前增加3倍，据统计，单苏州、杭州、嘉兴和松江4

府所属市镇在同光年间就增加了 110 个。这样一批市镇的兴起，以及城镇空间的重新布局，是近代江南地区社会经济变迁的一个显著的标志，它表明江南地区城镇格局已由内向型向外向型逐步转化，这种转化又使江南地区卷入到世界市场的循环之中，并使它成为中国现代化的先行区域。有位外国学者形象地将这一区域称为"镶饰在老式长袍四周的新式花边"。

三、新人文渊薮：江南文化版图的重构

苏杭的衰落和上海的崛起，江南中心城市的位移，不仅意味着江南地区城市格局的"主从倒置"，而且直接导致江南文化版图的重构。

明清时代，全国印刷文化及书籍文化的重心集中在苏州、南京、杭州、常州等江南名城，这里拥有全国最多的进士，最多的书院，最多的讲会、诗社文社和学术流派，当然也有最多的藏书家和刻书处。作为全国性的人文中心，没有人会怀疑，这里是思潮、书籍、学问和人才的摇篮，是"科甲之乡"和人文的渊薮。据统计，乾隆时期江浙两省进呈的书目就占了全国进呈书目总数的大半，足见当时江南人文之盛。在相当长的历史时期里，江南文化对边缘市镇——甚至是北京和广州——均具有极强的辐射力。

但是，这种局面在太平军入主江南之后发生了根本性的变化。1853 年太平军定都天京之后，富庶、繁华的江南进入了长达十余年之久的战时状态。在这种状态下，江南经受了有史以来最惨酷的战争洗礼。就文化而言，江南学界的基础大致已毁灭殆尽，江南地区

一向引以为傲的学校、书院、藏书楼几乎全部都在硝烟和炮火中化为灰烬。叶德辉指出，战后江南连一座完好的藏书楼都没有了，数个世纪累积起来的丰富藏书大都散佚。同治六年，江苏学政鲍源深曾在一份奏疏中写道：

> 近年各省，因经兵燹，书多散佚。臣视学江苏，按试所经，留心访察，如江苏松、常、镇、扬诸府，向称人文极盛之地，学校中旧藏书籍，荡然无存。藩署旧有恭刻钦定经史诸书版片，亦均毁失。民间藏书之家，卷帙悉成灰烬。乱后虽偶有书肆所刻经书，俱系删节之本，简陋不堪。士子有志读书，无从购觅。苏省如此，皖、浙、江右诸省情形，谅亦相同。以东南文明大省，士子竟无书可读，其何以兴学校而育人才？

以藏书楼为例，"南三阁"——扬州大观堂之文汇阁、镇江金山寺之文宗阁及杭州圣因寺之文澜阁，作为江南地区官府藏书的重地，全都毁于战火。同治年间，曾国藩曾使莫友芝探访文汇阁和文宗阁，莫事后在上曾国藩书中报告说："留二郡间二十许日，悉心咨问，并谓阁书向由两淮盐运使经营，每阁岁派绅士十许人，司其曝检借收。咸丰二三年间，毛贼且至扬州，绅士曾呈请运使刘良驹筹费，移书避山中。坚不肯应。比贼火及阁，尚扃钥完固，竟不能夺出一册。镇江阁在金山，僧闻贼将至，亟督僧众移运佛藏避之五峰下院，而典守阁书者扬州绅士，僧人不得与闻，故亦听付贼炬，惟有浩叹。比至泰州，遇金训导长福，则谓扬州库书虽与阁俱焚，而借录未归与拾诸煨烬者，尚不无百一之存。长福曾于泗、泰间三四处见之。

问其人皆远出，仓猝无从究诘。"咸丰十一年（1861 年）太平军进攻杭州，文澜阁亦受到重创，所藏《四库全书》星散，直到光绪六年（1880 年）在巡抚谭钟麟、布政司德馨及当地人士邹在寅等的努力下才得以在原址上重建。官府藏书如此，私家藏书楼更难逃劫运。叶德辉在《吴门书坊之盛衰》一文中，曾谈到晚清藏书家的变迁：

> ……赭寇乱起，大江南北，遍地劫灰。吴中二三百年藏书之精华，扫地尽矣。幸有常熟瞿氏铁琴铜剑楼保守孑遗，聊城杨氏海源阁收拾余烬，兰陵孙祠书籍归于吾县袁氏卧雪庐。江浙所有善本名钞，又陆续会于湖州陆氏皕宋楼、仁和丁氏善本书室。长篇短册，犹可旗鼓中原。今则袁氏所蓄，久饱蠹鱼。陆书售之日本，丁书售之江南图书馆。南北对峙，惟杨、瞿二家之藏。

曾经盛极一时的文化中心——苏州和杭州的文化基础设施所受的破坏尤为严重，作为承传江南文化载体的士绅在漫天烽火中或死或逃，地处江南边缘的扬州于 1853 年被太平军攻陷后，再也没有恢复它在中国文化界的学术和文学地位，也就是说，江南已变成了文化的"真空"地带。艾尔曼教授在《从理学到朴学》一书中这样写道：

> 学者们死了，著作佚散了，学校解散了，藏书楼毁掉了，江南学术共同体在太平天国的战火中消失了。形成一流学术的环境及图书馆都没有了。图书业空前凋敝，一度繁荣兴旺的出

版业如今已所剩无几。此时此刻，江南一代学术精英已是烟消云散。

尽管"中兴名臣"在战后把重建学校、书院、藏书楼列为中兴的主要目标之一，并为此做出了不少富有成效的努力，一方面致力于修复或重建江南的书院和藏书楼，另一方面在南京、苏州、扬州、杭州等地设立刻书局，网罗散佚，重刊经史著作；江南的一些学者不仅倡导，而且投入到文化重建中去，如黄彭年就曾希望重建江南所有书院，全力复兴苏州在汉学全盛时期享有的中心地位。但是，这种恢复和重建的努力从一开始就面临一种时易势移的局面，朴学赖以兴起的江南学术共同体实际上已难以完全恢复了。

所谓时易势移，主要指的是上海的崛起。许多学者往往从经济角度来理解上海的崛起，事实上，它的崛起不仅具有经济意义，而且也具有重要的文化意涵。就后者而言，开埠之后上海就已开始显露出它日益强大的融汇、吸纳和替代的功能。当江南变成文化"真空"地带的时候，上海租界因远离内战的风暴而成为江南的学者、文人及画家的"避秦桃源"。当年避入租界的文人学士究竟有多少人，现在已很难统计出确切的数字，但可以肯定的是人数不会少，单王韬的记录中提及的就已有百数十人之多，如冯桂芬、吴友如、蒋敦复、管嗣复等都是因为内战而避居上海的，有的人虽然早已来沪如沈毓桂，但他们是 1860 年以后才决定长住上海的。

其实，这只是一个源头。此后，上海更借助自治、法治、安全与自由的制度环境，舒适、惬意的都市生活，领先的文化事业和成熟的文化市场，吸引全国各地的文化人从四面八方汇聚到上海，使

上海成为江南乃至全国的"新人文渊薮"。早在 1910 年就有人在媒体上撰文称赞上海人才荟萃：

> 上海者，新文明之出张所，而志士英豪之角逐地也。以人才荟萃之地，而其数又若是之多，宜乎大实业家、大教育家、大战术家、大科学家、大经济家、大文豪家、大美术家，门分类别，接踵比肩也。

单就文化方面的人才而言，上海拥有当时中国最庞大的知识阶层。到 1903 年，上海已至少汇聚了 3000 名拥有一定新知识的知识分子；至 1949 年底，在上海从事文化性质职业的知识分子达 14700 人，是中国文化人最集中和流动性最大的城市。

上海之取代苏杭而成为"新人文渊薮"，对近代江南乃至全国的文化变迁的意义非同寻常。如果说，太平天国之前江南文化是以苏杭为中心向边缘市镇包括上海辐射，那么，在此之后，江南传统的文化中心急遽地走向衰落，取而代之的上海则成了"新学枢纽之所"和新文化的中心，各种新的思潮、书籍、报刊及国内外重要信息，开始从上海源源不断地流被江南，流向全国。这种变化不仅意味着江南文化中心的位移，更预示着旧学的式微和新学的蓬然而起。就这个意义而言，江南文化版图的重构，也许是中国近代文化史上最重要的事件之一。

复旦大学历史地理研究中心教授、博士生导师，安徽大学讲席教授，教育部人文社会科学重点研究基地——徽学研究中心学术委员会委员。主要从事历史地理、明清史、域外文献与东亚海域史研究，尤其专长于徽州文书与社会史研究，迄今已出版《乡土中国·徽州》等十数种论著，主编《徽州民间珍稀文献集成》三十卷、《徽州传统社会丛书》（合作）等。目前担任国家社科基金重大项目"明清以来徽州会馆文献整理与研究"之首席专家。

王振忠

明清徽商与江南社会

现在上海的青浦区，在明清时代属于松江府，这里是传统时代江南的核心地带。在明清时期，松江府所产的棉布号称"衣被天下"，也就是销往全国各地、大江南北，甚至还远销到世界各地。当年，在国际上非常著名的"南京布"，就主要出自包括松江府在内的江南地区。因为在明代，松江府等地隶属于南直隶（也叫南京），所以，这一带出产的棉布，也就被统称为"南京布"。而从事此类棉布贸易最为重要的商人之一，就是徽商。

关于这一点，除了地方志和笔记、文集资料的记载之外，还有现存的写本文献可以佐证。到目前为止，我们发现了五种《布经》抄本，这些《布经》抄本，是反映明清时期棉布生产和经营的商业书。它们对于制布业的原料产地、棉布市镇之分布、销售区域，以及徽商和山西商人对商业书创作的贡献与交流等，都作了相当细致的描述。其中的四种，都是以棉布业的中心松江府为重点区域展开

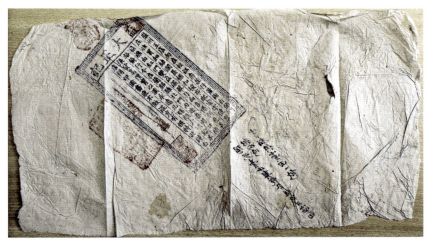

图 1　清代徽商在江南的布业经营

记录，只有一种范围更广，涉及江南和浙西的金华府兰溪一带，这当然也是广义的"江南"范围。至于其编者，除了一种是山西商人所编之外，其他四种全都出自徽商之手。这些，都从诸多侧面反映了徽商与江南社会的密切关系。

下面，我就专门谈谈明清徽商与江南社会。说起明清时代的徽商，首先可以从几句谚语说起。

我们知道，谚语是流行于民间的一些富有意义的句子，它往往只有几个字，相当通俗简练，但却能画龙点睛地概括出某种社会现象。明清以来，江南各地大概有四句一一对应的谚语：

　　1. 徽州朝奉，绍兴师爷。

　　2. 徽州算盘，绍兴刀笔。

　　3. 无徽不成镇，无绍不成衙。

　　4. 钻天洞庭遍地徽州，绍兴人还在前头。

首先讲第一句，"徽州朝奉，绍兴师爷"。所谓朝奉，原来是专指典当铺里的职员，因为明清以来江南各地的典当铺，绝大多数都是徽州人所开的。即使不是徽州人所开的典当铺，其中的职员也有不少是徽州人，所以徽州朝奉相当著名。后来，"朝奉"这两个字也就逐渐成了徽商的代名词。"徽州朝奉，绍兴师爷"这句谚语是说——明清以来，徽商与绍兴师爷在全国一样的有名。

大家都知道，徽商是做生意的，做生意用的主要工具是算盘。明代万历年间（1573—1619），徽州有个人叫程大位，从20岁起就在长江中下游一带经商。他因商业计算方面的需要，非常留心于算盘及相关的数学问题，后来博采众长，编写《算法统宗》一书。这是教人如何打算盘的一部书，后来被世人奉为商界的经典。当时人就认为，《算法统宗》就像是四书五经对于读书人那样的教科书，几乎每位商人人手一册。这部书不仅在中国国内很有影响，而且还流传到海外，尤其是到了日本、朝鲜等国家，这也促进了东亚各国算术的进步。由于《算法统宗》的问世，徽州算盘远近闻名。现在在安徽省黄山市，有一个程大位故居，是全国重点文物保护单位，里面就放着形态各异的算盘。从程大位的例子可以看出，徽商与算盘的关系非常密切，徽商甚至还在江南的一些地方开设兜售徽州算盘的商店。

2017年12月，我到巴黎开会，顺便到法国的各大图书馆、博物馆查阅资料，其间，看到一部《苏州市景商业风俗图册》，这是清代前期法国传教士委托中国画家画的一组图画，其中有一幅就画有算盘店，叫"汪尧成自造各色黄杨乌木时算盘"。因为徽州十姓九汪，从这个姓氏来看，这家算盘店应是徽州人或徽商后裔所开设。由此一例子也可看出，"徽州算盘"在江南各地的确相当著名。

图2　苏州的算盘店（《苏州市景商业风俗图册》）

我们上面提到的第二句谚语是"徽州算盘，绍兴刀笔"。在明清时代，绍兴人是在衙门里充当师爷或胥吏，也就是各级官员的幕僚和办事人员。绍兴师爷很有名，以前的戏剧、小说中有很多描述。而从中央六部到地方各个衙门中的胥吏（也就相当于现在的公务员），他们有很多都出自绍兴。与徽商使用算盘相对应，绍兴师爷和胥吏使用的工具是刀笔。那么，什么是刀笔呢？刀笔也叫"笔刀"，因为在纸张还没出现之前，中国人是用毛笔在竹简上写字，如果写错了，就要用刀将错字刮去，然后再重写，所以"刀笔"往往是连称，用来代指书写的工具。因此后来衙门中的公牍，尤其是打官司的诉讼状文也就称为"刀笔"。由于浙江绍兴人做师爷和胥吏的相当之多，所以"绍兴刀笔"也就与"徽州算盘"一样的有名。

前面提到的第三句谚语是"无徽不成镇，无绍不成衙"。所谓无徽不成镇，是指在长江中下游一带的市镇中，徽商的活动极为活跃。根据胡适先生的说法，在长江中下游一带，一个村落如果没有徽州人，那这个村落就只是个村落，徽州人进去了，就会开设店铺，开展贸易经营，逐渐发展出商业，从而将一个村落变成市镇。胡适是徽州绩溪人，他的祖先在上海川沙开设有几家茶叶店，所以他是一位徽商子弟。关于他对"无徽不成镇"的解释，虽然略有夸张，但其中心意思是说，徽商在江南许多地方的城镇化过程中，有着举足轻重的地位。的确，在明清时代，长江中下游各地的城镇中，徽商是随处可见。而与"无徽不成镇"相对应的，则是"无绍不成衙"。这句谚语是指明清时期各地的官府衙门中往往有绍兴人，他们一般是充当师爷和胥吏，势力非常强大，从而在各地官府中编织起一个隐性的权力网络。以前说"铁打的营盘流水的兵"——因为官员任官是有年限的，过几年就要离开，但一个地方衙门中的胥吏却往往能长期盘踞在那里，形成隐性的权力网络。

第四句谚语是"钻天洞庭遍地徽州，绍兴人还在前头"。这里提到了几个商帮，一是江苏太湖洞庭东山、西山的洞庭商帮，还有一个就是徽帮，也就是徽商。关于洞庭商帮，明代著名的小说家冯梦龙，在他编辑的小说集《醒世恒言》中就写道："两山之人，善于货殖，八方四路，去为商为贾，所以江湖上有个口号，叫做'钻天洞庭'。"钻天洞庭可能是指洞庭商帮的实力很强，有钻天的本领；而遍地徽州，则是指在全国各地（尤其是在长江中下游一带），徽州人到处都是。谚语的下半句说，"绍兴人还在前头"，意思是说你们不

能不忆江南——江南文化十讲

要只看到洞庭商帮、徽州商帮到处都是，本领高强，其实，绍兴人还在他们的前头。绍兴人不仅在商业上与宁波人一起结成了宁绍商帮，卖南货（如绍兴酒等），而且，更为重要的是，他们在官府里更是捷足先登，在衙门中充当师爷和胥吏，占据着要害的部门。这是很重要的。因为在传统的中国社会，利用政治资源是非常重要的，官商结合，尽最大程度地利用官府的势力，才有可能获得最大的经济利益。

当然，这句谚语出自清代人范寅的《越谚》。《越谚》是一部记录浙江绍兴一带方言、俗语的著作，作者范寅是一名绍兴师爷，所以他说"绍兴人还在前头"，其实主要是指绍兴师爷和胥吏在官府衙门中的地位，而不是指宁绍商帮的实力超过徽州商人。

综上所述，这四句谚语，都是说——明清时代"遍地"可见的徽商占据了商业上重要的位置，可以说是执商界之牛耳；而在"前头"的绍兴人则是盘踞在各地的官署衙门。换句话说，在商界和官场上，徽商与绍兴师爷分别都有着极大的势力。

从历史文献上看，"徽商"这个词汇，出现的时间比较晚，一直到明代中叶以后才成为民间约定俗成的词汇。关于这一点，我们先来看看明代笔记的记载。

明代有部笔记叫《淞故述》，是嘉靖年间江南华亭人（现在上海一带）杨枢所写，这是一部反映松江府社会生活的笔记，书中他讲过一个故事：

> 成化末年，有一个地位显赫的官僚带着很多财物回到松江。当地的一位老人到他家里向他不断地打揖做恭表示感谢，这位

官僚非常吃惊，有点莫名其妙，问这位老人究竟是什么意思。这位老人回答说："我们松江地区百姓的财产，多被官府搬去，现在靠您又把它们搬回来了，我能不表达感激之情么！"听罢这番话，这位官僚惭愧得无地自容，以致说不出什么话来。

《淞故述》的原文当然是文言文，我这里将它翻译成现代汉语。这一故事，当然是一个讽刺性的寓言。

我们知道，明清时代，松江府所在的地区是江南的核心地带，历来是重赋的地区，当时中央政府的主要财政收入，有相大的一部分来自这里。据统计，明初的洪武二十六年（1393 年），苏州、松江、常州、镇江、湖州、嘉兴六府的田地仅占全国总数的 4%，而田赋却占全国总数的 22%。当时有"江南赋税甲天下，苏松赋税甲江南"的俗谚，所以那位老人说：我们松江地区百姓的财产，多被官府搬去。也就是说，松江一带人的钱，都被政府收税收去了。现在，这位官僚在外地做官，搞到很多钱，所以带了相当多的财物回到松江。因此，那位老人说，您将官府搬去的财物又搬了回来，所以我必须表达感激之情。明的是表达感激，其实是讽刺这位官僚在做官时，通过搞腐败，在外地搜刮了许多民脂民膏，满载而归。那位官僚当然也听得出弦外之音，所以惭愧得不能作答。

说这个故事是明代嘉靖年间的人，时间是在 16 世纪中叶前后。但到了半个多世纪以后的万历年间，同样是这个故事，在内容上却发生一个微妙的变化。

万历以后，在松江地区又出现了一部书叫《云间杂识》。"云间"也就是松江府的别称，这部书里面也讲了大致相同的故事，也是说成化末年，有个显赫的官僚回乡时带了很多的财物满载而归，一位老人找上门来不停地感谢他，官僚很吃惊，就问是怎么一回事。老人说："松江府百姓的财产，多被徽商搬去，现在靠您又将它们搬回来了，所以我要好好地感谢您。"于是，这位官僚非常惭愧，惭愧得说不出话来。

大家注意，在万历年间出现的这个故事中，搬走松江府百姓财产的主角，已从官府换成了徽商。这说明了一个情况，从杨枢《淞故述》最早讲述那个故事的时代——也就是嘉靖年间，松江地区的情况有了相当大的变化，徽商在成化末年以后，势力有了相当大的发展。

根据我以前的研究，"徽商"这个词在历史文献中出现的时间，较早的是在16世纪初的明代正德年间，到16世纪后期至17世纪前期的万历年间，"徽商"一词在社会上的使用已经相当普遍。"徽商"一词在社会上的普遍使用，成了一种约定俗成的词汇，这反映了徽州商人在全国各地的活动日趋频繁，可以说，徽州商人在明代中叶以来，正以群体的力量登上历史舞台，参与激烈的商业和社会竞争。

请注意，我这里所说的"徽商"，不是指个体的商人，而是指以群体力量登上历史舞台的商人群体。

下面，我们再简单地看一下徽州与徽商的基本情况。

一、徽州与徽商

徽州位于安徽省南部、黄山脚下，明清时代是个府级的行政单位，下面管辖六个县，也就是歙县、绩溪、黟县、休宁、祁门和婺

源六县，前五个县现在都还属于安徽省，只有最后一个婺源县，20世纪40年代两度划入江西省，现在仍然属于江西。

在清代，徽州府与安庆府，是安徽省最为重要的两个府。我们知道，在当代，安徽省的省会是在合肥。但在清代，安徽省的首府则是设在安庆。安庆是政治中心，当然是省内最重要的一个府。除此之外，徽州府在安徽省的地位也相当特别，因为这里出的商人（也就是徽商）相当之多，全国有名。正是因为这一点，清代康熙年间设立安徽省，就是取安庆和徽州两个府的第一个字为省名。

徽州土地很少，人口众多。当地有"七山一水一分田，一分道路加田园"的说法，就是说如果把徽州的土地分成十分，那么其中有七分是山，一分是水，一分是田，还剩下的一分则是田地山水之间的道路，还有一些个人的庄园，等等。这句俗谚当然是形容徽州当地的地少人多。

由于地少人多，有限的土地上收获的粮食极为有限，所以许多人不得不出外经商，正是因为这一点，徽州有一句俗谚，叫做"前世不修，生在徽州，十二三岁，往外一丢"。这是徽州人的自嘲，说自己因为前世作了孽，才生在徽州这样自然条件相当不利的环境中。人们到了十二三岁（或者说十三四岁），接受了基础的教育，除了在家务农或继续读书深造外，大部分的人就被父母送到外地去做学徒，学习经商，所以说是"往外一丢"。

正是因为大批的徽州人外出务工经商，所以明清方志就明确说道，"徽州人以商贾为业"。太平天国前后徽州有位著名的学者汪士铎在他的书中，甚至称徽州的土产是"买卖人"。

明清时期，徽州一府六县所出的商人虽然都统称为徽商，但各县的侧重点又有所不同，歙县主要以盐商最为著名，休宁人擅长从事典当业，而婺源主要是木商、墨商和茶商，绩溪人则主要是小商小贩，以从事徽馆业者为数众多。所谓徽馆业，也就是徽菜馆和徽面馆。

比如说盐商，胡适先生在他的《口述自传》中曾经说过：

> 徽州人的生意是全国性的，并不限于邻近各省。近几百年来的食盐贸易差不多都是徽州人垄断了。食盐是每一个人不可缺少的日食必需品，贸易量是很大的。徽州商人既然垄断了食盐的贸易，所以徽州盐商一直是不讨人欢喜的，甚至是一般人憎恶的对象。

徽州盐商以两淮盐商最为著名。两淮盐商将苏北的淮盐运往长江中、下游各地，其行销范围包括湖北、湖南、江西、安徽和江苏等地。当时，两淮盐业的中心是在扬州，所以两淮盐商中最为有名的商人也叫扬州盐商。明代万历和清代乾隆年间，两淮盐业处于极盛阶段，盐商赚了很多钱。根据文献记载，明代万历年间，扬州盐商的资本超过三千万两。而到了清代乾隆年间，淮南盐务如日中天，一百数十家的徽商和山西商人聚集扬州，"蓄资以七、八千万计"。也就是说，在扬州一地的盐商资本达到了七八千万两白银的规模。康熙皇帝、乾隆皇帝分别六次南巡，到江浙一带巡视、游玩，差旅费以及接待费主要都是盐商出的。乾隆皇帝就曾惊叹："盐商之财力伟哉！"也就是说，盐商真是有钱啊。

在传统时代，盐商与酱商是二位一体的，因为要制作酱，最主

要的原料就是盐。所以酱商与盐商总是一体的。在江南的核心地带苏州，当地酱商中最为有名的就是来自徽州歙县大阜村的潘氏。在歙县当地，有“周漆吴茶潘酱园”的说法，说的就是歙县南乡的周氏，主要从事漆业经营，因为至迟从北宋以来，徽州与邻近的浙江严州，就是出产生漆最为有名的地区。到了明清时期，徽严生漆非常有名，徽商在江南各地开了很多茶漆铺，也就是在茶叶店中兼售生漆，这些生漆就是“徽严生漆”。除了周氏经营漆业之外，歙县南乡的吴氏主要经营茶业，而大阜潘氏，则在江南各地从事酱业经营。潘家对于中国社会，尤其是江南社会有着重要的影响。在政治上，潘氏出过潘世恩这样的中央级官僚。潘世恩一生为官 50 余年，历事乾隆、嘉庆、道光、咸丰四朝，被称为“四朝元老”。而在文化上，迁往苏州的大阜潘氏中出现了不少收藏家和学问大师。一直到现在，上海博物馆、图书馆中保存的不少文物、书籍，就来自苏州的潘家。这个苏州潘家，其实也就来自徽州歙县南乡的大阜村。他们迁居苏州之后，因经营盐、酱等业，将商业资本转化为文化资本，成为苏州乃至江南一带著名的文化世家。

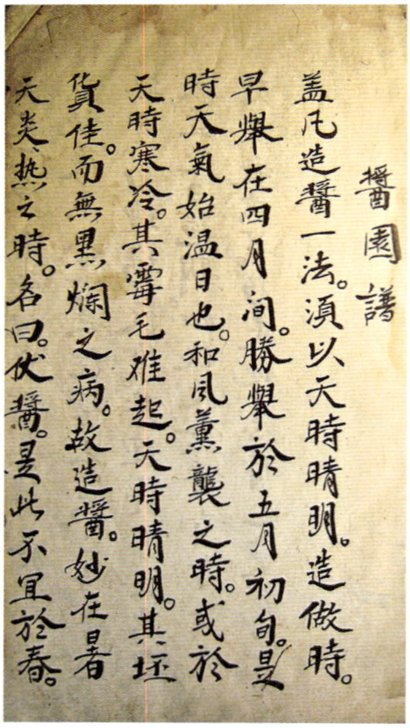
醬園譜
蓋凡造醬一法。須以天時晴明。造做時。
早爆在四月间。勝舉於五月初旬。是
時天氣始温日也。和風薰襲之時。或於
天時寒冷。其霉毛难起。天時晴明。其坯
貨佳。而無黑焗之病。故造醬。妙在暑
天炎熱之時。名曰伏醬。是此不宜於春。

图 3　徽州商业书抄本——《酱园谱》

在江南，富裕程度仅次于徽州盐商的还有徽州的典当商。在明清时代，江南一带素有“无徽不成典”的说法，意思是说典当业大多是徽州人所开，即使是晚清民国时期徽州典当衰落以后，一些并非徽州人开设的典当中，徽州出身的典当铺职员也占相当多数。在徽州，休宁的典当商尤其著名。美国波士顿以北马萨诸塞州赛伦市（Salam）的碧波地·益石博物馆（Peabody Essex Museum）中，有一座原来坐落在徽州休宁黄村的徽派老房子"荫余堂"，房屋主人是活跃于汉口和上海等地的典商。据说，在历史时期，黄村一村多以典当为业。

典当铺里的职员就叫"朝奉"，这是狭义的"徽州朝奉"的意思，专指典当业中的职员，而广义的徽州朝奉，则是徽商的代名词。一般说来，典当业是具有一定技术含量的一种行当，典当业职员通常都受过良好的训练，无论是求职门槛、从业技术、日常待遇，还是阅历的人物、经手的物品等，典业中人均独具特色，故而在社会中具有相当显著的地位，相当于现代社会中的"白领"。不过，在江南民间，这些人却颇为民众所痛恨。特别是典当铺中的头柜朝奉（也就是站在柜台前面的职员）叫"徽老大"，在江南方言中，因谐音而被称作"徽骆驼"，这些人最受民众的诟病。在上海，有一首竹枝词这样写道：

朝奉狰狞赛恶魔，徽州籍贯最为多，高居柜上头垂下，又似双峰屎骆驼。

这种形象，在丰子恺、戴敦邦等人的绘画中，都有所展示。

在清代，江浙一带有一句谚语称："徽州朝奉锡夜壶"，意思是，本来锡是可以制成各种各样的日常用品，例如，广东人制造的广锡用品，就很受各地人的喜欢。但如果用锡做成男子撒尿用的夜壶，

这种锡就成了废料，不能再改制成其他的物品了。因为用锡打造的夜壶，在反复使用的过程中，经过尿液的长年浸泡，那股腥臊气再也消除不掉。这一俗语，是比喻进了当铺从业的人，就再也无可救药了。这当然反映了一般民众对于徽州朝奉的反感。关于这一点，清代有一部民歌集叫《天籁集》，其中收集的一首江南民谣，叫："龙生龙，凤生凤，麻雀生儿飞蓬蓬，老鼠生儿会打洞，婢妾生儿做朝奉。"这首民歌说的是，龙生下来的儿子也是龙，凤生下来的儿子也是凤，麻雀生下的儿子也会扑棱棱地飞，老鼠生下的儿子当然会做窝打洞，而小老婆生下来的儿子就去做徽州朝奉。这首民歌反映的同样也是民众的一种怨气，说这些徽州朝奉都是二奶养的，小老婆生的。

那么，为什么徽州朝奉会如此遭人痛恨呢？这主要是因为，在典当交易行为的过程中，到当铺典当东西的人，往往是因生活窘困，或者是因为一时难于周转，而将财物出典于当铺，一般说来，完全是处于弱势的地位。相比之下，典当铺外观门禁森严，再加上典当铺内高高的柜台，典当业者居高临下，在此类交易过程中就处于强势地位。由此塑造了典当业者（也就是徽州朝奉）独特的心理，他们极易滋生出对弱者的鄙视。例如，鲁迅先生的祖父因科场案被处分，家庭经济陷于困境，所以经常要到典当铺典当物品。在一篇杂文中，鲁迅曾说自己有四年多，几乎每天都要出入于典当铺和药店，从一倍高的柜台外送上衣服或首饰，"在侮蔑里接了钱，再到一样高的柜台上给我久病的父亲去买药"。因此，典当铺给人的印象往往是乘人之危，容易引发社会弱势群体的不满情绪，以致出现对徽州朝奉的种种负面印象。

其实，在江南社会，典当业的作用并非全是负面。一方面，典当便民缓急，为下层民众须臾不可或缺，这具有一定的正面意义。但与此同时，"荒年熟典当"，典当业总是乘人之危而暴发不义之财，似乎便成了农村社会贫困化的罪魁祸首，这一点，被世人所强化，从而造成民众的负面观感。

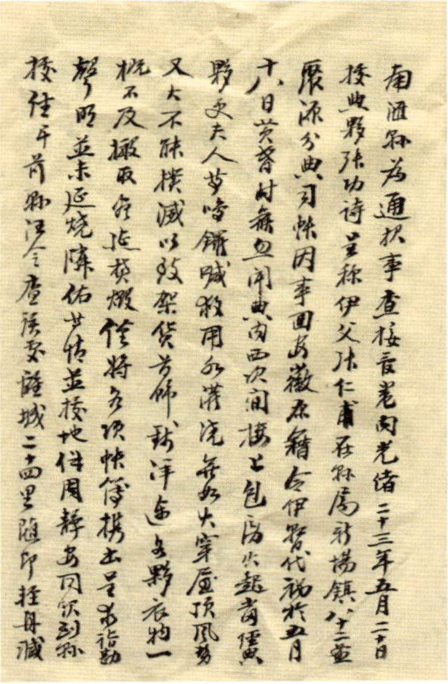

除了盐商和典商之外，徽州木商也相当著名，民间俗有"盐商木客，财大气粗"的说法。"木客"也就是木商。

图4 江南的徽州典商文书

徽州地处万山之中，森林茂密，盛产杉木。自南宋定都杭州以来，徽州的木材就沿着新安江源源东下，徽州的木材除了供官府建设宫殿之用外，还可以用来造船和打造棺材。在民间，婺源的木材是打造棺材的上好材料，在明清时代，江南一带有"生在扬州，玩在杭州，死在徽州"的说法。这句话的意思是说，扬州是徽州盐商聚居的地方，所以很多徽州人的后裔生在扬州；"上有天堂、下有苏杭"，杭州的西湖美景让人流连忘返，所以说是"玩在杭州"。至于所谓的"死在徽州"，则有两个方面的涵义：一是徽州是中国风水学的中心，徽州罗盘（史称"徽盘"）颇为闻名。二是徽州的棺材板相当著名。关于这一点，早在明清小说三言二拍中就有"婺源加料双靷"寿板的记载。在明清时期，南京城西的上新河，成为徽州木商尤其是婺源木商聚居的场所。

在法国收藏的《苏州市景商业风俗图册》中，我们可以看到清代前期苏州的木客会馆和婺源木行。其中就有“永寿堂婺源楠木板”的标记，这也就是贩卖婺源木材的商店。

图5 苏州的“木客会馆”(《苏州市景商业风俗图册》)

盐、典、木之外，比较有特色的还有绩溪的徽馆业。徽州人的饮食有着比较独特的口味，其中最主要的一个特点就是嗜油（虽然说嗜油是中餐饮食中比较普遍的特点，但徽菜在这方面似乎表现得更为突出，尤其是对猪油的特殊嗜好）。著名文人梁实秋在《胡适先生二三事》中指出：1928年前后，有一天，胡适请他和潘光旦（潘光旦是著名的社会学家，费孝通的老师）等人到一家徽州馆吃午饭，尝尝自己家乡的风味。他们一进门，老板一眼望到胡适，便从柜台后站起笑脸相迎，满口的徽州话，等他们扶着栏杆上楼时，老板对着后面厨房大吼一声。据胡适解释说，老板是在喊："绩溪老倌，多加油啊！"原来，绩溪是个穷地方，难得多吃油，多加油即是特别优待老乡之意。果然，那一餐的油相当不少。有两个菜给梁实秋留下了深刻的印象：一是红烧划水，鲜嫩无比；一个是生炒蝴蝶面，非常别致。在梁实秋这个异乡人的眼里，徽菜的缺点是味太咸，油太大。按照现代人的归纳，徽菜的主要特征是"严（盐）重好色，轻度腐败"。徽菜虽然油腻，但在明清民国时期，随着徽州移民的大批外出，以及徽商财力的如日中天，徽菜馆和徽面馆盛行一时。明清以后的徽菜馆和徽面馆，有点像现在的福建"沙县小吃"，全国到处都是。

到了民国时期，王定九所编的《上海门径·吃的门径》中还形容申城是"徽气笼罩的上海街市"，他分析说："徽人在上海的典质业中服役的最多，富有势力，上海的典当押肆，无论那［哪］条街上，终有一二所，徽馆为适合同乡人的口味，所以和典当押肆成正比例，也是每一条街上必有一二所。"

前面曾经说过，绩溪人主要从事小本经营，尤其是徽馆业。所谓徽馆，是指徽菜馆和徽面馆的总称。绩溪有"徽厨之乡"的美誉，徽馆（亦称馆店业）是绩溪人经营的一种传统行业，流行在绩溪的二首同名歌谣《徽馆学生意》，对此作了生动的描述，其中之一是四言歌谣：

前世不修，生在徽州。十三四岁，往外一丢。吃碗面饭，

好不简单。一双破鞋，踢踢踏踏。一块围裙，像块纪裆。

第二首歌谣是五字一句：

前世不曾修，出世在徽州。年到十三四，便多往外溜。雨伞挑冷饭，背着甩溜鳅。过山又过岭，一脚到杭州。有生意，就停留，没生意，去苏州。转来转去到上海，求亲求友寻路头。同乡多顾爱，答应肯收留。两个月一过，办得新被头。半来年一过，身命都不愁。逢年过时节，寄钱回徽州。爹娘高兴煞，笑得眼泪流。

上述的两首《徽馆学生意》，都是描述在徽馆从业的学徒生活之艰苦。其中，第一首是将徽州人外出谋生的俗语——"前世不修，生在徽州，十三四岁，往外一丢"，直接说成是"吃碗面饭"，也就是到徽馆学做生意，这是绩溪少年既自然而又颇为无奈的选择。据1963年在台湾出版的《绩溪县志》记载：绩溪人从事徽馆业，"每年赖以谋生者，几达全县人口之半"。近世安徽民间谚语有"无徽不成镇，无绩不成街""无徽不成市，无绩不成铺"之说，所谓"无绩不成街"和"无绩不成铺"，主要就与绩溪的徽馆业有关。因为徽馆是本小利微的行当，只要有一个小店面，一个灶台，一副桌椅碗筷，就立马可以开张。民以食为天，有徽州人的地方就会有徽面馆、徽菜馆，所以在"无徽不成镇"的背景下，"无绩不成街"或"无绩不成铺"也就顺理成章了。上述第二首歌谣中提到的杭州、上海和苏州，都是江南徽馆业最为集中的区域。

以上提到的几类商人，也就是盐商、典当商、木商和徽馆业商之外，墨商、茶商等也相当著名，在徽州各地的分布也较广。

　　以墨商为例，在传统时代，徽州的墨商极为有名。我们知道，从公元 10 世纪开始，中国墨业的中心便从河北易水一带转移至安徽省南部的徽州府。16—17 世纪之交的明代万历年间，徽州的墨业极为兴盛。当时的一位文人沈德符就曾指出：徽州人"例工制墨"，当地人"家传户习"。也就是说，徽州人擅长于制作徽墨，几乎家家户户都在从事这一行当。及至清代，徽墨更是闻名遐迩。18 世纪的乾隆时代，江南有一部图文书叫《太平欢乐图》，其中就有一幅反映徽州墨商形象的图画。画面中有位头戴暖帽、面朝左看的清人，左手拎一包袱，右手捧着一盒徽墨，旁边的文字说明写道：

　　徽州之新安墨盛行于浙，凡携篋走书塾觅售者，新安墨也。

　　"新安"是徽州的旧称。这是反映徽墨流行于浙江的一段记载。意思是说当时的徽州墨商，将徽墨放在蓝布袋中，沿途叫卖，并前往私塾兜售。

　　《太平欢乐图》一共有一百幅图，以一幅图一段文字说明的形式，为人们展示了乾隆时代（也就是 18 世纪）江南杭嘉湖地区民众的日常生活。到了 20 世纪，已故的著名古建筑学家陈从周先生有一篇回忆"旧式商贩"的短文这样写道：

　　少时曾见肩贩商，有安徽徽州属之笔墨商，浙江绍属之兰花商，青田之青田石（刻图章石）商，皆徒步千里，沿途成交

者。徽之笔墨商,肩落货物,沿新安江入浙至浙江九县。又有经绩溪、宁国入长兴、吴兴至浙者。至一地暂住,藏笔墨于蓝布袋中,此袋前后置物搭于肩上,沿途叫卖,早年乡居于学塾门首,每从此购笔墨。货售毕再进当地之货物,步行返歙。(《梓室余墨》)

陈先生为浙江杭州人,生于 1918 年。在上述这段文字中,陈从周先生所回忆者,主要是零售徽墨的笔墨商。这些描述,与《太平欢乐图》中的形象极为相似。这些墨商,因是走街串巷沿途叫卖,所卖之墨应是低档的徽墨。从《太平欢乐图》中可见,那位"携篋走书塾觅售"的墨商,左手拎的正是一个蓝布袋。由此可见,自 18 世纪的乾隆时代一直到 20 世纪的民国初年,在浙西一带走街串巷的徽州墨商可谓络绎不绝。"新安墨盛行于浙",百余年间皆未曾改观。

在清代,墨商的出生地主要是徽州府的歙县、休宁、绩溪和婺源四个县。根据当代徽墨鉴藏家周绍良的研究,在清代,上述诸县墨商所制之墨在档次上有比较大的差别,其中,来自婺源的徽商所制之墨绝大部分比较粗糙,这些徽墨主要是面向普通民众。由此推测,《太平欢乐图》所描摹的墨商,因是走街串巷沿途叫卖,所卖之墨较为低档,故其主角应主要是些来自婺源的墨商。

在徽州,民间有"一等生业,半个天下"的俗谚,是指徽州人以经商为第一等生业,活动的地域集中在长江中下游地区。而在这些地区,歙县的盐商,休宁的典当商,婺源的木商、墨商,绩溪的徽馆商人,等等,全都以其鲜明的特色闻名遐迩。

二、徽商与江南社会

前面我曾对"徽商"这个词汇在江南的出现，作过一点考证。其中，引证了两部笔记，一部是《淞故述》，一部是《云间杂识》，这两部书都是反映江南核心地带松江府一带的情形。特别是《云间杂识》中提到："松江府百姓的财产，多被徽商搬去。"其实，言下之意是对在当地活动的徽商极为不满，认为江南百姓的财富，都是被徽商盘剥去了。

在当时，江南社会始终弥漫着一种仇富的情绪。许多人只看到富人非常有钱，过着夸奢斗富、纸醉金迷的生活，心理容易产生不平衡。

例如，佚名《云间杂志》卷下记载：明代松江华亭人钱福，垂涎江都某妓，及至扬州，该妓已嫁与盐商，"乃往谒商，……祈一见妓耳。商许之，出妓把酒。酒酣，妓出白绫帨，请留新句，公遂书一绝：'淡罗衫子淡罗裙，淡扫蛾眉淡点唇，可惜一身都是淡，如何嫁了卖盐人。'"这位钱福号鹤滩，是松江华亭名士，江都是扬州府的一个县。此一故事，在另一部晚清的笑话集——独逸窝退士所辑《笑笑录》中，也有类似的记载：

> 杭州妓者，多鬻身醵客，一妓号素娥，为歙商所据，吾乡黄南谷过之，见壁上小像，书曰："淡红衫子淡红裙，淡淡梳妆淡点唇，可惜一身都是淡，将来付与卖盐人。"

"独逸窝退士"不知姓甚名谁，但他是苏州人，则是可以肯定的。他说的故事，将地点从扬州改到了杭州，"嵯客"也就是盐商。说杭州有个叫素娥的妓女，嫁给了徽商。苏州有个叫黄南谷的人，看到她的画像，也写了与钱福几乎相同的一首诗。

其实，两个故事中的主人公究竟是钱福还是黄南谷并不重要，重要的是其中反映了江南文人学士对于徽商根深蒂固的反感和偏见。

以钱福为例，这个人其实很不上路，明明是他喜欢扬州那个妓女，但自己却没有很多钱，妓女嫁给了席丰履厚的盐商，他想再看上一眼，人家扬州盐商也很大度，就让他看看吧。没想到，他却在达到目的之后，不咸不淡地写下了这样的一首诗，可以说是细酸文人的仇富心态表露无遗。

这种仇富心态相当普遍，在当时的不少文学作品、曲艺节目中，徽州朝奉通常都是反面形象。例如，在三言二拍等明清世情小说中，徽州朝奉时常出现，但总是与为富不仁、吝啬好色联系在一起。清人沈起凤在《谐铎·鄙夫训世》中，就以极端的方式，刻画了徽商的社会形象。其中提及：有位徽州人到苏州，以小本生意起家，后来通过卖布发了大财。他大言不惭地说，发财有很好的办法，愚蠢的人不了解而已。于是，有好几个人都到他府上请教。他说，要想致富，就要先治"外贼"，后治"内贼"。只要治好了"外贼"和"内贼"，也就具备了发财的基础。什么叫"外贼"呢？"外贼"就是眼、耳、鼻、舌、身。不要贪图美色，找个丑女人做老婆，一样可以生儿育女；耳朵不要听靡靡之音，在野地里听听秧歌就可以了；鼻子也不要闻香气，闻闻马粪的气味也不错。山珍海味无非是舌尖上的享受，我整天喝稀粥吃咸菜，也能吃得饱，至于穿衣打扮，穿得再好，是便宜了他人，他们看在眼里舒坦，我却花了血本。其实，只要用树叶做衣裳，将草戴在头上，从头到脚不花一分钱，最好。至于"内贼"，也就是仁、义、礼、智、信。有的人喜欢做慈善事业，我从来不做这样的傻事，免得挥霍了自己的钱财。我见利就上，可以一生享用。常言虽然说要礼尚往来，但我却来而不往，这样就可以占人便宜。聪明人会遭人所忌，我整天浑浑噩噩，可以长期保持平凡的幸福。至于诚信更是无益于事，我不妨嘴上慷慨些，但心里却不以为然，让天下人都知道我失信，所以就不会上门找我要钱。这五方面，是去除"内贼"的诀窍。总之，做人要精明，不要脸，不好吃，不顾廉耻，笑骂由人，长此以往，要想致富，真是易如反掌。

这是讽刺徽商的段子，类似的段子还有相当不少。在清代，徽州人时常在江南各地收购猪油，运回到徽州本土。对此，江南有一首题作《收猪油》的竹枝词这样写道：

> 两只竹节收猪油，每日派人肉铺兜。
> 猪油收来作何用，装入桶内销徽州。
> 徽州地方少猪肉，猪油燉酱夸口福。
> 更把猪油冲碗汤，吃得肚肠滑漉漉。

这是说在江南，有一种人拿着竹节，每天到肉摊上收购猪油，收来后，经过熬制，然后装入桶内销往徽州。诗中的"猪油燉酱夸口福"，典出江南一带讥讽徽州人是揩油的祖师之笑话。这一笑话说的是，徽州人华而不实，对外摆阔气，在门外挂一块肥肉，每天吃

完饭就在嘴唇上抹一下，对外声称自己又吃猪油燉酱了。江南人通过这样的笑话，一方面讥笑徽商在外面夸奢斗富，其实在日常生活中极为吝啬，另一方面是以此比喻徽州人到处揩油，江南人的财富都被他们搬走了。

类似于这样的噱头，在评弹、滩簧中时常可见，反映了江南各地民间普遍的仇富心态。

其实，不少人没有看到这些富人中，有许多人在创业的年代是相当艰苦的。不少人勤俭起家，小本起家。20世纪八九十年代，有人在纪念胡适先生的一篇文章中指出：从前徽商走遍全国，往往背着一个口袋，里面装着炒米（或炒面粉），到一地方，只要问老板要点水喝，就可聊以充饥。因为水是不要钱的，有水和炒米一吃，便省下了伙食费的大笔开支。这应是昔日徽州人外出的惯例。从中可见，徽商之吃苦耐劳、精打细算显然是有目共睹的。但到了富二代、富三代，生在高墙大院、长于妇人之手的小朝奉，"不思祖业多艰苦，混洒银钱几时休"——这首诗是说，他们从来没有想到祖先创业时是多么的艰苦，总是随便浪费钱财，从来不曾停止。在清代，江南百姓有一首民谣讥讽徽商子弟，说：

> 一代富，吃口生姜喝口醋；
> 二代富，穿着绫罗和绸缎；
> 三代富，拆了顶梁卖大柱。

也就是说，第一代创业时期的徽商很艰苦，是吃着生姜喝着醋在打天下的。但到了富二代，就只知道穿着绫罗绸缎享受了。到了富三代，往往就把祖业败光了。

如何改变徽商的这种社会形象，从明代中叶起就引起了徽州人的重视。他们通过提高个人素质，从事慈善事业，改变了世人心目中的固有形象，从而塑造出徽商的整体形象。这种整体形象，也就是"贾而好儒""富而好礼"。

所谓贾而好儒，是指不少徽商都相当有文化，虽然是生意人，但喜欢读书，喜欢文化事业。富而好礼，是指徽商很有钱，但他们许多人不是暴发户的形象，而是很有修养。

经过几代人的努力，徽商在世人心目中的形象有了新的变化。在当时的一些文人笔下，说徽州人"虽为贾者，咸有士风"，意思是徽州人虽然是做生意，但却很有读书人的气质。经过徽商持续不断的努力，他们对于明清以来的江南社会产生了重要的影响。

那么，徽商对于江南社会究竟有着什么样的影响呢？

对于江南而言，徽商在很多地方都是外来者，他们在城镇乡村聚居，逐渐开枝散叶，生根发芽，由侨寓商人成为当地的土著，从而完成了由祖籍地缘向新的社会圈的转移。由于徽州人持续不断地迁入，他们人数众多，迁移过程又持续不断，再加上财力雄厚，且人群素质相对较高，故而对于江南社会产生了重要的影响。大致说来，最主要的影响表现在以下几个方面。

一是为江南社会输送了大批的人力资源，并在江南独特的人文环境滋养中，涌现出诸多杰出的人才。许多徽州人走出万山之中，开拓了眼界，不仅促进了各个侨寓地社会文风的发展，而且，对于徽州本土的变化也有着重要的意义。胡适先生曾说过：

（徽州人外出务工经商，在文化上也很有意义）我乡人这种离家外出，历尽艰苦，冒险经商的传统，也有其文化上的意义。由于长住大城市，我们徽州人在文化上和教育上，每能得一个时代的风气之先。徽州人的子弟由于能在大城市内受教育，而城市里的学校总比山地的学校要好得多，所以在教育文化上说，他们的眼界就广阔得多了。因此在中古以后，有些徽州学者——如十二世纪的朱熹和他以后的，尤其是十八、九世纪的学者如江永、戴震、俞正燮、凌廷堪等等——他们之所以能在中国学术界占据较高的位置，都不是偶然的。

胡适本人就出自绩溪的茶商世家。他家自祖上就在上海浦东的川沙开了几家茶叶铺，最早的一家叫"胡万和茶叶店"，位于川沙镇的大街正中，非常气派，因为当时川沙还只是一个镇，还没有建川沙县，所以当地有"先有胡万和，后有川沙县"的民谣。由于家族中的不少人都在上海，所以胡适也就在上海接受教育，后来到美国留学，成为中国现代史上最有成就的一位学者、文化名人。

除了在学术界和思想界的这些顶尖人物之外，徽州在科举上也获得了巨大的成功。据旅美学者何炳棣教授的统计，从1647年到1826年，徽州府产生了519名进士（包括在本地考中进士和寄籍他乡及第的），在全国科甲排行榜上名列前五六名。与此同时的180年间，江苏省产生了一甲进士（也就是状元、榜眼、探花）94名，其中有14名出自徽州府；浙江一甲进士59名，有5名是徽州人。

在历史上，徽州出了很多著名的人物，从明清进士一直到现当代政治、经济、文化方面的人才都相当之多。胡适先生甚至说，"徽州人正如英伦三岛上的苏格兰人一样，四出经商，足迹遍于全国。最初都以小本经营起家，而逐渐发财致富，以至于在全国各地落户定居。因此你如在各地旅行，你总可以发现许多人的原籍都是徽州的。例如姓汪的和姓程的，几乎是清一色的徽州人。其他如叶、潘、胡、俞、余、姚诸姓，也大半是源出徽州。当你翻阅中国电话簿，一看人名，你就可知道他们的籍贯。正如在美国一样，人们一看电话簿，便知道谁是苏格兰人，谁是爱尔兰人，谁是瑞典人、挪威人等一样的清楚。"根据梁实秋的回忆，他的太太也是绩溪人，与胡适是同乡，姓程，祖上曾在北京琉璃厂开过一家墨店。他与胡适在一起，胡适只要向别人介绍梁实秋时，总是要这样说："这是梁实秋，我们绩溪的女婿，半个徽州人。"非常得意。

除此之外，胡适还经常向别人宣传他的观点，也就是他在上面说的那段话，江南各地姓胡的、姓汪的、姓程的、姓吴的、姓叶的，基本上都是徽州人，或是祖籍源出于徽州。据说，胡适曾问过汪精卫、叶恭绰，他们也都承认自己祖上是源自徽州。汪精卫是汉奸，大家都知道。叶恭绰是个收藏家，曾任北洋政府交通总长、南京国民政府的铁道部部长。这两个人都是广东人，但他们的祖先都是从浙江绍兴迁出来的，当然，再往上面去，便可以溯源到徽州。由于胡适有考据癖，见了很多人都要问你祖先哪里来的，所以当时有人就调侃胡适说："胡先生，如果再扩大研究下去，我们可以说中华民族起源于徽州了。"

明清徽商与江南社会

这虽然是个笑话，但也说明徽州人对外部世界的影响的确很大。胡适本人就是徽州绩溪人，一直到现在，还是绩溪引以为自豪的文化名人。此外，如理学家朱熹祖籍婺源，朴学大师戴震出自休宁，红顶商人胡雪岩祖籍绩溪，铁路专家詹天佑祖籍婺源。至于当代的政治领袖方面，出自婺源和绩溪的徽州人后裔，也就不必细述了。

除了为江南输送了大批人力资源之外，徽商对江南社会的第二个影响是：带来了财富与规范（尤其是商业规范）。在明代，一些徽商巨贾的资本规模是数百万两白银，到了清代前期，那些大徽商的资本多达数千万两白银。由于财力雄厚，这使得徽州民间的借贷资本比较充裕，一般人都可以比较容易地获得民间借贷的融资，获得出外务工经商的资本。正是因为这一点，使得小本起家的人大大增多。除了借贷之外，做会也是获得低息贷款的一种方式，这同样对于徽商的崛起有着重要的意义。

明清以来，江南各地流行的一种会，就叫"徽会"，也就是以徽州约定俗成的规范做会。对此，费孝通先生在《江村经济——中国农民的生活》一书中指出：

> 不久以前，有人提出一个比较简单的互助会办法，叫徽会，因为据说这是从安徽传来的。这个会的收款次序，及每个会员交纳的款数，均事先约定。

费孝通的《江村经济》这部名著，作于 1935 年，其中就提到不久前传入吴江县庙港乡开弦弓村的"徽会"。至于进一步的背景，则不甚了了。另外，2005年，徽州学者方光禄曾介绍过一种会书，是民国二十年（1931年）方吉庆所定，在会叙中有"至于收发，悉照新安古式，而今湖地皆遵"之语。这是说，湖州一带邀会的做法，也是源自徽州。

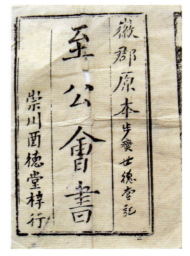

图6　"徽会"会书

这两个例子都说明，徽州人做会的规范，得到了江南各地人的遵循。前面我们提到，做会是民间融资的一种重要方式，从古到今都存在，它使得徽州乃至江南社会充满了商业活力，因此不能小看这种"徽会"。

除了"徽会"之外，徽州人的不少经营规范，也成了江南的商业规范。前面我曾提到，明清以来，江南各地素有"无徽不成典"的说法，意思是典当业多是徽州人所开，即使不是徽州人所开的，其中的职员也多是徽州人。根据前人的研究，在长江中下游一带，典当业的人事组织有徽帮式、宁波帮式和绍兴帮式等几种代表性的典当业组织。其中，"以徽式典当的组织最为严密，责任明晰，合于管理精神"。典无废人，经营管理的制度化，是徽州典当经营文化的一个特点。所以，"朝奉"成了典当业中职员的统一称呼。从这一点也可看出，徽州人制定的商业规范，在江南各地极为盛行。此外，在木材业、墨业等行当中，类似的情况也都存在。

三是徽商对于明清以来江南城镇化的进程，有着重要的影响。当时，长江中下游地区广泛流传的"无徽不成镇"的俗谚，就极为生动地反映了这一重要影响。前面曾说过，所谓无徽不成镇，是指在长江中下游地区，一个村落如果没有徽州人，那这个村落就只是个村落，徽州人进去了，就会开设店铺，开展贸易经营，逐渐发展出商业，从而将一个村落变成市镇。这从一个侧面反映了徽商与江南城镇发展的密切关系。17世纪初编纂的万历《歙志》就曾提及：

> 今之所谓都会者，则大之而为两京、江、浙、闽、广诸省，次之而苏、松、淮、扬诸府，临清、济宁诸州，仪真、芜湖诸县，瓜洲、景德诸镇，……故邑之贾，岂惟如上所称大都会皆有之，即山陬海埌、孤村僻壤，亦不无吾邑之人，但云大贾则必据都会耳。

从诸多历史典籍来看，在当时，无论是繁华都市还是偏僻乡村，处处都可看到徽州人的足迹。特别是在江南的城镇化过程中，徽商曾起到重要的作用。1933年，胡适在北平寓所写信给族叔胡近仁，讨论《绩溪县志》编纂的体裁，其中提及：

> 县志应注重邑人移行经商的分布与历史。县志不可但见小绩溪，而不看见那更重要的"大绩溪"。若无那大绩溪，小绩溪早就饿死，早已不成个局面。新志应列"大绩溪"一门，由各都画出路线，可看各都移殖的方向及其经营之种类。

在这里，出自徽商世家的胡适提出了"小绩溪"和"大绩溪"

的概念，提醒人们应注意历史时期徽州商业网络的编织。后来，当代的徽州研究者在他的启发下，引申出"小徽州"和"大徽州"的概念，将徽州社会文化史置诸整个长江中下游乃至整个中国的背景中去考察。所谓小徽州，是指徽州本土的一府六县，大徽州则指徽商活跃的地区，特别是长江中下游地区。"无徽不成镇"的江南，是徽商重点经营的地区，也是大徽州的核心地带。徽商的活动，极大地促进了江南商品经济的繁荣和市镇的发展。

第四是社会文化方面，徽商的活动，曾引起明清时代江南社会风尚的重要变化。徽商的大批外出，导致了"徽礼"——也就是徽州礼俗在长江中下游一带的盛行。徽州的祭祀礼俗，就恪遵文公（也就是朱子）家礼，由此形成的"徽礼"，在徽州乃至徽商所到的整个南中国地区，都有重要的影响。侨寓各地的徽州移民，通过家祭、祠祭、墓祭、会馆祭等，使得徽州的礼俗为世人所熟知——这就是长江中下游各地颇为流行的"徽礼"。精密详备的徽礼，使得侨寓异地的徽州人大大区别于其他各地的人群。

另外，明代中叶以还，徽商在江南各地大规模地收集古玩、文物，曾经引起整个社会鉴赏时尚的变迁。当时，财聚力厚的徽商凭藉着巨额资产，大量购金石、古玩和字画。最初，那只是对士大夫生活方式的一种盲目模仿。他们认为："雅俗之分，在于古玩之有无。"因此，不惜重价，动辄成百上千件地收购。这种举动，曾受到文人士大夫的嘲笑。例如，在万历前后，江南一带的西汉玉章纷纷被徽州富人以高价购去，有人就认为，这是邯郸才人嫁为厮养卒妇，甚至还刻薄地喻之为官印堕于茅厕。显然，在他们的心目中，新安商人不过是些附庸风雅的暴富财佬。有鉴于此，当时的不少文人皆

明清徽商与江南社会

投其所好，挖心思地骗取商人的钱财。明清两代，在苏州一带出现了大批以制造假古董谋生的无行文人。据钱泳描述，书画、法帖的赝品当时称为"充头货"。作伪的办法很多，例如，买得翻板法帖一部，将每卷头尾两张重刻年月，用新纸染色拓之。加盖收藏名家的图章，以充作宋刻。再用旧锦作装潢，外面套上檀木，就可以堂而皇之地冒充真宋拓了。

当然，由于购买的赝品多了，久病成名医，徽州人也逐渐提高了艺术鉴赏的水准。在明末清初的徽州，原先每年八九月份都在寺庙前集售各地古物，"时四方货玩者，闻风奔至；行商于外者，搜寻而归"。接触的赝品和真品既多，徽州人鉴赏水平也日益精进，涌现出不少赏鉴名家，收藏的精品也多"海内名器"。于是，至迟到 16 世纪，在东南的文化市场上，新安商人俨然成了操执牛耳的盟主——"徽人为政，以临邛程卓之资，高谈宣和博古图谱"。当时，由于徽州人席丰履厚，独具慧眼，赏鉴精到，以至整个社会的审美旨趣都发生了根本性的变化。王世贞就曾经说过，明初绘画崇尚宋人，但自嘉靖后期以来忽重元人手笔，以致从倪元镇到沈周的画幅，陡然间增价十倍；瓷器原先以五代宋朝的哥、汝诸窑为珍，隆庆末年以还，"忽重宣德以至成化，价亦骤增十倍"。他认为，究其原因，"大抵吴人滥觞，而徽人导之"。所谓"吴人滥觞"，指的是苏州作为传统上的文明渊薮，"苏人以为雅者，则四方随而雅之；俗者，则随而俗之"。而徽商作为后起之秀，居然取前者而代之，从而为自己赢得了一个"近雅"的评价。

以上四个方面，都反映了徽商对于江南社会的重要影响。

三、小结

徽州地处皖南的低山丘陵地带，从地理环境来看是相当闭塞的。但由于徽商的不断外出，又不断地将经商所获得的利润汇回徽州本土，将各地的精英文化和通俗文化不断地引入徽州。再加上长期以来徽州商人重视文化积累，所以徽州文化也就表现出通俗文化与精英文化同生共荣的奇特景观。

从总体上看，由于徽州人的文化素质较高，他们具有极强的竞争能力，在中国商界称雄了几百年。受徽商和徽州文化影响的地域非常之广，明清时代长江中下游一带有"无徽不成镇"的谚语，就足以说明徽商对于南中国各地的深刻影响。

徽商所到之处，往往要建立了徽州会馆，作为徽州人相互联络感情的据点。中国南方的许多地方，都有徽州会馆，徽州会馆有的也叫"紫阳书院"，"紫阳"是指朱熹。有的徽州会馆也叫"徽国文公祠"，"徽国"也就是徽州，"文公"指的也是朱熹。这些会馆或紫阳书院，都是由徽商资助建立的。因为朱熹的祖籍是在徽州婺源，贾而好儒的徽商就将自己的会馆称为紫阳书院，在会馆里供奉朱熹，将朱熹看成是明清以来徽州商业文化的象征。之所以在会馆中供奉朱熹，是因为徽商认为自己是"儒商"，是"士商"，所谓士商，表明自己既是商人，又是读书人，或至少是喜欢文化的人，是有文化、有修养的商人。

可见，明清时代的徽商非常注意利用传统的地方文化资源。在异地他乡，朱熹成了徽州商帮的精神支柱。朱熹与徽州商业文化的

这层密切关系，不仅有助于加强徽州商帮的内在凝聚力，而且在五方杂处的繁华都市，祭起朱子的旗号，无疑具有高自标置的作用，使得徽商在诸多商帮中鹤立鸡群。

由于席丰履厚、移民持续不断、人群素质较高，因此，徽商对于江南社会有着重要的影响。它为江南输入了大批的人才、带来了财富和规范、促进了城镇的繁荣，对于明清江南的社会文化，也有重要的影响。因此，我们研究江南社会文化，不能不重视明清徽商的影响。

图书在版编目(CIP)数据

能不忆江南:江南文化十讲/上海市社会科学界联
合会编. —上海:上海人民出版社,2019
(东方讲坛. 社会科学普及读物系列)
ISBN 978 - 7 - 208 - 16054 - 5

Ⅰ.①能…　Ⅱ.①上…　Ⅲ.①地方文化-华东地区-
文集　Ⅳ.①G127.5 - 53

中国版本图书馆 CIP 数据核字(2019)第 195674 号

责任编辑　邵　冲　高笑红
封面设计　陈　楠

东方讲坛·社会科学普及读物系列
能不忆江南
　——江南文化十讲
上海市社会科学界联合会　编

出　　版　上海人民出版社
　　　　　(200001　上海福建中路 193 号)
发　　行　上海人民出版社发行中心
印　　刷　上海中华印刷有限公司
开　　本　720×1000　1/16
印　　张　18.5
字　　数　201,000
版　　次　2019 年 10 月第 1 版
印　　次　2019 年 10 月第 1 次印刷
ISBN 978 - 7 - 208 - 16054 - 5/G·1985
定　　价　88.00 元